2022年度中央农办、农业农村部乡村振兴专家咨询委员会软科学

"党的'三农'理论创新对马克思主义政治经济学发展的原创性贡献

（rkx20220103）"研究成果

城乡大融合

『三农』政策演变与趋势

孔祥智 等 著

中国人民大学出版社

·北京·

图书在版编目（CIP）数据

城乡大融合："三农"政策演变与趋势/孔祥智等
著. -- 北京：中国人民大学出版社，2022.10
ISBN 978-7-300-31052-7

Ⅰ.①城… Ⅱ.①孔… Ⅲ.①三农政策-研究-中国
Ⅳ.①F320

中国版本图书馆 CIP 数据核字（2022）第 177959 号

城乡大融合："三农"政策演变与趋势

孔祥智 等 著

Chengxiang Daronghe："Sannong" Zhengce Yanbian yu Qushi

出版发行	中国人民大学出版社	
社 址	北京中关村大街 31 号	**邮政编码** 100080
电 话	010 - 62511242（总编室）	010 - 62511770（质管部）
	010 - 82501766（邮购部）	010 - 62514148（门市部）
	010 - 62515195（发行公司）	010 - 62515275（盗版举报）
网 址	http://www.crup.com.cn	
经 销	新华书店	
印 刷	北京昌联印刷有限公司	
规 格	170 mm×240 mm 16 开本	**版 次** 2022 年 10 月第 1 版
印 张	19.5 插页 1	**印 次** 2022 年 10 月第 1 次印刷
字 数	264 000	**定 价** 69.00 元

目　录

中篇　城乡融合与"三农"政策体系

下篇　发展趋势展望

导论　城乡融合与农业农村现代化[①]

2017 年 10 月，党的十九大报告提出："要坚持农业农村优先发展，按照产业兴旺、生态宜居、乡风文明、治理有效、生活富裕的总要求，建立健全城乡融合发展体制机制和政策体系，加快推进农业农村现代化。"[②]这是党的文件第一次明确提出农业农村优先发展问题，目标是城乡融合发展和农业农村现代化。这次会议标志着中国城乡关系开始出现转折性变化。回顾改革开放的历史，改革开放的过程，就是城乡关系改善的过程，是城乡大融合的过程，也就是"三农"发展的条件不断改善的过程。因此，在这个意义上，我们也可以说，上面所引用的党的十九大报告的原文，农业农村优先发展、乡村振兴、城乡融合发展、农业农村现代化是同义语，只不过前两者是手段，后两者是结果。作为全书的导论部分，本章先讨论新中国成立以来城乡关系的形成过程，然后讨论改革开放以来城乡关系的改善过程，最后，梳理党的十九大以来中央层面出台的改善城乡融合的政策和法律体系。

一、传统体制下严重偏斜的城乡关系：1949—1978 年

20 世纪 50 年代初期，百废待兴的新中国面临着工业化、城市化的资金来源问题。由于当时的工业基础十分薄弱，工业化、城市化的资金只能从农业中来。于是，20 世纪 50 年代，中国政府实行了以重工业为中心的"倾斜发展战略"，以及包括价格、财政、金融和科学技术在内

[①]　执笔人：孔祥智。

[②]　习近平. 决胜全面建成小康社会 夺取新时代中国特色社会主义伟大胜利——在中国共产党第十九次全国代表大会上的报告. 北京：人民出版社，2017：32.

的较为完整的政策体系。① 在这个发展战略和政策体系下，从三个方面构建了农业农村经济运行的基本框架，即传统农业经营体制的"三大支柱"。②

（一）统购统销制度

这一制度形成的主要原因是粮食供应局面的紧张。根据陈云在 1953 年 10 月全国粮食会议上的讲话，"全国粮食问题很严重"，主要是"收进的少，销售的多"，尽管全国粮食丰收，但收入提高后农民的消费水平提高了，自己吃掉的粮食数量增加了，因而卖出的反而减少了。在这种情况下，粮食产区的粮贩子大肆活动，开始跟国家抢购粮食；北京、天津的面粉不够供应。按照陈云的计算，即使完成了收购计划，1953 年国家粮食销售也会比收购多 87 亿斤，这在当时是一个很大的数量。陈云认为："在粮食问题上，有四种关系要处理好。这就是：国家跟农民的关系；国家跟消费者的关系；国家跟商人的关系；中央跟地方、地方跟地方的关系。……处理好了第一种关系，天下事就好办了，只要收到粮食，分配是容易的。""处理这些关系所要采取的基本办法是：在农村实行征购，在城市实行定量配给，严格管制私商，以及调整内部关系。"③ 根据陈云的建议和会议的决定，1953 年 10 月 16 日，中共中央作出《关于实行粮食的计划收购与计划供应的决议》，确定在当年 11 月底之前完成动员和准备，12 月初开始在全国范围内实现粮食统购统销。④ 同年 11 月 19 日，政务院第 194 次政务会议通过，并于 11 月 23 日发布《政务院关于实行粮食的计划收购和计划供应的命令》，正式实行了粮食统购统销政策。1953 年 11 月 15 日，中共中央作出《关于在全国实行计划收购油料的决定》；1954 年 9

---

① 孔祥智，程漱兰 . 中国农村经济体制变迁及其绩效的经济分析 . 教学与研究，1997（10）：23－28＋62－63.
② 孔祥智 . 改革开放以来国家与农民关系的变化：基于权益视角 . 中国人民大学学报，2018（3）：16－25.
③ 陈云 . 实行粮食统购统销//陈云文选：2 卷 . 北京：人民出版社，1995：203－208.
④ 党史上的今天：10 月 16 日 . 腾讯网，2021－10－16.

月9日，政务院发布《关于实行棉花计划收购的命令》。自此，粮棉油全
部由国家统一收购和销售。1957年8月9日，国务院发布《关于由国家
计划收购（统购）和统一收购的农产品和其他物资不准进入自由市场的规
定》，正式规定烤烟、黄洋麻、苎麻、大麻、甘蔗、家蚕茧（包括土丝）、
茶叶、生猪、羊毛（包括羊绒）、牛皮及其他重要皮张、土糖、土纸、桐
油、楠竹、棕片、生漆、核桃仁、杏仁、黑瓜子、白瓜子、栗子，集中产
区的重要木材，38种重要中药材（具体品种，另由卫生部通知），供应出
口的苹果和柑橘，若干产鱼区供应出口和大城市的水产品，属于国家统一
收购的农产品。1957年10月26日，国务院又将核桃列入统一收购物资。
可见，国家计划收购和统一收购（后称"派购"）的产品占农产品中的大
多数。上述商品即使完成了国家计划收购或统一收购任务，也不能在市场
上自由销售，必须卖给国家及其委托的收购商店。

　　但是，当时国家收购的价格都比较低，而且，国家的收购计划或任务
不是收购农民的剩余农产品，往往是必需品。陈云在全国粮食会议上曾谈
到："前几年，我们搞城乡交流，收购土产，农民增加了收入，生活改善
了，没有粮食的要多买一点粮食，有粮食的要多吃一点，少卖一点。结果
我们越是需要粮食，他们越不卖。"[1] "合作社为了大量掌握油饼，在产地
就近榨油，因此农村供油量便增加了。农村销油增加，使城市的食油供应
更加紧张。"[2] 根据薄一波的回忆："过去山区农民一年只吃上十顿的白
面，现在则每个月可以吃四五顿、七八顿，面粉需求量空前增大了，这是
国家收购小麦困难的主要原因之一。"[3] 国家强行征购，降低了农民的生
活水平，必然使得农民产生抵触情绪，而且农村干部的抵触情绪很大，一
些县、区级干部甚至部分省部级干部也不理解，从而影响政策实施效果。
因此，毛泽东提出，要各级干部联系过渡时期总路线来理解和执行[4]，在

---

①　陈云.实行粮食统购统销//陈云文选：2卷.北京：人民出版社，1995：208.
②　陈云.食油产销情况及处理办法//陈云文选：2卷.北京：人民出版社，1995：219.
③　薄一波.若干重大决策与事件的回顾：上卷.北京：中共中央党校出版社，1991：267.
④　薄一波.若干重大决策与事件的回顾：上卷.北京：中共中央党校出版社，1991：266.

操作过程中采取"全党动员，全力以赴"的做法，1953年10月部署的粮食征购任务如期并超额完成。但"统购中国家同农民的关系是紧张的，强迫命令、乱批乱斗、逼死人命等现象都发生过。个别地方还发生了聚众闹事的事件"①。毛泽东在《论十大关系》一文中也指出："我们同农民的关系历来都是好的，但是在粮食问题上曾经犯过一个错误。一九五四年我国部分地区因水灾减产，我们却多购了七十亿斤粮食。这样一减一多，闹得去年春季许多地方几乎人人谈粮食，户户谈统销。农民有意见，党内外也有许多意见。"② 可见，主要农产品计划收购和统一收购制度是城乡关系转化的开始，这一转化的特征就是前述"倾斜战略"，即农业向工业倾斜，农村向城市倾斜，以剥夺农民利益的方式促进工业化、城市化的实现。

（二）人民公社制度

实行计划收购和统一收购的核心是确定每一个农户的实际产量。1953年3月3日，中共中央、国务院发布了《关于迅速布置粮食购销工作，安定农民生产情绪的紧急指示》（以下简称《紧急指示》），指出："政策的界限具体表现于粮食统购数字和粮食统销数字的正确规定""必须进一步采取定产、定购、定销的措施，即在每年的春耕以前，以乡为单位，将全乡的计划产量大体上确定下来，并将国家对于本乡的购销数字向农民宣布，使农民知道自己生产多少，国家收购多少，留用多少，缺粮户供应多少。"③ 但实际上必须定产、定购到户，否则无法完成乡级的任务。上述《紧急指示》也要求"各乡要用最快的方法传达到每家农民"，可见，农户是统购计划的最终承担者。而当时全国共有1亿多农户，其工作量之大，可想而知。

因此，尽管当时的党和国家领导人设想用10～15年时间完成过渡时

---

① 薄一波. 若干重大决策与事件的回顾：上卷. 北京：中共中央党校出版社，1991：271.
② 毛泽东. 论十大关系//毛泽东文集：7卷. 北京：人民出版社，1999：29.
③ 中共中央、国务院关于迅速布置粮食购销工作，安定农民生产情绪的紧急指示. 中国经济网，2007－05－30.

期总路线的任务，"我国在经济上完成民族独立，还要一二十年时间。我们要努力发展经济，由发展新民主主义经济过渡到社会主义"①。而且《紧急指示》也提出："同时再把农村合作化的步骤放慢一些，这对于缓和当前农村紧张情况，安定农民生产情绪，有重大的意义。"1953年3月8日，《中共中央对各大区缩减农业增产和互助合作发展的五年计划数字的指示》明确指示，要控制和缩减互助合作社覆盖的农户数量。《中华人民共和国发展国民经济的第一个五年计划（1953—1957）》也明确规定，到1957年农村入社户数达到总户数的1/3左右。但实际上到1956年4月底就基本上实现了初级形式的合作化，10月底，多数省市实现了高级形式的合作化。具体原因有很多，但实现合作化后，粮食统购工作重点由农户转到合作社，从而大大减轻基层政府的工作量是一个重要原因。"合作化后，国家不再跟农户发生直接的粮食关系。国家在农村统购统销的户头，就由原来的一亿几千万农户简化成了几十万个合作社。这对加快粮食收购进度、简化购销手段、推行合同预购等都带来了便利。"② 1956年10月6日，国务院发布《关于农业生产合作社粮食统购统销的规定》，要求："国家对农业社的粮食统购、统销数量，不论高级社或初级社，一般以社为单位。""农业社在进行内部粮食分配的时候，必须保证完成国家核定的粮食征购任务。"1956—1958年，全国范围内由初级社过渡到高级社，再过渡到人民公社，实现了农村所有制形式从私有制、半公有制到公有制的根本性变化，国家完全掌控了农产品生产的全过程。

（三）户籍制度

由于主要农产品的国家计划收购和统一收购在一定程度上损害了农民的利益，而合作化、人民公社化又必然带有一定的强迫性质，这就必然引

---

① 毛泽东.在中共中央政治局会议上的报告和结论（1948年9月）//毛泽东文集：5卷.北京：人民出版社，1996：146.
② 薄一波.若干重大决策与事件的回顾：上卷.北京：中共中央党校出版社，1991：276-277.

起部分农民的消极抵抗，如宰杀耕牛[①]、人口外流等。尤其是人口外流，影响了农业生产力的发展。因此，1957 年 12 月 18 日，中国共产党中央委员会、国务院联合发布《关于制止农村人口盲目外流的指示》，指出："去冬今春曾有大量农村人口盲目流入城市，虽经各地分别劝阻和遣送返乡，但是还没有能够根本阻止。今年入秋以来，山东、江苏、安徽、河南、河北等省又发生了农村人口盲目外流的现象。……农村人口大量外流，不仅使农村劳动力减少，妨碍农业生产的发展和农业生产合作社的巩固，而且会使城市增加一些无业可就的人口，也给城市的各方面工作带来不少困难。"要求各地采取教育、劝阻、动员返回、禁止招工、遣返等多种方法把人口留在农村。1958 年 1 月 9 日，第一届全国人大常委会第 91 次会议通过了《中华人民共和国户口登记条例》，把人口分为城市户口和农村户口两大类，并严格限制城乡之间的迁徙。1959 年 9 月 23 日，中共中央、国务院发布《关于组织农村集市贸易的指示》，规定小商贩要经过国营商业组织起来，"不准远途贩运，也不准在同一集市作转手买卖，投机倒把，并且要严格遵守市场管理"。"投机倒把"概念出现了并逐渐入刑。1963年 3 月 3 日，中共中央、国务院联合发布《关于严格管理大中城市集市贸易和坚决打击投机倒把的指示》；1963 年 3 月 8 日，国务院发布《关于打击投机倒把和取缔私商长途贩运的几个政策界限的暂行规定》，规定严禁"社员弃农经商"，严禁农产品"长途贩运"，确保主要农产品的计划和统一收购。

上述三个方面互为支撑，一起构成了传统农村体制的完整框架。1978年以来的改革对象正是这个制度框架。正是这个制度保证了国家工业化的资金来源，奠定了国家工业化的基础。在这个制度框架下，农业不仅通过农业税（明税）为工业化积累资金，还通过工农产品价格"剪刀差"（暗税）为工业化积累更多的资金。严瑞珍等学者的研究表明，1978 年是新中国成

---

① 1955 年 12 月 30 日，国务院发布了《关于防止滥宰耕牛和保护发展耕牛的指示》，原因正是过激的合作化运动造成农民"滥宰"耕牛。

立后中国历史上工农产品价格"剪刀差"最大的年份，绝对量为 364 亿元，相对量为 25.5%，即农业部门新创造价值的四分之一以上都以"剪刀差"的形式流出了农业部门。① 上述数字是惊人的，这也造成了城乡关系的严重偏斜和农业农村自我发展能力的丧失。到了 20 世纪 70 年代末期，全国 29 个省（自治区、直辖市）中，有 11 个由粮食调出变成粮食调入，只有 3 个省能够调出粮食，说明制度的净收益已经为零甚至为负，这种严重偏斜的城乡关系无法继续维持。正是在这样的背景下，当安徽等地农民冒着风险私下把土地承包到户时，尽管中央高层存在着激烈的争论，但基于对上述严峻现实的认知，理性最终突破了意识形态的禁锢，改革的大幕终于拉开了。

二、改革开放以后城乡关系的改善：1978—2022 年

改革开放以来，中国的城乡关系发生了重大变化。概括起来就是：20 世纪八九十年代从开始缓和到趋紧，世纪之交发生转变，21 世纪以来逐渐趋于改善，呈现出马鞍形变动趋势。下面，我们对每一个阶段进行简要分析，重点讨论 21 世纪以来城乡关系改善的理念、措施及过程。

（一）第一阶段：徘徊中的城乡关系（1978—1999 年）

鉴于前文分析的农业发展形势的严峻性，1978 年 12 月召开的中共十一届三中全会提出了发展农业生产力的 25 条政策措施，其中之一就是国家对粮食的统购价格从 1979 年夏粮上市起提高 20%，超购部分加价 50%。根据《中国统计年鉴（1979）》的数据，1979 年粮食收购价格比 1978 年实际提高130.5%。同时，大幅度降低了农业机械、化肥、农药、农用塑料等农用工业品的价格。这些措施具有明显的让利特征，在一定程度上缓解了当时城乡关系的紧张局面，也激发了安徽省小岗村等村队把集体所有的土地承包到户经营的冲动。改革开放 40 多年来的实践证明，价格改革始终是矫正城

---

① 严瑞珍，龚道广，周志祥，等 . 中国工农产品价格剪刀差 . 北京：中国人民大学出版社，1988：61.

乡关系天平的利器之一，也是本阶段的重点改革内容。当然，农产品价格改革的基础是土地制度改革，而后者的成功又推动了劳动力制度改革。本节重点分析这三项改革对城乡关系变化带来的影响。

1. 土地制度改革

这项始于安徽省小岗村改革的实质是实行大包干责任制，即把农村集体所有的土地承包到户，分户经营。由于意识形态的原因，尽管这项改革在农民层面极受欢迎，而在政府层面，尤其是在高层，则存在着极大的争议，其核心就是对其是社会主义性质还是资本主义性质的判断。1980 年 9 月 27 日，中共中央印发《〈关于进一步加强和完善农业生产责任制的几个问题〉的通知》，指出："就全国而论，在社会主义工业、社会主义商业和集体农业占绝对优势的情况下，在生产队领导下实行的包产到户是依存于社会主义经济，而不会脱离社会主义轨道的，没有什么复辟资本主义的危险，因而并不可怕。"1982 年中央一号文件进一步指出："包干到户这种形式……是建立在土地公有制基础上的，所以它不同于合作化以前的小私有的个体经济，而是社会主义农业经济的组成部分。"可见，中央对"小岗改革模式"的肯定也是循序渐进的。在中央高层和基层农民的双重推动下，到 1983 年春季，实现"双包"责任制的农村基本核算单位（主要是生产队）达到 95％以上。[①] 1983 年 10 月 12 日，中共中央、国务院发出《关于实行政社分开建立乡政府的通知》，要求在 1984 年底之前取消人民公社，成立乡镇政府，并明确指出村民委员会为自治组织，不再是乡镇政府职能的延伸，也是国家调整城乡关系的重要环节。1991 年 11 月 29 日，中共十三届八中全会通过了《中共中央关于进一步加强农业和农村工作的决定》，把这一体制正式表述为"统分结合的双层经营体制"，并被写入 1999 年修改的《宪法》。

2. 农产品价格改革

工农产品价格"剪刀差"只有在国家控制价格的前提下才有可能实

---

① 孔祥智，等. 农业经济学. 北京：中国人民大学出版社，2014：30.

现。土地制度改革后，农民有了生产自主权，粮食的供给很快就得到了满足，而且还由于仓储、运输等原因一度造成了"卖粮难"。在这样的背景下，1985年中共中央一号文件提出："除个别品种外，国家不再向农民下达农产品统购派购任务"，"粮食、棉花取消统购，改为合同定购"，"生猪、水产品和大中城市、工矿区的蔬菜，也要逐步取消派购，自由上市，自由交易，随行就市、按质论价"，"其他统派购产品，也要分品种、分地区逐步放开。"此后，除了主要粮食品种（稻谷、小麦、玉米、大豆）①，全部农产品都实现了市场定价和市场化流通。这一政策客观上推进了农业结构调整，加上20世纪80年代末期推进的"菜篮子工程"，到了90年代中期，几乎所有农产品都出现了供过于求的局面，直接推动了90年代后期的农业结构战略性调整。

在市场化的大背景下，工农产品价格"剪刀差"逐渐消除。我们以前的研究表明，1978—1997年国家以工农产品价格"剪刀差"方式从农村抽离资金9 152亿元，平均每年457.6亿元。从1993年起"剪刀差"的相对量（"剪刀差"与农业创造的所有价值的比值）逐渐下降，1997年降到2.2%。② 因此，笔者认为，到了20世纪末期，工农产品价格"剪刀差"总体上趋于消失了。

3. 劳动力管理制度改革

对农村劳动力的严格管理是传统体制的显著特征之一。按照杜润生的估计，即使在生产队体制下，劳动力剩余已达到了三分之一③，实现家庭承包经营以后，劳动力的剩余问题更加突出。据白南生等人估算，改革初期的安徽省滁县地区（后改为滁州市），按耕地计算，劳动力剩余量可达到30%，多的可达35%~40%。④ 这么多劳动力必然要从农村流向城镇寻

① 这些主要粮食品种随着2004年5月23日国务院发布《关于进一步深化粮食流通体制改革的意见》而进入真正市场化时期。

② 孔祥智. 城乡差距是怎样形成的——改革开放以来农民对工业化、城镇化的贡献研究. 世界农业, 2016 (1): 222-226.

③ 杜润生. 杜润生自述: 中国农村体制变革重大决策纪实. 北京: 人民出版社, 2005: 133.

④ 中国农村发展问题研究组（白南生执笔）. 试析农村劳力和资金的状况及使用方向. 中国农村观察, 1982 (2): 37-40.

找就业出路。从逻辑上看，是否允许这些劳动力进入城镇，以及如何对待进入城镇以后的部分农村剩余劳动力，是判断当时城乡关系是否融洽的重要内容。1983 年 12 月，国务院发布《关于严格控制农村劳动力进城做工和农业人口转为非农业人口的通知》，限制农村劳动力进入城镇。但如此大量的剩余劳动力不允许进入城镇自谋职业，必然会带来一系列社会问题。1985 年中共中央一号文件第一次提出："在各级政府统一管理下，允许农民进城开店设坊，兴办服务业，提供各种劳务。"算是开了一个口子。但 1989 年，国务院办公厅发布《关于严格控制民工盲目外出的紧急通知》，要求各地严格控制民工盲目外出；1991 年，国务院颁布《全民所有制企业招用农民合同制工人的规定》，规定城镇企业必须按国家计划招用农民工；1994 年，劳动部颁布《农村劳动力跨省流动就业管理暂行规定》，要求农村劳动力到城镇就业必须证卡合一（即身份证或户口本和外出人员就业登记卡合一），实际上采取了"卡"的态度。这一政策的变化自 1993 年中共十四届三中全会开始。这次会议提出："逐步改革小城镇的户籍管理制度，允许农民进入小城镇务工经商，发展农村第三产业，促进农村剩余劳动力的转移。"1997 年 6 月，国务院批转公安部《小城镇户籍管理制度改革试点方案》和《关于完善农村户籍管理制度意见》，允许符合条件的农村劳动力到小城镇落户。可见，这一阶段国家对于农村剩余劳动力进入城镇的政策前期限制、后期放宽，根本原因在于这一大趋势无法阻挡，而且城镇建设也需要这批廉价劳动力。这一阶段外出打工的农村劳动力和城镇劳动力待遇的差距很大，一般是"同工不同酬"，并且无法享受城镇职工的公共福利待遇。在某些行业（如建筑业），拖欠农民工工资的现象经常发生，以至于到了 21 世纪，几届总理为农民工讨薪，充分说明了这个问题的严重性。

改革初期，家庭联产承包经营制度的推行，使得农民收入大幅度提高，1979—1983 年 5 个年份中，有 4 个年份农民人均纯收入增长速度超过 10%，为历史上最好水平，从而使城乡居民收入差距一度缩小。这一阶段城乡关系的缓和实质上是"恢复性缓和"。1978年，城镇人均可支配收入和农村居民人均纯收入之比为2.57∶1，1983年下降到1.82∶1，但1986年就达到了2.13∶1，此后一直呈上升趋势，到了1999年达到2.65∶1，城乡关系呈现恶化趋势，见表0-1。从图0-1和图0-2可以看出，农民人均纯收入的实际增长速度只有少数年份超过城镇居民；而城乡居民收入之比经过20年的改革开放居然几乎回到了原点（1999年的城乡居民收入之比实际上高于1978年），充分说明了传统体制的顽固性。

表0-1　1978—1999年城乡居民收入及相关指标

年份	农村居民		城镇居民		城乡居民收入之比
	人均纯收入（元）	实际增长速度（%）	人均可支配收入（元）	实际增长速度（%）	
1978	133.6	—	343.4	—	2.57
1979	160.2	14.4	405.0	13.1	2.53
1980	191.3	8.1	477.6	7.2	2.50
1981	223.4	11.6	500.4	2.0	2.24
1982	270.1	15.0	535.3	4.4	1.98
1983	309.8	10.6	564.6	3.1	1.82
1984	355.3	9.8	652.1	10.4	1.84
1985	397.6	1.2	739.1	2.3	1.86
1986	423.8	−0.3	900.9	10.8	2.13
1987	462.6	1.0	1 002.1	2.6	2.17
1988	544.9	−3.1	1 180.2	−3.1	2.17
1989	601.5	−7.3	1 373.9	−3.3	2.28
1990	686.3	9.0	1 510.2	5.7	2.20
1991	708.6	−0.2	1 700.6	7.5	2.40
1992	784.0	3.0	2 026.6	9.1	2.58
1993	921.6	0.2	2 577.4	5.8	2.80
1994	1 221.0	0.3	3 496.2	1.8	2.86
1995	1 577.7	4.7	4 283.0	1.1	2.71
1996	1 926.1	9.0	4 838.9	2.9	2.51
1997	2 090.1	4.9	5 160.3	3.3	2.47
1998	2 162.0	4.2	5 425.1	5.7	2.51
1999	2 210.3	3.6	5 854.0	8.9	2.65

注：由于缺乏1977年收入数据，故无法计算出1978年的实际增长速度。

资料来源：历年《中国统计年鉴》。

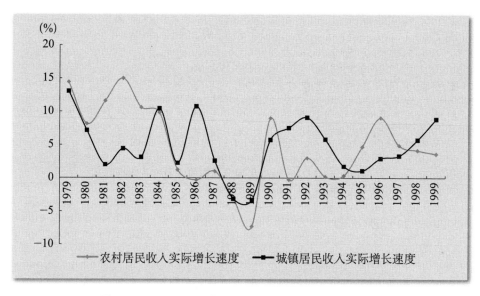

图 0-1 1979—1999 年城乡居民人均收入实际增长速度

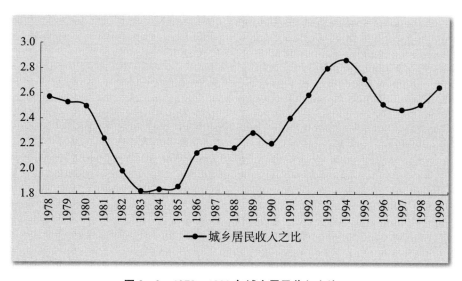

图 0-2 1978—1999 年城乡居民收入之比

　　不仅如此，这一阶段农民负担也是最重的。所谓农民负担，指的是农民除了向国家缴纳税金后，依法承担的村组提留、乡（镇）统筹费、积累工、义务工及其他费用。① 农民负担问题的实质是收入再分配问题。20 世纪 80 年代中期以后，农民负担问题开始显现，此后愈演愈烈。1990 年，仅全国农民人均村提留、项统筹就达到上年农民人均纯收入的 7.88%，还不包括其他负担。据国家统计局数据，"七五"时期（1986—1990 年）全国农民共上交提留和统筹 881 亿元，比"六五"时期（1981—1985 年）的 462.2 亿元多 418.8 亿元，年均增长 20.1%，高于同期农民人均纯收入实际增长速度 16.4 个百分点。② 面对这一严峻的现实，1990 年 2 月，国务院发布了《关于切实减轻农民负担的通知》，1991 年 2 月发布了《农民承担费用和劳务管理条例》，严格规定了农民应负担的项目和金额。此后，党和国家领导人多次批示要求减轻农民负担，国务院及其相关部门也多次下发文件。1996 年 12 月，中共中央、国务院联合发布《关于切实做好减轻农民负担工作的决定》，提出了减轻农民负担的 13 条具体措施。1998 年 7 月，中共中央办公厅、国务院办公厅《关于切实做好当前减轻农民负担工作的通知》，要求将 1998 年农民承担提留统筹的绝对额严格控制在上年人均纯收入的 5% 以内。在政策的高压下，从 1994 年到 1996 年，全国农民人均负担的村提留和乡统筹费占上年人均纯收入的比例分别为 4.81%、4.92%、4.66%，此后各年都严格控制在 5% 以内。③ 但"九五"时期（1996—2000 年），农民人均收入增长速度呈下降态势，加剧了这一时期城乡关系的恶化，由此导致了 21 世纪初期的农村税费改革。

　　（二）第二阶段：从统筹到融合的城乡关系（2000—2022 年）

　　为了从根本上减轻农民负担，缓解城乡关系，2000 年 3 月，中共中央、国务院发出《关于进行农村税费改革试点工作的通知》，决定在安徽

---

① 宋洪远，等．改革以来中国农业和农村经济政策的演变．北京：中国经济出版社，2000：40.
② 宋洪远，等．改革以来中国农业和农村经济政策的演变．北京：中国经济出版社，2000：43.
③ 宋洪远，等．改革以来中国农业和农村经济政策的演变．北京：中国经济出版社，2000：49.

以省为单位进行农村税费改革试点，其他省（自治区、直辖市）可选择少数县（市）进行试点。试点工作取得了积极成效并逐渐铺开。2005 年 12 月 29 日十届全国人大常委会第十九次会议做出了自 2006 年 1 月 1 日起废止《中华人民共和国农业税条例》的决定，农民种地纳税自此成为历史。

执政理念的转变是这一阶段城乡关系改善的基础。2002 年 11 月召开的党的十六大提出："统筹城乡经济社会发展，建设现代农业，发展农村经济，增加农民收入，是全面建设小康社会的重大任务。"首次提出以统筹城乡发展为手段解决农业农村农民问题。2005 年 10 月，中共十六届五中全会提出了"扎实稳步推进新农村建设"的历史性任务。2007 年 10 月召开的党的十七大提出："建立以工促农、以城带乡长效机制，形成城乡经济社会发展一体化新格局"，首次提出城乡经济社会发展一体化理念。党的十八大提出工业化、信息化、城镇化、农业现代化"四化"同步的理念，推动城乡发展一体化，"让广大农民平等参与现代化进程、共同分享现代化成果"。城乡统筹、城乡发展一体化是递进关系，既表示不同时期的执政理念，又蕴含着执政理念形成背后城乡关系的变化。这一阶段，在上述执政理念的主导下，中央政府和地方实施了一系列有利于城乡关系改善的农业农村农民政策。

1. 农业政策

21 世纪以来，中央政府在取消农业"四税"的基础上，实施了一系列农业支持保护政策，基本形成了完整的政策体系。

一是农产品价格支持政策。价格支持依然是农业支持保护的重要内容。当然，在 WTO 框架下①，价格支持不再是单纯的提价，而是具有更加丰富的内涵。主要包括：（1）2004 年和 2006 年，分别实施了稻谷和小麦的最低收购价格制度。（2）从 2009 年起，逐步实施玉米、大豆、油菜籽、棉花、食糖等重要农产品的临时收储价格。按 2014 年中央一号文件

---

① 中国在 2001 年 12 月 11 日正式加入世界贸易组织，开始了全面的对外开放。

精神，国务院自当年取消了大豆和棉花的临时收储政策，并对新疆棉花、东北和内蒙古大豆实施目标价格政策。同时取消了食糖的临时收储政策，改为企业收储，并由财政给予一定的贴息补贴。按照 2015 年 6 月国家发改委等部门文件精神，国家自当年起取消油菜籽的临时收储政策，改为由地方政府负责组织各类企业进行油菜籽收购，中央财政对主产区予以适当补贴。2016 年，国家改革了玉米临时收储制度，按照"市场定价、价补分离"的原则，将以往的玉米临时收储政策调整为"市场化收购"加"定向补贴"的新机制。2017 年 3 月 23 日，国家发改委发布消息，2017 年国家将在东北三省和内蒙古自治区调整大豆目标价格政策，实行市场化收购加补贴机制。（3）2009 年 1 月 9 日，经国务院批准，国家发展和改革委员会、财政部、农业部、商务部、国家工商总局、国家质检总局制定了《防止生猪价格过度下跌调控预案（暂行）》，规定当猪粮比价低于 5∶1 时，要较大幅度增加中央冻肉储备规模。（4）2015 年中央一号文件指出："积极开展农产品价格保险试点"，并在山东省及其他一些省市开始了试点。如 2015 年山东省部分市县试点了大蒜、马铃薯、大白菜、大葱等产品的目标价格保险制度；2016 年，安徽省在部分市县开展了玉米价格保险试点工作。上述试点都取得了比较良好的效果，有效保护了农民的利益。

二是农业补贴政策。主要是农民直接补贴，包括 2004 年开始实施的种粮农民直接补贴、良种补贴、农机具购置补贴，2006 年开始实施的农业生产资料价格综合补贴，以上补贴合称"四大补贴"。2016 年，在前一年试点的基础上，国家财政部、农业部联合发布了《农业支持保护补贴资金管理办法》，将除农机具购置补贴之外的三项补贴改为"农业支持保护补贴"，主要用于支持耕地地力保护和粮食适度规模经营，以及国家政策确定的其他方向。此外，中央还自 2005 年起陆续出台了奶牛良种补贴、生猪良种补贴等一系列畜禽养殖补贴政策，有力地促进了养殖业的健康发展。

三是农业基础建设补贴政策。如根据 2005 年中央一号文件精神，当年启动了测土配方施肥补贴项目，对农业等部门开展的土壤成分检测和配方施肥工作予以经费补贴。这项政策扩大了测土配方施肥补贴的范围和规模，有力推动了农产品产量的提高和品质改善。2005年中央一号文件提出认真组织实施"农业科技入户示范工程"，扶持科技示范户。此后，"农业科技入户示范工程"的组织实施，对农业先进适用技术的推广起到了重要作用。2005年中央一号文件还提出设立小型农田水利设施建设补助专项资金，对农户投工投劳开展小型农田水利设施建设予以支持。此后，这一专项资金补贴的范围不断扩大，有效支撑了10余年来的农业发展。此外，生态效益补偿机制的建立健全也是21世纪以来农业支持政策的重要方向。2006年中央一号文件要求建立和完善生态补偿机制；2007年中央一号文件提出完善森林生态效益补偿基金制度，探索建立草原生态补偿机制；2008年中央一号文件要求增加水土保持生态效益补偿；2010年中央一号文件要求提高中央财政对属集体林的国家级公益林森林生态效益补偿标准；2012年中央一号文件提出研究建立公益林补偿标准动态调整机制；2014年中央一号文件提出建立江河源头区、重要水源地、重要水生态修复治理区和蓄滞洪区生态补偿机制；2015年中央一号文件提出落实畜禽规模养殖环境影响评价制度，大力推动农业循环经济发展，继续实行草原生态保护补助奖励政策，开展西北旱区农牧业可持续发展、农牧交错带已垦草原治理、东北黑土地保护试点；2016年中央一号文件提出加强农业资源保护和高效利用、加快农业环境突出问题治理、加强农业生态保护和修复；2017年中央一号文件提出加强重大生态工程建设，推进山水林田湖整体保护、系统修复、综合治理，加快构建国家生态安全屏障。全面推进大规模国土绿化行动。可以说，上述10余个中央一号文件精神，基本构建了21世纪以来农业生态环境保护的政策框架。

总的来看，21世纪以来，以10余个中央一号文件为核心内容的一系列农业支持保护政策的出台，调整了国家财政支出的结构，不断加大了财政对农业投入的力度，初步建立了财政支农稳定增长机制，改变了国民收入分配的格局。政策调整的结果是使农业由 21 世纪初的粮食总产量下降、农民收入徘徊发展到粮食综合生产能力稳定在 6 亿吨、农民人均可支配收入（纯收入）增长水平连续 8 年超过城镇居民，为农业可持续发展和城乡关系改善奠定了坚实的基础。

2. 农村、农民政策

21 世纪以来，随着"以工补农、以城带乡"政策的确立，各级政府促进农村发展、改善农民生存环境的政策不断出台，初步扭转了"倾斜发展战略"的制度惯性。主要表现在三大方面。

一是农村人居环境政策。2005 年 10 月，中共十六届五中全会通过了《中共中央关于制定国民经济和社会发展第十一个五年规划的建议》，提出要按照"生产发展、生活宽裕、乡风文明、村容整洁、管理民主"的要求，扎实稳步地推进社会主义新农村建设。会议把"村容整洁"作为五项要求之一，对于此后的乡村建设起到了极大的推动作用。2006 年中央一号文件对村庄规划、乡村基础设施建设、农村人居环境治理、农村社会事业等都作了具体部署。此后的多个中央一号文件都对上述工作进行了详尽安排。如 2008 年中央一号文件要求继续改善农村人居环境，提出增加农村饮水安全工程建设投入、加强农村水能资源规划和管理、继续实施农村电网改造；2009 年中央一号文件要求加快农村基础设施建设，提出了加快农村公路建设，2010 年底基本实现全国乡镇和东中部地区具备条件的建制村通油（水泥）路的具体目标；2010 年中央一号文件要求加强农村水电路气房建设，搞好新农村建设规划引导，合理布局，完善功能，加快改变农村面貌；2015 年中央一号文件要求加大农村基础设施建设力度，提出确保如期完成"十二五"农村饮水安全工程规划任务，推进城镇供水管网向农村延伸，加快推进西部地区和集中连片特困地区农村公路建设；2016 年中央一号文件强调要把国家财政支持的基础设施建设重点放在农村，建好、管好、护好、运营好农村基础设施，实现城乡差距显著缩小；等等。

二是提升农村公共服务水平政策。2005 年中央一号文件提出要落实新增教育、卫生、文化、计划生育等事业经费主要用于农村的规定，用于县以下的比例不低于 70%；2006 年中央一号文件提出加快发展农村社会事业，重点是农村义务教育、卫生事业、文化事业等；2007 年中央一号文件提出在全国范围内农村义务教育阶段学生全部免除学杂费，对家庭经济困难学生免费提供教科书并补助寄宿生生活费；建立农村基层干部、农村教师、乡村医生、计划生育工作者、基层农技推广人员及其他与农民生产生活相关服务人员的培训制度，加强在岗培训，提高服务能力；2008 年中央一号文件用一部分篇幅强调要逐步提高农村基本公共服务水平，包括提高农村义务教育水平和基本医疗服务提供能力水平、稳定农村低生育水平、繁荣农村公共文化等内容；2009 年中央一号文件提出建立稳定的农村文化投入保障机制、提高农村学校公用经费和家庭经济困难寄宿生补助标准、2009 年起对中等职业学校农村家庭经济困难学生和涉农专业学生实行免费；2010 年中央一号文件提出继续实施中小学校舍安全工程，逐步改善贫困地区农村学生营养状况；2014 年中央一号文件强调城乡基本公共服务均等化，提出要加快改善农村义务教育薄弱学校基本办学条件，适当提高农村义务教育生均公用经费标准；2016 年中央一号文件提出把社会事业发展的重点放在农村和接纳农业转移人口较多的城镇，加快推动城镇公共服务向农村延伸；2017 年中央一号文件提出全面落实城乡统一、重在农村的义务教育经费保障机制，加强乡村教师队伍建设。

三是农村社会保障制度的建立和逐步完善。这一制度具体包括三大部分。

(1) 新型农村社会养老保险制度。2009 年 9 月，国务院颁布了《关于开展新型农村社会养老保险试点的指导意见》，标志着中国农村社会养老保险制度的建立。文件要求建立新型农村社会养老保险制度（以下简称"新农保"），从 2009 年开始试点，覆盖面为全国 10% 的县（市、区、旗），在 2020 年之前实现对农村适龄居民的全覆盖。2014 年，国务院颁布了

《关于建立统一的城乡居民基本养老保险制度的意见》，提出在 2020 年之前建立新农保与城市居民社会养老保险制度（简称"城居保"）合并实施的城乡居民基本养老保险制度。至此，中国农村养老保险在政策上实现了从"老农保"到"城乡居民养老保险"的过渡，完成了养老保险的城乡一体化发展。

（2）新型农村合作医疗制度。2002 年 10 月，中共中央、国务院发布《关于进一步加强农村卫生工作的决定》，提出"逐步建立新型农村合作医疗制度"，要求"到 2010 年，在全国农村基本建立起适应社会主义市场经济体制要求和农村经济社会发展水平的农村卫生服务体系和农村合作医疗制度"，即"新型农村合作医疗"（即"新农合"）。2003 年 1 月，《国务院办公厅转发〈卫生部等部门关于建立新型农村合作医疗制度的意见〉的通知》指出，正式开展新农合试点工作，并确立了 2010 年实现全国建立基本覆盖农村居民的新型农村合作医疗制度的目标。2016 年 1 月，国务院发布《关于整合城乡居民基本医疗保险制度的意见》，要求从完善政策入手，推进城镇居民医保和新农合制度整合，逐步在全国范围内建立起统一的城乡居民医保制度。

（3）农村最低生活保障制度。2007 年 7 月，国务院颁布《关于在全国建立农村最低生活保障制度的通知》，决定在全国建立农村最低生活保障制度，对符合标准的农村人口给予最低生活保障。随着经济发展水平的提高，农村低保标准从 2007 年的 70 元/人·月提升到 2017 年的 358 元/人·月。

总的来看，21 世纪以来，农村人居环境不断改善，公共服务水平不断提升，社会保障体制基本建立。尽管城乡之间依然存在着明显的差距，但城乡统一的政策和制度体系已经初步建立。由于一系列对"三农"利好政策的实施，这一时期农民收入增长很快。2001 年，农民收入实际增长 4.5%，远远超过 2000 年的 2.7%。2004 年起，农民收入进入较高速增长阶段；2010 年以后，农民收入增长速度开始持续超过城镇居民，而且多数年份超过了 GDP 增长速度。这一阶段，由于惯性的因素，城乡居民收入差距在 2007 年之前几乎持续扩大，2007 年达到改革开放以来的最高点（3.14∶1），此后呈下降趋势，到 2017 年达到了 2.71∶1，2021 年下降到 2.50∶1，城乡关系改善的趋势十分明显。这是由于政策、体制、机制的变化导致的改善，是“实质性改善”（见表 0-2、图 0-3、图 0-4）。2017 年以后城乡关系的快速改善，得益于党的十九大报告提出的乡村振兴战略。此后的五年间，城乡融合发展体制机制和政策体系逐渐建立、健全，我们将在下一节进行详细分析。

表 0-2　2000—2021 年城乡居民收入及相关指标

年份	农村居民		城镇居民		GDP 增长速度（%）	城乡居民收入之比
	人均纯收入（元）	实际增长速度（%）	人均可支配收入（元）	实际增长速度（%）		
2000	2 282	2.4	6 256	6.3	8.5	2.74
2001	2 407	4.2	6 824	7.6	8.3	2.84
2002	2 529	5.3	7 652	13.3	9.1	3.03
2003	2 690	4.8	8 406	8.9	10.0	3.12
2004	3 027	7.3	9 335	7.5	10.1	3.08
2005	3 370	6.7	10 382	9.5	11.4	3.08
2006	3 731	7.9	11 620	10.3	12.7	3.11
2007	4 327	10.0	13 603	12.0	14.2	3.14
2008	4 999	8.5	15 549	6.3	8.2	3.11
2009	5 435	9.0	16 901	9.7	9.4	3.11
2010	6 272	11.4	18 779	7.7	10.6	2.99
2011	7 394	11.4	21 427	8.4	9.6	2.90
2012	8 389	10.7	24 127	9.6	7.9	2.88
2013	9 430	9.3	26 467	7.0	7.8	2.81
2014	10 489	9.2	28 844	6.8	7.3	2.75
2015	11 422	7.5	31 195	6.6	6.9	2.73
2016	12 363	6.2	33 616	5.6	6.7	2.72
2017	13 432	7.3	36 396	6.5	6.9	2.71
2018	14 617	6.6	39 251	5.6	6.8	2.69
2019	16 021	6.2	42 359	5.0	6.0	2.64
2020	17 131	3.8	43 834	1.2	2.2	2.56
2021	18 931	9.7	47 412	7.1	8.1	2.50

资料来源：历年《中国统计年鉴》。

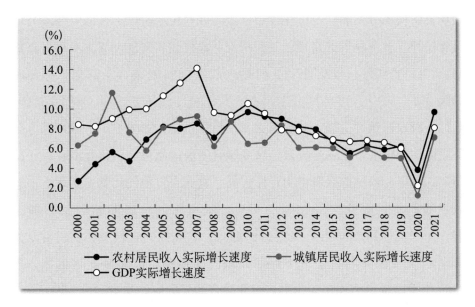

图 0 - 3 2000—2021 年城乡人均可支配收入实际增长速度与 GDP 增长速度

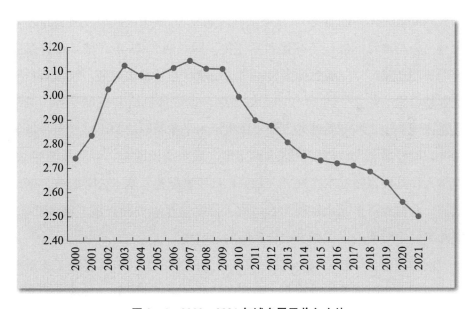

图 0 - 4 2000—2021 年城乡居民收入之比

三、城乡融合：逐步健全的政策体系及展望

2017 年 10 月，党的十九大报告提出了乡村振兴战略，正式把中国的

城乡关系从统筹发展、一体化发展推进到融合发展阶段。按照党的十九大报告精神，融合发展的途径就是坚持农业农村优先发展，实施乡村振兴战略。2018年中央一号文件对乡村振兴战略的实施进行了部署，提出了2020年、2035年、2050年三个时间节点的目标任务，即"到2020年，乡村振兴取得重要进展，制度框架和政策体系基本形成。……城乡基本公共服务均等化水平进一步提高，城乡融合发展体制机制初步建立；……。""到2035年，乡村振兴取得决定性进展，农业农村现代化基本实现。……城乡基本公共服务均等化基本实现，城乡融合发展体制机制更加完善；……。""到2050年，乡村全面振兴，农业强、农村美、农民富全面实现。"城乡融合当然是一个长期而艰巨的任务，但按照上述部署，当2035年中国基本实现现代化时，城乡融合的任务应该基本完成。

2019年4月15日，《中共中央 国务院关于建立健全城乡融合发展体制机制和政策体系的意见》（以下简称《意见》）发布，从城乡融合角度对上述三个阶段目标进行了细化和具体化。即"到2022年，城乡融合发展体制机制初步建立。城乡要素自由流动制度性通道基本打通，城市落户限制逐步消除……。""到2035年，城乡融合发展体制机制更加完善。城镇化进入成熟期，城乡发展差距和居民生活水平差距显著缩小。""到本世纪中叶，城乡融合发展体制机制成熟定型。城乡全面融合，乡村全面振兴，全体人民共同富裕基本实现。"《意见》从要素配置、基本公共服务、基础设施、乡村经济多元化发展、农民收入持续增长等方面提出了具体要求，是未来一定时期内促进城乡融合发展的总纲领。

问题在于，尽管21世纪以来尤其是党的十八大以来政府做了大量努力，但城乡差距依然十分明显，表现在社会保障体系、基础设施、公共服务等各个方面，从哪个角度入手促进城乡融合？习近平总书记在2020年中央农村工作会议讲话中指出："当前，我国常住人口城镇化率已经突破了60%。今后15年是破除城乡二元结构、健全城乡融合发展体制机制的窗口期。"因此，"要把县域作为城乡融合发展的重要切入点，推进空间布局、产业发展、基础设施等县域统筹，把城乡关系摆布好处理好，一体设计、一并推进。要强化基础设施和公共事业县乡村统筹，加快形成县乡村功能衔接互补的建管格局，推动公共资源在县域内实现优化配置。要赋予县级更多资源整合使用的自主权，强化县城综合服务能力，把乡镇建设成为服务农民的区域中心。"① 在县域内推进城乡融合，是战略和战术相结合的神来之笔，在实施乡村振兴战略的"眼"，必将取得显著成效。

上面仅仅是从城乡融合角度梳理的几项重大政策重心。为了促进城乡融合，推进乡村振兴战略的实施，全国人大出台或修订了相关法律，中共中央出台了相关党内法规，中央层面上还出台了其他相关政策，共同构建了城乡融合的体制机制和政策框架，共同推进了农业农村现代化（如表0-3所示）。

表0-3 党的十九大以来中央层面出台的有关城乡融合的法律和政策

法律、政策名称	发布部门	发布时间	主要内容
《决胜全面建成小康社会 夺取新时代中国特色社会主义伟大胜利——在中国共产党第十九次全国代表大会上的报告》		2017年10月18日	要坚持农业农村优先发展，按照产业兴旺、生态宜居、乡风文明、治理有效、生活富裕的总要求，建立健全城乡融合发展体制机制和政策体系，加快推进农业农村现代化。
《中华人民共和国农民专业合作社法》	第十二届全国人民代表大会常务委员会第三十一次会议	2017年12月27日	扩大了农民合作的范围，增加了"农民专业合作社联合社"一章，保障了农民专业合作社的再合作权益。
《关于实施乡村振兴战略的意见》（中发〔2018〕1号）	中共中央、国务院	2018年1月2日	对乡村振兴战略的实施进行了具体部署，提出了2020年、2035年、2050年三个阶段的目标任务。

---

① 习近平. 论"三农"工作. 北京：中央文献出版社，2022：16.

续表

法律、政策名称	发布部门	发布时间	主要内容
《农村人居环境整治三年行动方案》	中共中央办公厅、国务院办公厅	2018年2月5日	统筹城乡发展，统筹生产生活生态，以建设美丽宜居村庄为导向，以农村垃圾、污水治理和村容村貌提升为主攻方向，动员各方力量，整合各种资源，强化各项举措，加快补齐农村人居环境突出短板。
《乡村振兴战略规划（2018—2022年）》	中共中央、国务院	2018年9月26日	按照产业兴旺、生态宜居、乡风文明、治理有效、生活富裕的总要求，对实施乡村振兴战略作出阶段性谋划，分别明确至2020年全面建成小康社会和2022年召开党的二十大时的目标任务，细化实化工作重点和政策措施，部署重大工程、重大计划、重大行动。
《中华人民共和国农村土地承包法》	第十三届全国人民代表大会常务委员会第七次会议	2018年12月29日	对原法进行了修正，落实了"长久不变"和"三权分置"政策思路，保护了进城务工人员的土地承包经营权益。
《中华人民共和国村民委员会组织法》	第十三届全国人民代表大会常务委员会第七次会议	2018年12月29日	对原法进行了修正，把村民委员会任期从三年延长到五年。
《关于坚持农业农村优先发展 做好"三农"工作的若干意见》	中共中央、国务院	2019年2月3日	优先考虑"三农"干部配备，优先满足"三农"发展要素配置，优先保障"三农"资金投入，优先安排农村公共服务。
《关于促进小农户和现代农业发展有机衔接的意见》	中共中央办公厅、国务院办公厅	2019年2月21日	认为当前和今后很长一个时期，小农户家庭经营将是我国农业的主要经营方式。提出完善针对小农户的扶持政策，加强面向小农户的社会化服务，把小农户引入现代农业发展轨道。

续表

法律、政策名称	发布部门	发布时间	主要内容
《关于建立健全城乡融合发展体制机制和政策体系的意见》	中共中央、国务院	2019 年 4 月 15 日	到 2022 年，城乡融合发展体制机制初步建立；到 2035 年，城乡融合发展体制机制更加完善；到本世纪中叶，城乡融合发展体制机制成熟定型。城乡全面融合，乡村全面振兴，全体人民共同富裕基本实现。
《关于加强和改进乡村治理的指导意见》	中共中央办公厅、国务院办公厅	2019 年 6 月 23 日	到 2020 年，现代乡村治理的制度框架和政策体系基本形成；到 2035 年，乡村公共服务、公共管理、公共安全保障水平显著提高……乡村治理体系和治理能力基本实现现代化。
《关于促进乡村产业振兴的指导意见》	国务院	2019 年 6 月 28 日	力争用 5～10 年时间，农村一二三产业融合发展增加值占县域生产总值的比重实现较大幅度提高，乡村产业振兴取得重要进展。
《中华人民共和国土地管理法》	第十三届全国人民代表大会常务委员会第十二次会议	2019 年 8 月 26 日	对原法进行了修正，将永久农田基本保护制度确定下来，允许集体经营性建设用地入市，明确国家要建立国土空间规划体系，规定耕地承包期为 30 年，届满后再延长 30 年。
《中国共产党农村工作条例》	中共中央	2019 年 9 月 1 日	坚持党对农村工作的全面领导，确保党在农村工作中总揽全局、协调各方，保证农村改革发展沿着正确的方向前进。
《中共中央关于坚持和完善中国特色社会主义制度 推进国家治理体系和治理能力现代化若干重大问题的决定》	中国共产党第十九届中央委员会第四次全体会议	2019 年 10 月 31 日	深化农村集体产权制度改革，发展农村集体经济，完善农村基本经营制度；实施乡村振兴战略，完善农业农村优先发展和保障国家粮食安全的制度政策，健全城乡融合发展体制机制。

续表

法律、政策名称	发布部门	发布时间	主要内容
《关于保持土地承包关系稳定并长久不变的意见》	中共中央、国务院	2019年11月26日	明确了土地承包关系"长久不变"的内涵，以及推进"长久不变"的具体措施。
《中共中央 国务院关于抓好"三农"领域重点工作 确保如期实现全面小康的意见》	中共中央、国务院	2020年1月2日	集中力量完成打赢脱贫攻坚战和补上全面小康"三农"领域突出短板两大重点任务，持续抓好农业稳产保供和农民增收，推进农业高质量发展，保持农村社会和谐稳定，提升农民群众获得感、幸福感、安全感，确保脱贫攻坚战圆满收官，确保农村同步全面建成小康社会。
《关于构建更加完善的要素市场化配置体制机制的意见》	中共中央、国务院	2020年3月30日	建立健全城乡统一的建设用地市场；深化户籍制度改革；建立县域银行业金融机构服务"三农"的激励约束机制；健全要素市场运行机制。
《关于新时代加快完善社会主义市场经济体制的意见》	中共中央、国务院	2020年5月11日	落实农村第二轮土地承包到期后再延长30年政策，完善农村承包地"三权分置"制度。深化农村集体产权制度改革，完善产权权能，将经营性资产折股量化到集体经济组织成员，创新农村集体经济有效组织形式和运行机制，完善农村基本经营制度。
《关于新时代推进西部大开发形成新格局的指导意见》	中共中央、国务院	2020年5月17日	把打好三大攻坚战特别是精准脱贫攻坚战作为决胜全面建成小康社会的关键任务，集中力量攻坚克难；推动农村一二三产业深度融合，促进农牧业全产业链、价值链转型升级；深入实施乡村振兴战略，做好新时代"三农"工作。
《中华人民共和国民法典》	第十三届全国人民代表大会第三次会议	2020年5月28日	保护了农村居民的合法权利，规定农村集体经济组织和合作经济组织为特别法人。

续表

法律、政策名称	发布部门	发布时间	主要内容
《关于调整完善土地出让收入使用范围 优先支持乡村振兴的意见》	中共中央办公厅、国务院办公厅	2020 年 9 月 23 日	从"十四五"第一年开始，各省（自治区、直辖市）分年度稳步提高土地出让收入用于农业农村比例；到"十四五"时期末，以省（自治区、直辖市）为单位核算，土地出让收益用于农业农村比例达到 50% 以上。
《中华人民共和国乡村振兴促进法》	《第十三届全国人民代表大会常务委员会第二十八次会议》	2021 年 4 月 29 日	全面实施乡村振兴战略，开展促进乡村产业振兴、人才振兴、文化振兴、生态振兴、组织振兴，推进城乡融合发展等活动，适用本法。
《关于支持浙江高质量发展 建设共同富裕示范区的意见》	中共中央、国务院	2021 年 5 月 20 日	在高质量发展中扎实推动共同富裕，着力在完善收入分配制度、统筹城乡区域发展、发展社会主义先进文化、促进人与自然和谐共生、创新社会治理等方面先行示范，构建推动共同富裕的体制机制，着力激发人民群众积极性、主动性、创造性，促进社会公平，增进民生福祉，不断增强人民群众的获得感、幸福感、安全感和认同感，为实现共同富裕提供浙江示范。
《关于推进以县城为重要载体的城镇化建设的意见》	中共中央办公厅、国务院办公厅	2022 年 5 月 6 日	加快发展大城市周边县城；积极培育专业功能县城；合理发展农产品主产区县城；有序发展重点生态功能区县城；引导人口流失县城转型发展。
《乡村建设行动实施方案》	中共中央办公厅、国务院办公厅	2022 年 5 月 23 日	到 2025 年，乡村建设取得实质性进展，农村人居环境持续改善，农村公共基础设施往村覆盖、往户延伸取得积极进展，农村基本公共服务水平稳步提升，农村精神文明建设显著加强，农民获得感、幸福感、安全感进一步增强。

资料来源：笔者根据相关网站资料整理。

参考文献

［1］薄一波．若干重大决策与事件的回顾：上卷．北京：中共中央党校出版社，1991.

［2］陈云．陈云文选：2卷．北京：人民出版社，1995.

［3］毛泽东．毛泽东文集：7卷．北京：人民出版社，1999.

上　篇

五大融合与城乡关系重塑

第一章 城乡要素合理配置：
从单向流动到双向流动①

城乡要素合理配置是解决城乡发展不平衡问题的根本路径。新中国成立以来，受计划经济和优先发展重工业战略的制约，我国形成了城乡彼此封闭、各自循环的二元经济社会结构，制约了城乡要素的合理配置。改革开放以来，我国持续推进要素市场化改革，城乡要素配置效率持续提升，特别是党的十八大以来，要素市场化改革加快推进，深刻改变了过去要素"由乡到城"的单向流动格局，形成了城乡要素双向流动、合理配置的新局面。

第一节 党的十八大以来城乡要素改革进程

立足坚决破除妨碍城乡要素自由流动和平等交换的体制机制壁垒，党的十八大以来，我国深化城乡要素市场改革，建立健全有利于城乡要素合理配置的体制机制。

一、推进农业转移人口市民化，引导人才下乡参与乡村振兴

城乡人口的双向流动是城乡融合发展的基础，只有人口在城乡之间充分自由流动，才能带动与之相关的资本、技术等要素随之流动，城乡融合发展才能得以真正实现。世界经济发展历程表明，任何一个国家的经济起飞均必然伴随着农村人口的城市化进程。农民从农业向非农业、从农村向

---

① 执笔人：周振。

城市的转移是传统农业社会向现代工业社会转变的必经之路, 是经济发展和现代化的必然趋势。新中国成立以来, 我国城乡人口流动经历了限制农民进城、整治"盲流"和推动农业劳动力转移等多个发展阶段, 有效优化了城乡人口区域分布, 对我国经济社会发展产生了积极作用和深远影响。虽然人口城乡流动加快, 但是农村人口难以融入城镇, 这部分人口长期居住在城市地区, 难以取得城镇户籍, 不能获得与城镇居民同等的公共服务, 这导致我国农村人口流动大部分都属于临时性迁移而非永久性迁移; 同时, 乡村人口大量外流, 乡村产业发展、社会治理等面临"空心化"问题。党的十八大以来, 针对人口流动存在的农民进城"进得来、融不进去"、乡村人才"空心"等问题, 我国深化户籍制度改革, 持续推进农业转移人口市民化, 积极引导人才下乡。

第一, 实现农业转移人口城镇落户。小小的户口本曾牵动了亿万人的心。2013 年, 党的十八届三中全会通过的《中共中央关于全面深化改革若干重大问题的决定》(以下简称《决定》) 提出, "逐步把符合条件的农业转移人口转为城镇居民……全面放开建制镇和小城市落户限制, 有序放开中等城市落户限制, 合理确定大城市落户条件, 严格控制特大城市人口规模。稳步推进城镇基本公共服务常住人口全覆盖", 为推动农业转移人口市民化起到了重大决策作用。同年, 中央城镇化工作会议召开, 将"推进农业转移人口市民化"列为城镇化的首要任务, 指出解决好人的问题是推进新型城镇化的关键。2014 年, 《国家新型城镇化规划 (2014—2020 年)》印发, 指出"不仅要放开小城镇落户限制, 也要放宽大中城市落户条件", 让符合条件的农业转移人口落户城镇。2014 年, 国务院印发《关于进一步推进户籍制度改革的意见》, 正式提出要"取消农业和非农业户口, 建立城乡统一的户口登记制度", 存续了 60 多年的二元户籍制度即将退出历史舞台, 这成为破解城乡二元结构、推动城乡人口流动与融入的新起点。随后, 我国密集出台了推动农业转移人口市民化的相关政策, 许多大城市放开放宽了农民落户条件, 并逐步统一登记为居民户口。2019 年,国家发改委印发《2019 年新型城镇化建设重点任务》指出，"中小城市和建制镇要全面放开落户限制"；《2020 年新型城镇化建设和城乡融合发展重点任务》进一步指出，"督促城区常住人口 300 万以下城市全面取消落户限制……推动城区常住人口 300 万以上城市基本取消重点人群落户限制……鼓励有条件的 I 型大城市全面取消落户限制、超大特大城市取消郊区新区落户限制"。

第二，促进农业转移人口享有城镇基本公共服务。为落实 2014 年中央城镇化工作会议提出的"推进以人为核心的城镇化"指示精神，我国加大对进城农民公共服务建设投入，代表性的政策措施如下：2014 年 9 月，国务院印发《关于进一步做好为农民工服务工作的意见》明确提出，"未落户的也能享受城镇基本公共服务"，将持有居住证人口纳入基本公共服务保障范围，让同工同权不再成为"梦想"；同时，文件进一步指出，针对农业转移人口要努力做到"十有"，即进城有工作、上岗有培训、劳动有合同、报酬有保障、参保有办法、维权有渠道、住宿有改善、生活有文化、子女有教育、发展有目标，这为保障农业转移人口劳动权益和享有城镇基本公共服务奠定了制度基础，较好刺激了城乡劳动力自由有序流动。为保障"同工同权"以及"十有"目标落地实施，2016 年 8 月，国务院印发《关于实施支持农业转移人口市民化若干财政政策的通知》，从强化财政支持力度的方面提出推进农业转移人口市民化，提出改革财政支出结构，以实现财政转移支付与农业转移人口市民化挂钩机制，即"中央和地方各级财政部门要根据不同时期农业转移人口数量规模、不同地区和城乡之间农业转移人口流动变化、大中小城市农业转移人口市民化成本差异等，对转移支付规模和结构进行动态调整……中央财政根据其吸纳农业转移人口进城落户人数等因素适当给予奖励"，为推进农业转移人口市民化建立了财政保障机制，较好调动了人口流入地政府的积极性，有效地促进了农业转移人口市民化。此后，每年中央一号文件、《新型城镇化和城乡融合发展重点任务》以及其他重大政策文件、发展规划等，逐渐完善政策支持、逐步加大投入力度，形成了"钱随人走""地随人走"的政策框架，加速推进了农业转移人口市民化进程。

第三，保障农业转移人口农村财产权益。人口迁移的经典理论指出，农村人口自由有序流动不仅受城镇地区就业机会、收入水平、公共服务等的影响，而且还受农村地区资产安全等因素影响。过去很长一个时期，农民进城落户以放弃农村土地承包经营权、宅基地使用权、集体收益分配权等权益为前置条件，导致农民对放弃农村户口进城落户非常"纠结"，也限制了城乡、区域人口的正常有序流动。为解决此问题，保障农民基本权益，促进人口有序流动，2014年《关于进一步推进户籍制度改革的意见》指出，"现阶段，不得以退出土地承包经营权、宅基地使用权、集体收益分配权作为农民进城落户的条件"。同时，为增强农民带资进城实力，2013年《中共中央关于全面深化改革若干重大问题的决定》提出，"赋予农民对集体资产股份占有、收益、有偿退出及抵押、担保、继承权"，为探索农民有偿退出农村集体资产提供了政策遵循。2015年，中共中央办公厅、国务院办公厅印发的《深化农村改革综合性实施方案》指出，"探索宅基地有偿使用制度和自愿有偿退出机制"以及"在有条件的地方开展农民土地承包经营权有偿退出试点"。随后部分地区开展了农村土地承包经营权、宅基地使用权、集体收益分配权有偿退出试点，并持续重申不得以退出农村集体资产产权作为农民进城落户的条件。这些政策举措充分保障了农民权益，也对人口流动起到了积极促进作用。

第四，积极引导人才下乡参与乡村振兴。长期以来，城乡人口流动以农民进城为主，少有城镇人口下乡发展，导致农村产业发展、社会治理缺乏人才甚至人口资源，引发农村"衰败"。考虑到即便是我国人口城镇化达到发达国家70%~80%的水平，我国仍将有3亿~4亿人长期生活在农村，为全面推进乡村振兴，促进农业高质高效、乡村宜居宜业、农民富裕富足，党的十八大以来我国大力鼓励各类人才下乡，协作支持乡村发展。其中，以驻村帮扶和引导返乡创业创新尤为典型。

选派驻村第一书记和工作队，是脱贫攻坚战中落实精准方略、解决"谁来扶"问题的有力举措。党的十八大以来，习近平总书记在重要会议、重要场合、重要时间节点先后多次作出重要指示，强调"根据贫困村的实际需求精准选配第一书记、精准选派驻村工作队""做到每个贫困村都有驻村工作队，每个贫困户都有帮扶责任人""工作队和驻村干部要一心扑在扶贫开发工作上，强化责任要求，有效发挥作用"，实现了所有原贫困村驻村工作选派全覆盖。为更好发挥驻村工作队在脱贫攻坚中的生力军作用，各地陆续出台驻村工作队选派管理工作相关意见和细则，切实加强了对驻村工作队的管理，确保选派精准、帮扶扎实、成效明显、群众满意。这为加强农村工作、全方位促进乡村振兴提供了重要力量。

鼓励返乡入乡创业创新是实现城乡人口双向流动、激活乡村产业发展的重要路径。党中央、国务院高度重视农业农村创业创新工作。习近平总书记在党的十九大报告中强调，要"促进农村一二三产业融合发展，支持和鼓励农民就业创业，拓宽增收渠道"①。李克强总理强调，要健全农村双创促进机制，支持返乡下乡人员到农村创业创新。2015 年 6 月，国务院办公厅印发《关于支持农民工等人员返乡创业的意见》；2016 年 11 月，国务院办公厅印发《关于支持返乡下乡人员创业创新 促进农村一二三产业融合发展的意见》；2019 年，中共中央、国务院印发《关于建立健全城乡融合发展体制机制和政策体系的意见》，提出建立城市人才入乡激励机制，强化财政、金融、社会保障等激励政策，特别是提出"允许农村集体经济组织探索人才加入机制"。这些文件陆续送出了政策大礼包，为农村创业创新创造了良好环境，更有效促进了人才返乡入乡，为乡村产业发展提供了人力资源支撑。

二、赋予农民更多权利，盘活农村闲置土地资源

向农民赋予更多权利并强化产权保护，是促进城乡资源要素流动的产

---

① 习近平 . 决胜全面建成小康社会 夺取新时代中国特色社会主义伟大胜利——在中国共产党第十九次全国代表大会上的报告 . 北京：人民出版社，2017：32.

权制度基础；同时，不断盘活农村资源要素，允许更多的要素进入市场，农村要素市场这汪春水才能涌动。我国农村蕴藏着大量的土地资源、资产，但受限于体制机制不健全，许多资源处于闲置状态，难以成为产业发展、城乡建设的资源来源，更难以成为农民财产性增收的来源。党的十八大以来，围绕农村土地资源，我国聚焦承包地、征地制度改革、集体经营性建设用地、宅基地，持续深化农村土地改革。

在承包地上，以"三权分置"改革促农村土地流转。2007 年实施的《中华人民共和国物权法》将农村土地承包经营权界定为用益物权，赋予承包人享有包括流转在内的各项权益，加快推进了农村承包地流转。为更好地促进承包地流转、实现资源优化配置，2013 年 7 月习近平总书记视察武汉农村产权交易所时提出"要好好研究农地所有权、承包权、经营权三者之间的关系"，2014 年中央一号文件正式以国家政策的形式提出"三权分置"。2016 年 10 月，中共中央办公厅、国务院办公厅印发《关于完善农村土地所有权承包权经营权分置办法的意见》，明确提出"顺应农民保留土地承包权、流转土地经营权的意愿，将土地承包经营权分为承包权和经营权，实行所有权、承包权、经营权分置并行"，系统论述"三权分置"改革系列实施办法和推进策略。"三权分置"改革是继家庭联产承包责任制后我国农村改革的又一重大制度创新，创新了农村土地产权制度，拓展了农村土地集体所有制的有效实现形式，丰富了双层经营体制的内涵，展现了我国农村基本经营制度的持久活力，顺应了发展适度规模经营的时代要求，为中国特色新型农业现代化开辟了新路径。为保持土地承包关系的稳定，党的十九大报告强调，要"保持土地承包关系稳定并长久不变，第二轮土地承包到期后再延长三十年"[①]，使农村土地承包关系从第一轮承包开始保持稳定长达七十五年。2019 年《关于建立健全城乡融合发展体制机制和政策体系的意见》再次提出，"保持农村土地承包关系稳

---

① 习近平. 决胜全面建成小康社会 夺取新时代中国特色社会主义伟大胜利——在中国共产党第十九次全国代表大会上的报告. 北京：人民出版社，2017：32.

定并长久不变，落实第二轮土地承包到期后再延长 30 年政策"。2021 年
中央一号文件提出，"有序开展第二轮土地承包到期后再延长 30 年试点"。
这些政策文件的密集出台，稳定了承包地产权关系，给农民吃上了"定心
丸"，促进了农村土地流转，优化了承包地资源配置。

在征地上，缩小土地征收范围。2014 年《关于农村土地征收、集体
经营性建设用地入市、宅基地制度改革试点工作的意见》出台，针对征地
范围过大、程序不够规范、被征地农民保障机制不完善等问题，提出要缩
小土地征收范围，探索制定土地征收目录，严格界定公共利益用地范围；
规范土地征收程序，建立社会稳定风险评估制度，健全矛盾纠纷调处机
制，全面公开土地征收信息；完善对被征地农民的合理、规范、多元保障
机制。该文件的出台较好完善了我国土地征收制度，也有效遏制了耕地被
随意占用的问题。此外，为保障发达地区城市建设指标供给，保障国家粮
食安全，我国优化调整了新增耕地指标增减挂钩政策，同时，实现了新增
耕地指标省域内流转，原深度贫困地区节余指标可实现跨省调剂。

在集体经营性建设用地上，推动建立健全城乡统一建设用地市场。长
期以来，集体经营性建设用地禁止入市，2013 年，中共十八届三中全会
通过的《中共中央关于全面深化改革若干重大问题的决定》提出"建立城
乡统一的建设用地市场"，2014 年《关于农村土地征收、集体经营性建设
用地入市、宅基地制度改革试点工作的意见》出台，标志着集体经营性建
设用地入市进入改革试点阶段。历经几年试点探索，特别是"三块地"试
点改革以及部分城市利用集体建设用地建设租赁住房试点开展，集体经营
性建设用地入市改革取得了三项突破：一是消除了资源盘活法律障碍。
2019 年《中华人民共和国土地管理法》删除了"任何单位和个人进行建
设，需要使用土地的，必须依法申请使用国有土地"的规定，并规定"通
过出让等方式取得的集体经营性建设用地使用权可以转让、互换、出资、
赠与或者抵押"，以法律形式赋予了集体经营性建设用地入市与资产抵押
权限。二是拓宽了入市试点范围。2015 年国家授权 33 个县（市、区）开

展"三块地"改革试点，但绝大多数地区集体经营性建设用地仍然无法入市，2019 年出台的《关于建立健全城乡融合发展体制机制和政策体系的意见》提出"允许农村集体经营性建设用地入市"，2019 年《中华人民共和国土地管理法》也放开了集体经营性建设用地入市，标志着集体经营性建设用地入市范围从试点县（市、区）向全国拓展。三是扩大了可入市土地来源。2019 年《关于建立健全城乡融合发展体制机制和政策体系的意见》明确提出，"允许村集体在农民自愿前提下，依法把有偿收回的闲置宅基地、废弃的集体公益性建设用地转变为集体经营性建设用地入市"，解决了集体经营性建设用地入市可交易土地来源过窄的问题。

表 1-1 给出了 2015—2020 年农村集体经营性建设用地入市的主要政策脉络。

表 1-1　农村集体经营性建设用地入市主要政策脉络

年份	法律、政策文件名称	主要内容
2015	中共中央办公厅 国务院办公厅《关于农村土地征收、集体经营性建设用地入市、宅基地制度改革试点工作的意见》	部分县市试点农村集体经营性建设用地入市。
2017	国土资源部 住房城乡建设部《利用集体建设用地建设租赁住房试点方案》	在北京、上海、广州、杭州、成都等 13 个城市探索开展利用集体建设用地建设租赁住房试点。
2019	自然资源部办公厅 住房和城乡建设部办公厅《关于福州等 5 个城市利用集体建设用地建设租赁住房试点实施方案意见的函》	福州、南昌、青岛、海口、贵阳等 5 个城市获批探索开展利用集体建设用地建设租赁住房试点，试点城市扩容到 18 个。
2019	中共中央 国务院《关于建立健全城乡融合发展体制机制和政策体系的意见》	全面放开了农村集体经营性建设用地入市。
2020	《中华人民共和国土地管理法》	明确提出允许农村集体经营性建设用地上市。

在宅基地上，重在盘活存量建设用地。我国从 1978 年开始的农村改革并没有触及宅基地问题。21 世纪以来，随着大量农村劳动力向城镇转移甚至定居，农村闲置房屋逐渐增多，而一些地方留在农村的新增成人却

很难分配到宅基地，这个矛盾使改革农村宅基地的呼声越来越大。2014
年之前，中央一号文件对于宅基地的关注，主要在于管理、整治和确权颁
证等。2014 年后，伴随着"三块地"改革试点实施，宅基地改革旨在通
过保障落实用益物权盘活存量建设用地。一是宅基地取得制度，在"一户
一宅"框架下制定获取宅基地的详细规则。二是宅基地使用权流转制度，
即探索盘活农村宅基地的相关制度。三是实现农民住房财产权，探索农民
住房财产权抵押贷款。四是探索宅基地"三权分置"。2018 年中央一号文
件指出："探索宅基地所有权、资格权、使用权'三权分置'。"这是中央
文件第一次明确提出农村宅基地改革的具体方略，即"落实宅基地集体所
有权，保障宅基地农户资格权和农民房屋财产权，适度放活宅基地和农民
房屋使用权"。宅基地"三权分置"改革为加快盘活宅基地与使用权流动
创造了制度条件。2019 年《关于建立健全城乡融合发展体制机制和政策
体系的意见》对宅基地改革方向做了较为系统的论述，从确权登记颁证、
探索"三权分置"、盘活闲置用地、优化村庄布局、促进集约使用等五个
方面勾勒出了改革方向。同年 9 月，中央农村工作领导小组办公室、农业
农村部印发《关于进一步加强农村宅基地管理的通知》，围绕严格落实
"一户一宅"规定、鼓励节约集约利用宅基地、鼓励盘活利用闲置宅基地
和闲置住宅、依法保护农民合法权益、做好宅基地基础工作（确权颁证、
摸清底数等），对加强宅基地管理做了详细制度性安排。这些政策文件持
续完善了我国农村宅基地制度，对盘活宅基地资源起到了重要作用。

三、开展产权抵押贷款，推动社会资本下乡

资本深化是我国乡村产业发展绕不开的道路，没有资本要素参与改
造，乡村产业就会如舒尔茨所说的"一潭死水，毫无生机"（舒尔茨，
2006）。但是，长期以来，农村资金持续向外净流出，笔者的研究测算指
出，1978—2012 年间，通过财政、金融机构以及通过工农产品价格"剪
刀差"的方式，农村地区向城市地区大约净流入资金 26.66 万亿元（以

2012年价格计算）（周振等，2015）。资金长期外流严重影响了农业发展的可持续和农村发展的活力。为扭转资金单向流出农村的局面，党的十八大以来，我国持续加大农村投入，不断提升乡村资本存量，政策重心聚焦深入开展农村产权抵押贷款、大力引导社会资本下乡和健全财政长效投入保障机制。

第一，深入开展农村产权抵押贷款。2007年实施的《中华人民共和国物权法》赋予了农民大量财产权利，特别是明确指出"土地承包经营权可以转让、入股、抵押或者以其他方式流转"，但是受限于农村产权交易流转、处置变现等机制不健全，这些财产权利难以撬动金融资源，导致农村地区长期"捧着金疙瘩要饭吃"。2013年，中共十八届三中全会通过的《中共中央关于全面深化改革若干重大问题的决定》提出，"慎重稳妥推进农民住房财产权抵押、担保、转让……建立农村产权流转交易市场"。基于此，2015年8月，国务院印发《关于开展农村承包土地的经营权和农民住房财产权抵押贷款试点的指导意见》，提出开展"两权"抵押贷款试点。2015年12月，第十二届全国人民代表大会常务委员会第十八次会议通过决定，授权国务院在232个试点县（市、区）行政区域分别暂时调整实施有关法律规定，开展农村承包土地的经营权和农民住房财产权抵押贷款试点。2016年3月，中国人民银行、中国银行业监督管理委员会、中国保险监督管理委员会、财政部、国土资源部、住房和城乡建设部等6部门联合印发《农民住房财产权抵押贷款试点暂行办法》，中国人民银行、中国银行业监督管理委员会、中国保险监督管理委员会、财政部、农业部等5部门联合印发《农村承包土地的经营权抵押贷款试点暂行办法》，对"两权"抵押条件、贷款管理、风险处置、配套措施等做了系统规定和规范指导，为金融机构开办业务提供了指引。2019年《中共中央 国务院关于建立健全城乡融合发展体制机制和政策体系的意见》进一步指出，"依法合规开展农村集体经营性建设用地使用权、农民房屋财产权、集体林权抵押融资，以及承包地经营权、集体资产股权等担保融资"，为扩大农村产权抵押贷款进一步优化了政策环境，部分地区还探索开展了生产附属设施、生物资产抵押贷款。此外，为激励金融机构开展农村产权抵押贷款、激活农村金融市场，国家持续建立健全农业信贷担保体系，特别是 2016 年 5 月，经国务院批准、由财政部会同农业部、中国银行业监督管理委员会组建了国家农业信贷担保联盟有限责任公司，各地相继成立地方农业信贷担保机构，标志着我国在建立健全全国政策性农业信贷担保体系方面迈出了重要一步。

第二，大力引导社会资本下乡。社会资本投资农业农村是巩固农业基础地位、推动农业农村优先发展的重要支撑，也是实施乡村振兴战略的重要力量。过去一个时期，国家对社会资本下乡参与乡村建设"顾虑"较多，如 2015 年相关部委联合出台《关于加强对工商资本租赁农地监管和风险防范的意见》，对社会资本租赁土地期限、规模、备案制度明确做出了规范管理和限制性要求。近年来，随着我国农村法制社会建设日臻成熟、市场体系逐步健全，国家开始大力鼓励社会资本下乡，推动城乡资本要素双向流动，为乡村振兴发展注入了活力。2017 年中央一号文件 5 次提及支持社会资本参与乡村建设，如"鼓励农村集体经济组织创办乡村旅游合作社，或与社会资本联办乡村旅游企业"，"推广政府和社会资本合作……支持建立担保机制"，"撬动金融和社会资本更多投向农业农村"，"支持社会资本以特许经营、参股控股等方式参与农林水利、农垦等项目建设运营"，"鼓励地方政府和社会资本设立各类农业农村发展投资基金"。同年，国家出台的《国家乡村振兴战略规划（2018—2022 年）》提出，"引导和撬动社会资本投向农村"。2020 年 4 月，农业农村部办公厅印发《社会资本投资农业农村指引》，对社会资本参与乡村振兴的重点领域、准入门槛、投融资机制、支持方式、营商环境等做了系统安排。2021 年、2022 年农业农村部办公厅连续修订印发《社会资本投资农业农村指引》，为鼓励、引导、规范社会资本下乡起到了重要指导作用，加速推进了城镇资本流向农村地区，有效改善了城乡间农村资金单向流出局面。

第三，健全财政长效投入保障机制。加大财政投入是以工补农、促进城镇资金流入乡村的重要方式。改革开放以来，我国持续加大对"三农"财政投入，为农业农村发展起到了重要作用。党的十八大以来，我国着力推进财政对农业农村投入制度化建设，其中，重大改革包括如下四项。

一是完善财政支农投入稳定增长机制。积极发挥财政在国家农业农村治理中的基础性和支撑性作用，不断加大财政支农力度。2015 年 11 月，中共中央办公厅、国务院办公厅印发《深化农村改革综合性实施方案》，旗帜鲜明地指出，"把农业农村作为财政支出的优先保障领域，中央预算内投资继续向农业农村倾斜，确保农业农村投入只增不减"。党的十九大报告强调，"要坚持农业农村优先发展"[①]。2019 年中央一号文件指出，"优先保障'三农'资金投入，坚持把农业农村作为财政优先保障领域和金融优先服务领域，公共财政更大力度向'三农'倾斜，县域新增贷款主要用于支持乡村振兴"。特别是，近年在财政收支矛盾仍然较为突出的情况下，各级财政均按照农业农村优先发展的要求，完善财政支农投入稳定增长机制，坚持把农业农村作为财政支出的优先保障领域。

二是健全农业支持保护体系。2004 年以来，我国建立了农业四项补贴制度，对农业发展起到了重要作用。为提高农业补贴政策效能，2015 年中央一号文件提出"健全国家对农业的支持保护体系"；同年 11 月，中共中央办公厅、国务院办公厅印发《深化农村改革综合性实施方案》，将健全农业支持保护制度作为农村改革五大领域之一，提出开展农业补贴改革试点，将现行的"三项补贴"（农作物良种补贴、种粮直补、农资综合补贴）合并为"农业支持保护补贴"，优化补贴支持方向，突出耕地保护和粮食安全。2019 年，中央全面深化改革委员会第十一次会议审议通过《关于完善农业支持保护制度的意见》，强调坚持农业农村优先发展，以实施乡村振兴战略为总抓手，从农业投入保障、农业补贴补偿、支农资金使

① 习近平．决胜全面建成小康社会 夺取新时代中国特色社会主义伟大胜利——在中国共产党第十九次全国代表大会上的报告．北京：人民出版社，2017：32.

用管理等方面深化改革，有效增强了农业补贴政策的精准性、稳定性、实效性。

三是建立涉农资金统筹整合长效机制。2017 年中央一号文件提出，"推进专项转移支付预算编制环节源头整合改革，探索实行中央财政支农项目'大专项＋任务清单'管理方式"，即将性质相同、内容相近的若干个财政支农专项转移支付项目整合成八个"大专项"①；同年，国务院印发《关于探索建立涉农资金统筹整合长效机制的意见》，推进了涉农资金统筹整合，既提高了资金使用效率，也解决了过去长期存在的"打酱油的钱不能买醋"的问题。

四是提高土地出让收入用于农业农村投入比例。2019 年《关于建立健全城乡融合发展体制机制和政策体系的意见》提出，"调整土地出让收入使用范围，提高农业农村投入比例"；2020 年 9 月，中共中央办公厅、国务院办公厅印发《关于调整完善土地出让收入使用范围 优先支持乡村振兴的意见》，明确要求逐步提高土地出让收益用于农业农村比例，确保"十四五"时期末达到 50％以上，为加大农业农村财政投入提供了稳定的制度保障。

第二节　城乡要素优化配置的主要成就

党的十八大以来的 10 年，是城乡要素加速平等交换、实现优化配置的关键 10 年。这个时期内，城乡要素合理配置的体制机制不断健全，各类要素在城乡间实现双向流动，并且更多向乡村流动，在乡村形成了人才、土地、资金、产业、信息汇聚的良性循环，为乡村振兴注入了新动能，也为城乡经济社会协调发展作出了重大贡献。

---

① 即农业生产发展资金、农业资源及生态保护补助、动物防疫补助、农村土地承包经营权确权登记颁证补助、农业生产救灾资金、渔业发展与船舶报废拆解更新补助、制种大县奖励、生猪（牛羊）调出大县奖励资金等。

一、越来越多农业转移人口成为"新市民"

10年来，围绕农业转移人口市民化，党中央、国务院出台了一系列重大政策，推出了一系列重大举措，砥砺奋进、开拓创新，破解了许多难题，办成了许多大事，有力地推动了农业转移人口市民化进程，广大群众的获得感不断增强。

第一，全国1.3亿农业转移人口成为城镇居民。围绕推进以人为核心的新型城镇化，统筹推进户籍制度改革，全国31个省（自治区、直辖市）均出台了户籍制度改革实施意见，普遍放宽了农民工进城落户条件。2022年，中西部地区除省会（首府）市外，基本实现了城镇落户零门槛。全国户籍人口城镇化率由2013年的35.93%提高到2021年的46.7%，1.3亿农业转移人口实现了在城镇落户。

第二，农业转移人口就业规模不断扩大，劳动权益得到更好维护。围绕就业是最大的民生这条主线，我国将促进农业转移人口就业与大学生就业并重，努力织好就业"经纬线"。完善失业登记管理办法，全面建立了就业服务信息系统，连续17年组织"春风行动"促进农民工与用人单位对接，大力推动"大众创业、万众创新"，着力发展家庭服务、电子商务、快递物流等新业态，在培育发展新动能中开发农业转移人口就业岗位。2021年，全国农民工总量达到2.93亿人，比2013年增加2 400万人，实现了大量农业劳动力转移就业（见图1-1）。同时，劳动权利保障制度更加健全，制定出台全面治理拖欠农民工工资问题的意见，建立健全农民工实名制管理、工资支付专用账户、工资保证金等制度，实行拖欠农民工工资"黑名单"管理制度和联合惩戒机制。国家统计局数据显示，被雇主或单位拖欠工资的农民工比例呈逐年下降趋势，被拖欠工资的农民工占比已由2010年的1.4%降至2019年的0.37%，欠薪问题已得到明显遏制。推进全民参保登记计划，农民工跨地区流动就业社会保险关系转移接续等工作持续推进。

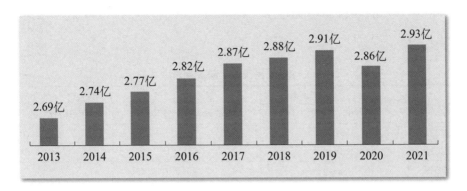

图 1−1 2013—2021 年我国农民工数量

资料来源：历年《农民工监测调查报告》。

第三，面向农民工的基本公共服务不断改善。将持有居住证人口纳入基本公共服务保障范围，城镇基本公共服务常住人口覆盖率不断提高。积极统筹常住人口子女教育，2021 年进城农民工 3～5 岁随迁儿童入园率（含学前班）达到 88.2%、比 2017 年增加近 5 个百分点，推进"两为主"扩大到"两纳入"，逾千万农民工随迁子女实现"两免一补"资金和生均公用经费基准定额资金可携带，随迁子女在公办学校接受义务教育的比例保持在 80% 以上。积极推进基本公共卫生计生服务均等化，大量农民工享受到了迁入地提供的健康教育、预防接种、孕产妇保健等服务。拓宽住房保障渠道，各地普遍把符合条件的农民工纳入当地住房保障范围，2021 年进城农民工人均居住面积 21.7 平方米，比 2016 年增加了 2.3 平方米。常住地公共文化服务体系持续扩大对农民工覆盖范围，大力开展了示范性文化活动，部分农民工相对集中的城市建设了农民工综合服务平台，集中为农民工提供"一站式"服务。

第四，农业转移人口获得感持续增强。随着农业转移人口市民化持续推进，公共服务均衡化、优质化水平不断提高，人民群众幸福感正在增强。国家统计局调查数字显示，2021 年，进城农民工中 41.5%（见表 1−2）认为自己是所居住城市的"本地人"，比 2016 年提高 5.9 个百分点。进城农民工参加所在社区、工会组织的活动更加积极，2021 年 30.4%

（见表1-2）的农民工参加过所在社区组织的活动，2016年这一比例仅为24.6%。

表1-2 农民工城市融入调查（%）

年份	认为自己是所居住城市的"本地人"	对本地生活非常适应和比较适应	参加过所在社区组织的活动
2017	38.0	80.4	25.6
2018	38.0	81.1	26.5
2019	40.0	80.6	27.6
2020	41.4	83.3	29.3
2021	41.5	83.0	30.4

资料来源：历年《农民工监测调查报告》。

二、人才返乡入乡成为乡村振兴新支柱

长期以来，人口单向流向城镇几乎是城乡人口流动的全部形态。受政策趋势、城乡产业收益率变化等因素共同影响，大量的人才返乡入乡参与乡村建设，不仅深刻改变了城乡劳动要素流动格局，而且有效地推进了乡村振兴、促进了城乡融合发展。

第一，大量人才驻村帮扶为全面打赢脱贫攻坚战作出了重要贡献，成为新时代推进强村富民、逐步迈向共同富裕的关键力量。在国家政策感召下，大量城镇单位人才返乡入乡投身到脱贫攻坚伟大事业中，2015年7月实现了全国范围内贫困村选派驻村工作队全覆盖。2014—2019年我国驻村帮扶工作队数量和干部人数均呈上升趋势（见图1-2）。据国家乡村振兴局统计，截至2021年10月，全国累计选派25.5万个驻村工作队、300多万名驻村干部，有近6 000名干部驻村超过6年。① 驻村干部上联党和政府，下接贫困群众，打通了脱贫攻坚政策落实"最后一公里"，为兑现"打赢脱贫攻坚战、全面建成小康社会一个都不能少"的庄严政治承诺作出了重大贡献。他们向贫困群众宣讲党的扶贫政策，摸清贫困群众底

---

① 王正谱：在全国驻村帮扶工作推进会上的讲话．国家乡村振兴局官网，2021-10-09.

数，因户因人落实帮扶举措，帮助解决行路难、吃水难、用电难、通信难、上学难、就医难等问题，帮助建档立卡贫困人口增收脱贫。他们坚持将党建与脱贫攻坚相结合，推动整顿软弱涣散党组织，加强村"两委"班子建设，把村党组织建设成为坚强战斗堡垒，提升了农村治理水平和治理能力。同时，在巩固拓展脱贫攻坚成果同乡村振兴有效衔接上，他们在防止返贫动态监测和帮扶脱贫人口稳定就业、培育壮大脱贫产业、进行扶贫项目资产管理等方面正在发挥积极作用。据国家乡村振兴局统计调查，近几年驻村帮扶工作群众满意度均在90％以上。①

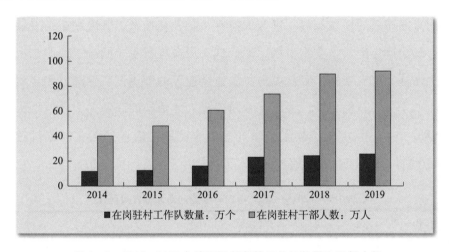

图1-2 2014—2019年我国驻村帮扶工作队数量和干部人数

资料来源：全国扶贫培训宣传中心官网.

第二，城乡人才双向流动的渠道开始打通，人才返乡下乡创新创业成为乡村产业振兴的重要支撑。当前大批农民工、大学生、退役士兵、城镇科技人员等返乡下乡创业创新，呈现出主体数量越来越多、领域越来越宽、起点越来越高的发展态势，有效推动了乡村产业振兴发展。

从数量规模看，成长了一批现代新农人。大量中高等院校毕业生和退役士兵等返乡人员，具有城镇户籍的科技人员、中高等院校毕业生、有意

---

① 王正谱：在全国驻村帮扶工作推进会上的讲话．国家乡村振兴局官网，2021-10-09.

愿有能力的城镇居民等下乡人员，大量返乡下乡投身乡村产业创新创业。自 2016 年以来，我国返乡入乡创业创新人数年增幅均保持在两位数左右。2020 年这一人数首次超过 1 000 万，达到了 1 010 万，比 2019 年增加 160 万人，同比增长 19%①，是近年来增加最多、增长最快的一年（见表 1 - 3）。2020 年初，新冠肺炎疫情的暴发阻碍了农民工外出务工的步伐，各地加大扶持力度，支持返乡留乡农民工创业创新，1 900 多万返乡留乡人员实现了就地就近就业，为经济社会大局稳定作出了积极贡献。返乡农民工、高校毕业生及科技人员等到农村创业创新，改变了长期以来我国农村能人单向流向城镇的发展趋势。这类人群有头脑、会技术，既懂城市、又懂农村，既会搞生产、又会跑市场，他们到农村大展身手，掀起了一股创办农民合作社、家庭农场、专业大户、农业企业等的创业创新热潮，为乡村发展注入了一股新的力量，缓解了乡村建设人才短缺的问题，为乡村振兴发展锻造了一支生力军。截至 2018 年底，全国新型农业经营主体累计达到400 万家，新型职业农民超过 1 500 万人。

表 1 - 3　2015—2020 年农村创业创新人数发展变化

年份	内容
2015	农民工返乡创业人数累计已超过 450 万人。
2016	从农村流向城镇的农民工、中高等院校毕业生、退役士兵等人员返乡创业创新人数累计超过 570 万人，其中农民工返乡创业累计 450 万人。
2017	农民工、中高等院校毕业生、退役士兵、企业主、科技人员等返乡下乡双创人员累计达到 740 万人。
2018	返乡下乡创业创新人员累计达到 780 万人。
2019	全国返乡入乡人员达到 850 万人，3 100 万人在乡创业。
2020	返乡入乡创业创新人员累计达到 1 010 万人。

资料来源：笔者根据有关资料整理。

---

① 三部门联合召开全国推动返乡入乡人员创业就业工作视频会. 国家乡村振兴局官网，2021 - 03 - 16.

从发展领域看，发展了一批农村新产业。乡村天地宽，伴随着返乡下乡创业创新人员规模的扩张以及农村创业创新的深入实践，农村"双创"呈现出领域拓宽的变化趋势，不断推动乡村产业振兴发展。据农业农村部抽样分析，82%的返乡下乡人员创业创新领域都是农村产业融合项目，创业领域逐步覆盖特色种养业、农产品加工业、休闲农业和乡村旅游、信息服务、电子商务、"三品一标"农产品生产经营、特色工艺产业等，创办的经营主体包括家庭农场、种养大户、农民合作社、农业企业和农产品加工流通企业，并呈现出融合互动、竞相发展的趋势。随着新技术、新业态、新模式在农业农村的广泛应用，其与农业融合催生出一大批新产业，促进了农业结构优化调整。农产品加工业向精深方向发展，2020年加工产值达23.5万亿元，与农业产值之比由2012年的1.9∶1提高到2.4∶1，农业产业链条加快延伸。休闲农业和乡村旅游蓬勃兴起，2019年营业收入达8 500亿元，吸纳了1 000多万农民就业，吸引了32亿人次到乡村休闲度假，拓展了农业的多功能性。

从联农带农看，带农就业增收效果明显增强。截至2020年，农业农村部已在全国认定1 096个具有区域特色的农村创业创新园区和孵化实训基地，并向社会推介了200个全国农村创业创新典型县范例，连续举办5次全国新农民新业态创业创新大会，连续举办4届全国农村创业创新项目创意大赛，选拔了一批优秀创新项目和创业人才。从实际效果来看，返乡下乡人员在实现自身发展的同时，也为农业农村发展注入了新动能，取得了"双赢"甚至"多赢"的效果，实现了"做给农民看、带着农民干、帮着农民赚"的目标。返乡入乡创业人员创办的项目小农户参与度高、受益面广，一般采取"订单收购""分红""农民入股""保底收益""按股分红"等模式与农民合作创业。据监测，返乡入乡创业创新项目的经营场所87%设置在乡镇及以下，90%是多人联合、合作创业，70%具有带动农民就业增收效果，40%的项目带动农户脱贫，一个返乡创业创新项目平均可吸纳6.3人稳定就业、17.3人灵活就业。农业农村部统计测算显示，平均每个双创主体能带动 6 个农民就业。①

三、承包地"三权分置"加速推进农业现代化

农村土地所有权、承包权和经营权的"三权分置"是大势所趋，也是农业现代化的迫切需要。理论研究认为，细分的地权结构可以通过作用于农业生产要素的经济效率来影响现代农业的发展。当前，中国农业正处于发展方式转型的大变革时期，作为基本制度之一的土地产权制度的演化，不仅决定着变革的方向，还决定着发展方式的转型能否顺利推进，决定着中国农业现代化道路的基本走向。承包地"三权分置"改革实施以来，不仅对优化完善我国农地制度起到了重大作用，也对农业现代化起到了积极作用和深远影响。

第一，顺应了历史发展大势，优化完善了我国农村土地制度。家庭联产承包责任制确立之初，由于家庭劳动力的丰裕程度差异较大，存在着土地代耕乃至后来被称为"流转"的现象。2008 年召开的中共十七届三中全会提出："建立健全土地承包经营权流转市场……允许农民以转包、出租、互换、转让、股份合作等形式流转土地承包经营权，发展多种形式的适度规模经营。"2013 年召开的中共十八届三中全会指出："完善土地承包经营权权能，依法保障农民对承包土地的占有、使用、收益等权利。"这里的收益当然包括流转承包土地所获得的收入。此外，21 世纪以来的十多个中央一号文件也大都提出了推进本年度土地流转的举措。从本质上看，土地流转就是承包权和经营权的分离，就是承包人把属于自己的经营权以有偿的方式让渡给他人的过程。从现实中看，只要出现土地流转现象，就存在着土地所有权、承包权和经营权的分离问题，就存在着转入土地经营者的权益保护问题。不仅如此，由于转入方的法律地位不明确，从而缺乏长期投资预期，大部分一年签一次合同，对土地往往采取掠夺性使用方式，更无法进行农田基础设施建设。2009 年以后，全国土地流转面

---

① 全国新农民新业态创业创新大会在南京召开．农业农村部官网，2020 - 09 - 24.

积占家庭承包经营总面积的比例在十位数的基础上一路攀升，2014年、2015年、2016年分别达到了30.4%、33.3%和35%。土地流转后形成的专业大户、家庭农场、农民专业合作社、农业企业等新型经营主体是中国农业现代化的重要力量，对一般农户起到引导、示范和带动作用，意义十分重大。但在"两权分离"的政策、法律框架下，这些主体经营转入土地的权益无法得到全面保护，积极性不能得到充分发挥，严重影响着中国农业现代化的进程。这就在客观上提出了把经营权从承包经营权中独立出来并赋予单独的权能，进而强化和保护经营权的要求。可见，农村土地所有权、承包权和经营权的"三权分置"顺应了时代所需。更进一步，"三权分置"是对我国农村土地制度的优化完善，是我国农村基本经营制度的又一次制度创新，奠定了实现农业农村现代化和乡村振兴的土地制度基础。承包地"三权分置"通过更明晰的土地承包权解除了"土"对农民的约束、通过经营权的设权赋权打破了"村"对非集体成员的阻隔，化解了农村土地承包经营权的社会保障属性与财产权属性之间的矛盾，开启了以"人"的流动为核心的城乡要素重组和对流，进一步构建了促进从乡土中国向城乡中国转变的土地权利体系，为农业农村和农民现代化提供了制度基础（刘守英，2022）。

第二，提高了承包地利用效率，推进了农业现代化进程。承包地"三权分置"通过土地经营权设权和赋权重构了集体土地地权体系，在不触动集体所有制的前提下使土地流转规模、范围、速度得到大幅度提升，通过土地经营权在更大范围内优化配置和农业经营主体发展实现了以土地为核心的农业要素重组，有利于提高土地利用效率和农业劳动生产率（刘守英，2022）。承包地"三权分置"改革以来，放活了土地经营权，土地流转、土地托管等得到了较快发展，截至2019年，全国承包地流转面积达到5.55亿亩，比2013年增长63.2%[①]，全国农业生产托管面积超过15亿亩次，其中，服务粮食作物面积8.63亿亩次，服务小农户超6 000万户、

---

① 2019年中国农村政策与改革统计年报.

占全国农业经营户的 30%[①]，有效推进了我国农业适度规模经营，明显改善了农业生产效率。

四、"三块地"改革推进土地市场化配置进程

自中共十八届三中全会对农村土地征收、集体经营性建设用地入市、宅基地制度改革作出重要部署以来，各试点地区认真落实党中央、国务院决策部署，坚持顶层设计与基层探索的良性互动，加强统筹协调，形成了一批可复制、可推广的制度创新成果，促进了农村土地要素市场化配置，对完善我国农村土地制度起到了重大作用。[②]

第一，强力推动了城乡统一建设用地市场建设。长期以来，农村建设用地不能与国有建设用地享有同等入市的权能，农村建设用地不能直接用于城镇建设，妨碍了土地利用效率的提升。实施集体经营性建设用地入市试点，赋予了集体建设用地与国有建设用地同等权能，将集体经营性建设用地纳入国有建设用地市场进行公开交易，充分发挥了市场在土地资源配置中的决定性作用，实现了城乡土地平等入市、公平竞争。2015 年 2 月，浙江省德清县一块面积 6.06 亩的农村集体经营性建设用地落下了入市第一槌，拉开了"农地入市"改革序幕。截至 2018 年底，全国集体经营性建设用地已入市地块 1 万余宗、面积 9 万余亩，总价款约 257 亿元。大量生动的实践显示，集体经营性建设用地入市培植了市场信心，激发了农村土地资源活力，社会和市场对于入市集体土地的接受程度逐步提高，为建设城乡统一的建设用地市场迈出了重要步伐。

第二，增强了乡村产业发展用地保障能力。随着农业功能的拓宽、乡村产业的壮大，产业发展用地需求从耕地向设施农用地和建设用地拓展。较长时期内，乡村产业发展普遍面临设施农用地、建设用地供不足需的问

---

① 对十三届全国人大三次会议第 5424 号建议的答复摘要. 农业农村部官网，2020 - 09 - 08.

② 以下内容参考借鉴了《国务院关于农村土地征收、集体经营性建设用地入市、宅基地制度改革试点情况的总结报告》。

题，严重压制了乡村产业发展潜力释放。通过农村土地制度改革三项试点，特别是部分地区通过村庄布局调整，形成新增建设用地指标，将这些存量集体建设用地盘活后优先在农村配置，为乡村产业发展增添了动力。例如，浙江德清、河南长垣、山西泽州、辽宁海城等地通过集体建设用地调整入市建设乡（镇）工业园区，为促进乡村产业集聚、转型发展提供了有效平台。福建晋江通过指标置换、资产置换、货币补偿、借地退出等 4 种方式腾退宅基地 6 345 亩，为农村产业发展提供了较为充足的用地空间。

第三，增加了农民土地财产收入。过去农村集体经营性建设用地持续处于"沉睡"状态，集体经营性建设用地入市进一步显化了集体土地价值，促进了农民财产性增收。例如，到 2018 年底，浙江省德清县已入市集体经营性建设用地 183 宗、1 347 亩，农村集体经济组织和农民获得净收益 2.7 亿元，惠及农民 18 万余人，覆盖面达 65%。到 2019 年，贵州省湄潭县出让集体经营性建设用地 36 宗，共计面积 118.61 亩，出让价款 2 135.9 万元、增值收益 630.22 万元，其中，国家分配 140.4 万元，集体分配 166.9 万元，农民个人分配 322.92 万元。此外，宅基地制度改革通过解决历史遗留问题，保障了农民土地权益，形成了多样化的农民住房保障形式，有效满足了农民的多元化居住需求。农房抵押、有偿退出、流转等制度设计，也增加了农民财产性收入。

第四，有效提升了农村土地利用和治理水平。通过集体土地权属调查、登记发证，完善村庄规划，夯实了农村土地管理基础。违法用地大幅减少，耕地得到更好保护，农村土地节约集约利用水平明显提升。试点地区多项改革措施协同发力，在确保试点任务有序推进的同时，也健全了集体经济组织，增强了基层组织的凝聚力，调动了农民参与集体资产管理和乡村公共事务管理的积极性。很多试点地区建立了村民事务理事会，通过集体讨论、集体决策、集体执行，激发农民自主管理农村土地的主动性和责任心。

五、金融、财政支农体制机制更加健全

伴随农村产权抵押贷款的持续推进，财政投入保障机制不断健全，深

刻改变了农村地区资金外流的局面，对乡村产业发展、农民增收致富起到了重要推动作用。

第一，农村产权抵押贷款试点撬动更多金融资源流向农业农村。随着我国政策对农村产权抵押贷款的大力支持，各地区积极推进承包地、农村住房、农业生产设施、林权、生物资产等抵押贷款，加大政府担保投入，推动了大量金融资本支持农业农村发展。根据《中国农村金融服务报告（2018）》《2019年金融机构贷款投向统计报告》《2020年金融机构贷款投向统计报告》，2013—2020年我国农村（县及县以下）贷款余额从17.29万亿元增加到32.27万亿元，农户贷款余额从4.5万亿元增加到11.8万亿元，金融支农资金总规模不断增大，金融支持力度不断增强。

其中，"两权"抵押贷款试点成效尤为突出。截至2018年9月末，全国232个试点地区农地抵押贷款余额达520亿元，同比增长76.3%，累计发放964亿元，59个试点地区农房抵押贷款余额达292亿元，同比增长48.9%，累计发放516亿元，对农业农村发展发挥了较好的综合效益。其一，进一步盘活农村资源资产。推动土地流转规模明显增大，促进农业经营由分散的小农生产逐步向适度规模经营转变。黑龙江省15个农地抵押贷款试点地区耕地流转率较试点前提高6个百分点。其二，推动缓解"三农"领域融资难融资贵问题。试点以来，融资额度显著提高，效率有效提升，成本逐步下降。普通农户贷款额度由试点前的最高10万元提高至50万元，对新型农业经营主体的贷款额度由试点前的最高1 000万元提高至2 000万元至5 000万元不等。同时，下放贷款审批权限，简化审批流程，优化利率定价和还款方式，农户申贷后最快2天即可获得贷款。其三，促进农户增收致富。截至2018年9月末，试点地区农地抵押和农房抵押贷款余额中用于农业和其他生产经营的分别占99%、78%。通过"两权"抵押贷款，新型农业经营主体融资可得性明显提升，对普通农户的带动作用持续增强。湖南省启动试点以来，"两权"抵押贷款已累计支持全省近3万个农业经营主体。

第二，乡村振兴战略多元投入保障制度建立健全。坚持把农业农村作为财政支出的优先保障领域，公共财政更大力度向"三农"倾斜，健全了投入保障制度。一是拓宽了资金筹集渠道。各地区调整完善了土地出让收入使用范围，用于农业农村的投入比例正在逐步提升；高标准农田建设等新增耕地指标和城乡建设用地增减挂钩节余指标跨省域调剂政策加快落实，所得收益通过支出预算全部用于支持实施乡村振兴战略和巩固脱贫攻坚成果。二是财政涉农资金得到了有效统筹整合。将涉农资金统筹整合作为深化财税体制改革和政府投资体制改革的重要内容，理顺涉农资金管理体系，创新涉农资金使用管理机制，切实提升了国家支农政策效果和支农资金使用效益。例如，2019 年广东省财政厅开始牵头推进涉农资金统筹整合改革，在全国率先实现全农口跨部门涉农资金统筹整合，实现了"多个渠道取水、一个池子蓄水、一个龙头放水"。

2016—2019 年，全国财政一般公共预算累计安排农业农村相关支出 6.07 万亿元，年均增长 8.8%，高于全国一般公共预算支出平均增幅。[①] 同时，积极拓宽投入渠道，构建多元化投入格局，在土地收益、政府债券、金融服务等方面，实现了对农业农村的投入力度的提升。

六、大量社会资本下乡带动乡村振兴发展

随着国家惠农政策累积叠加，农业农村经营效益提升，城镇非农产业经营效益相对下降，农业农村领域对社会资本的吸引力越来越高，越来越多的社会资本进入农业农村。当前，社会资本进入农业农村的趋势更加明显，规模总量不断增长，涉及领域不断拓宽，与农民的利益联结方式更加多样化，较好促进了小农户和现代农业发展的有机衔接，有效推动了乡村振兴进程。

第一，社会资本下乡规模呈不断增长趋势。社会资本进入农业农村的

---

① 国务院关于财政农业农村资金分配和使用情况的报告，中国人大网，2020－12－28.

积极性较高，非农领域大中型企业也逐步进入乡村振兴领域，房地产、互联网等大中型企业纷纷布局农业，这类跨界投资已成为乡村振兴的重要资金来源。从全国土地流转数据看，社会资本经营农业呈显著增长趋势，2013年全国工商资本流入耕地面积 0.32 亿亩，到 2019 年增加到 0.58 亿亩，已占到全国土地流转面积的 10.4%。从农林牧渔业民间固定资产投资看，党的十八大以来投资规模持续增大，2013—2020 年全国农林牧渔业民间固定资产投资累计规模从 0.80 万亿元增长到近 2.50 万亿元。

第二，社会资本下乡投资领域不断拓宽、方式更加多样。社会资本参与乡村振兴的领域在不断拓展，呈现出三个明显特征。一是农业产业化经营仍然是主要领域。现代种养业、农产品加工流通、观光和休闲旅游等农业产业化领域仍是社会资本下乡的主阵地。笔者实地调研的 56 家企业中，从事农业产业化经营的企业占比达到 90% 以上；农业产业化领域中，从事农产品加工、乡村旅游休闲民宿等领域的工商企业居多。二是向具有一定外部性的非农产业领域拓展。社会资本参与的领域，呈现从农业产业化领域向农村资产盘活、生态修复、基础设施建设等具有一定外部性的领域拓展的趋势。以浙江省平湖市为例，工商资本下乡经历了从农业生产到全面进入产加销环节，再到盘活农村资产从事休闲度假农业的几个阶段。三是业务呈现多元化趋势。目前社会资本经营业态日趋多样化，一二三产业融合发展态势明显，典型问卷调查显示的有过下乡经历的 338 家企业中，近 60% 从事着两种或两种以上的业务，其中以农业种养殖＋农产品加工、农业种养殖＋乡村旅游等组合业务居多。

此外，随着社会资本参与乡村振兴的领域逐渐拓宽，企业进入农业农村的方式日益多样化，主要有三种类型。一是"公司＋农户"，这是社会资本进入农业农村的主要方式，集中在农业产业化领域，具体表现为工商资本收购农民的农产品或租用土地。二是"公司＋村集体或农民合作社"，这种方式常见于社会资本开发农村闲置宅基地与其他资源。例如，内蒙古光亚现代农业公司与村集体合作建设田园综合体，村集体以土地入股占有

30％的股权，参与经营收益分享。三是"公司＋政府"，常见于社会企业代替政府提供公共产品的情形，如山西华宏农林开发有限公司在阳曲县政府的支持下开展生态修复。

第三，利益分配方式更加惠农。随着农村一二三产业融合发展的深入推进，社会资本同农民形成了订单生产、股份合作、产销联动、利润返还等多种紧密型利益联结机制，探索出了"保底收益＋按股分红""固定租金＋企业就业＋农民养老金""土地租金＋务工工资＋返利分红"等多种利益分配形式。利益联结关系出现了新的提升，农民同经营主体构建起了产业共同体、利益共同体，实现了资源变资产、资金变股金、农民变股东的"联产联人联业、联股联地联利"的跃升。一些省区的欠发达地区利益联结中的价值链分配重心开始向上游农户倾斜、向困难农民倾斜，探索出了"股权量化、按股分红、收益保底"和"扶贫资金变股金"的资产收益分配形式，并且社会资本在欠发达地区资源开发中，最大限度让利给低收入农户，收到了一次投资、长期受益、稳定增收的效果。天津市宁河区引导村集体资产量化入股，与龙头企业、种植大户建立长期稳定合作关系，带动村集体收入增加10％，成员一次享利、二次返利共605万元。黑龙江省绥化市东禾水稻种植农民专业合作社联社以高于市场价0.05～0.6元的价格收购社员水稻，并从企业利润中拿出一部分进行二次分红，2014—2019年分红共计5 400多万元。

党的十八大以来，随着系列重大改革、重大政策的持续实施，我国城乡融合发展体制机制持续健全，城乡资源要素加速双向流动、合理交换，深刻改变了我国农业农村发展面貌，促进粮食综合生产能力明显提升，粮食生产水平稳步跃上新台阶。2013年粮食产量历史上首次突破12 000亿斤，2021年我国粮食产量再创新高，获得"十八连丰"、连续7年保持在1.3万亿斤以上。农业供给结构持续优化，棉油糖、果菜鱼、肉蛋奶等生产稳定、供应充足，绿色、有机农产品持续增多。乡村产业形态不断丰富，特色产业快速发展，形成了一批特色鲜明的小宗类、多样化乡土产业，到 2018 年创响特色品牌 10 万余个，认定"一村一品"示范村镇 2 400 个。乡村面貌焕然一新，农村基础设施建设得到加强。2020 年卫生厕所普及率达到 68%，具备条件的乡镇和建制村通硬化路、通客车实现全覆盖，供水供电、通信网络等基础设施明显改善。助力打赢脱贫攻坚战，现行标准下 9 899 万农村贫困人口全部脱贫，832 个贫困县全部摘帽，12.8 万个贫困村全部出列，区域性整体贫困得到解决，完成了消除绝对贫困的艰巨任务，创造了又一个彪炳史册的人间奇迹。农民收入水平大幅增加，2020 年农村居民人均可支配收入达到 17 131 元，较 2012 年翻了一番多。城乡居民收入差距缩小到 2.56∶1。

第三节　我国推进城乡要素合理配置的理论阐释和基本经验

我国城乡要素流动、交换、配置的重大历史变迁，蕴含着不同于西方要素流动、要素生产的丰富理论内涵，同时，也沉淀了珍贵的历史经验。这对我们深化城乡要素市场化改革、开启全面建设社会主义现代化国家新征程提供了深刻的启迪。

一、理论阐释

回顾党的十八大以来我国城乡要素改革历程，甚至回溯改革开放 40 多年来的发展历程，城乡要素改革主要聚力做好四件事情：一是"盘活"，盘活农村资源要素，允许要素进入市场；二是"流动"，促进资源要素流动，消除要素流动障碍；三是"保护"，赋权与强化产权保护，加强要素市场生态环境建设；四是"公平"，强调人本主义，推动区域要素禀赋均衡，促进共同富裕。那么，为什么我国城乡要素改革契合着上述"八字方针"呢？这蕴含着什么样的理论内涵呢？

　　1. 盘活：改革产权制度

与改革开放之前相比，农村地区资源还是这些资源，资产还是这些资产。但是过去是"死资产"，不能够充分进行交易，甚至无法进入市场，也不可能出现增值，其根本原因在于这些资产被管得"死死的"。改革开放以来，特别是党的十八大以来，我国开展的系列产权制度改革旨在唤醒、盘活这些资源资产，允许这些资源资产充分进入市场交换。经济学基本理论指出，当某个要素投入规模被限制或根本无法参与生产时，不仅影响此要素配置效率的提升，而且还会影响社会整体产出水平的提升。这是因为当前的城乡经济活动是多种要素协同投入生产的过程。反映在图1-3中，受要素边际技术递减规律影响，任何一种产品的生产技术都要求各要素的投入比例适当，即其他要素不能对某个要素进行完全替代，等产量曲线的有效区间位于约束线 m_1 与 m_2 之间；假定要素 Y 的投入受限，即被限定在 $\bar{Y}$ 规模时，即使投入再多的要素 X，产量规模也仍会被限制在 Q_1 水平上，同时，也会抑制要素总体配置效率提升。为此，实现城乡要素合理配置，首要的是放松要素管制，唤醒那些沉睡的资源资产，推动它们走向市场。

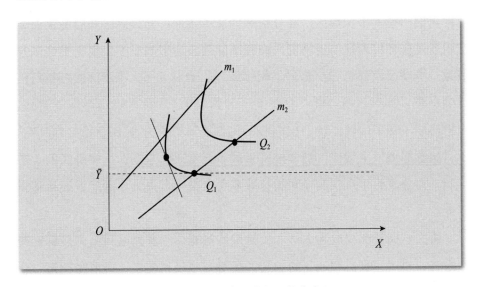

图1-3　要素组合投入与产出

如何盘活资源资产？如何推进要素走向市场？其中，产权制度改革是重要手段。党的十八大以来，围绕实现城乡要素合理配置，我国开展的系列重大改革中，产权制度改革占据了重要位置。大量的理论研究和实证分析指出，产权制度是社会主义市场经济的重要基础，有恒产者有恒心，完善的产权制度有利于激发全社会的创业创新动力和活力，有利于促进市场交易与深化分工，促进经济增长，提高资源配置和利用效率。从完善产权制度改革角度看，党的十八大以来我国城乡开展的系列改革可划分为两个方面。

第一，明晰产权归属。产权明晰是经济发展的基础。科斯（Coase，1937）指出，只要产权明晰，交易成本大小都不会影响资源最优配置的效率，足可见产权改革的重要性。经过数十年的发展，我国农村沉淀了大量的资源、资产，但是部分资源、资产存在产权不明晰的问题，难以进入市场交易，导致城市资本难以下乡、优秀人才不敢下乡，农村资产久久不能被盘活，乡村经济缺乏活力。党的十八大以来大量农村改革工作皆是围绕产权明晰这个"牛鼻子"展开，解决了过去资源资产无法权证化的问题。例如，集体经营性建设用地的确权颁证，明晰了产权归属，为推动集体经营性建设用地入市、盘活这部分资产创造了条件；部分地区开展的农业生产附属设施确权颁证、生物资产确权颁证等，为生产设施、生物资产抵押贷款、撬动金融资源下乡奠定了制度基础；农村房地一体确权登记颁证，明确资源、资产归属，给农户吃上了"定心丸"，农户流转盘活宅基地、农村房屋了却了后顾之忧，也为吸引城镇资本、人才下乡投资兴办民宿、乡村旅游等提供了载体，加快推进了城乡要素双向流动。这些鲜活的改革事例，充分说明了产权明晰对加速城乡要素交换、提升要素配置效率的重要性。

第二，完善产权权利束。产权是主体对客体一系列权利束的总称，包括占有、使用、收益和处分的权利。任何一项权利的丧失或不完整都将会影响产权的交易，不利于优化要素投入结构，因而产权结构也是影响资源资产盘活的重要因子。为此，2012年以来大量的改革举措聚焦于优化产权结构。例如，开展农村承包地"三权分置"改革，在不改变土地公有制性质的前提下，完善了承包地产权权利束，特别是《民法典》第三百四十二条指出，"通过招标、拍卖、公开协商等方式承包农村土地，经依法登记取得权属证书的，可以依法采取出租、入股、抵押或者其他方式流转土地经营权"，赋予了土地经营权出租、入股、抵押、流转等权益，保障了土地经营权人利益，更为推进经营权物权化迈出了重要一步，加速推进了农村土地流转和适度规模经营发展，同时，也为承包地经营权抵押贷款落地实施、撬动金融资源下乡创造了条件。同理，宅基地开展"三权分置"改革，析出所有权、资格权、使用权，以及《民法典》第三百六十二条提出"宅基地使用权人依法对集体所有的土地享有占有和使用的权利，有权依法利用该土地建造住宅及其附属设施"，赋予了宅基地使用权人占有、使用权利，丰富了宅基地产权功能，有利于推进宅基地流转，特别是解决了过去城里人下乡租用宅基地、搞建设的制度障碍，缓解了过去宅基地"流转难"的问题，有效带动了城乡要素的双向流动。

2. 流动：破除制度藩篱

受城乡二元体制影响，即便是农村资源资产通过产权制度改革明晰了产权归属、完善了产权结构，要素配置效率能否提升，还取决于要素流动是否存在体制机制障碍。经济学理论指出，一种要素人为地被限制跨区域、跨行业流动，不仅会导致该要素得不到较好使用，而且还将影响整体要素配置效率的提升。这是由要素投入的边际报酬递减规律决定的，即某个要素被限定在某个领域内，而不能向其他流域合理流动时，即便对这种要素的投入再多，也难以提升整体要素配置效率，也较难促进生产规模的提升，而较好的策略是推动要素向其他领域转移，以此提高生产效率。例如，刘易斯的剩余劳动力转移理论就指出，提高农业部门劳动生产率，要推动剩余劳动力向其他部门转移，而畅通劳动力转移的障碍显得格外重要。党的十八大以来，围绕城乡人、地、钱等关键要素的顺畅流动，我国开展的部分改革便遵循了此种理论逻辑。

围绕人口流动，深化户籍制度改革，就是要降低农民进城落户门槛。

人口流动是社会发展的必然结果，快速的经济发展必然产生大量的人口流动，我国的户籍制度最大的负面影响是削弱了劳动力的自由流动，如农民城镇落户难，阻碍了经济的可持续发展，不利于形成全国统一的劳动力及人才市场。发达国家无不是建立在劳动力自由流动基础上的，各类人才及劳动力的充分流动，是保持国家经济活力及竞争力的重要因素。党的十八大以来，我国持续深化户籍制度改革，降低农民落户门槛，旨在消除户籍制度对人口流动的负面影响，让农村劳动力流动得更加顺畅，提升劳动力要素配置效率。

围绕土地流动，允许土地资源流转或入市，就是要拆除土地要素进入市场的壁垒。土地要素一旦流动起来，将带动资本、人口协同流动，有利于优化城乡要素投入结构。过去很长一个时期，城乡土地要素二元隔离，难以跨城乡流动。一方面，大城市缺乏建设用地，土地供应弹性低，地价上升、房价上涨；另一方面，农村土地无法顺利入市，农村资产难以实现增值收益，进城农民难以承受城市高昂的居住成本，也阻碍了新型城镇化进程。基于此，推进农村集体经营性建设用地入市，就是要打破土地资源跨城乡流动的制度障碍，解决城市建设用地指标紧缺问题，同时让农民获得资产性收入；完善城乡建设用地增减挂钩政策，特别是推动新增耕地指标跨区域甚至跨省域流动，就是要打破土地资源跨区域流动障碍，让资源在更大空间尺度内实现优化配置。

围绕资本流动，优化社会资本下乡环境，就是要破除资本下乡的制度坚冰。社会资本下乡一度被视为洪水猛兽，认为资本下乡就会排斥小农，造成农民利益受损，威胁国家粮食安全，导致一个时期社会资本难下乡、难务农。随着我国农村法制建设更加健全，农村产权制度改革将更加完善，立足农业要发展、农村要美丽、农民要富裕的时代要求，不能再排斥资本，而是要建立更加有利于社会资本下乡的制度环境。据此，党的十八大以来，我国出台了系列有利于社会资本下乡的政策措施，就是要破除过去的障碍、消除过往的成见，让资本下乡更加顺畅，带动乡村产业兴旺、农民富裕富足。

3. 保护：强化产权保护

索托在《资本的秘密》中提到，若没有产权保护这个"钟罩"，市场将很难发展起来。在当前重要的历史节点强化产权保护，具有特殊重要意义。① 从国家制度看，强化产权保护有助于夯实社会主义市场经济基石。在市场经济活动中，只有对产权予以严格的保护，才能稳定各类投资者的投资预期，规范并保障市场主体的生产经营行为，维护正常的市场秩序。更进一步，完善的产权保护制度，不仅是完善的社会主义市场经济体制的基石，而且也是包括经济、社会、文化和资源环境体制等"各方面形成一整套更加成熟、更加定型的制度"的基石，没有一套完善的产权保护制度，我国一整套更加成熟、更加定型的制度难以建立起来。从现代文明看，强化产权保护是实现社会成员享受现代社会"公平正义"的必然要求。英国学者尼尔·弗格森在其出版的《文明——西方世界与其他地区》一书中，就概括了现代社会文明的六大方面，其中产权保护被认为是现代人类文明的重要方面。我国是社会主义国家，中国特色社会主义制度的生命力体现在遵循现代人类文明的基本取向，使整个社会成员都能享受公平正义。强化产权保护，恰恰是整个社会成员都能享受公平正义的重要方面。从恒产恒心看，强化产权保护对稳定心理预期、增强人们的信心具有重要意义。有恒产者有恒心，无恒产者无恒心。事实确实如此：人们拥有一定数量的财产并得到保护，是稳定社会秩序、维持善良习惯的必要条件。完善的产权保护制度，对稳定心理预期、增强人们的信心具有重要意义。我国曾出现过社会资本下乡大幅减少，甚至民间资本固定资产投资大幅下降的现象，这与民营企业缺乏产权保护的安全感密切相关。因而强化产权保护，对于矫正并稳定社会预期，给整个社会提供"定心丸"和"定盘星"具有重要作用。

---

① 常修泽：完善产权保护制度 稳定社会预期，http://www.aisixiang.com/data/102339.html.

基于产权保护的重要性，党的十八大以来，城乡要素配置改革中的许多措施围绕强化产权保护展开。例如，党的十九大报告提出，"保持土地承包关系稳定并长久不变，第二轮土地承包到期后再延长三十年"[①]，稳定了农村土地承包关系，给农民吃上了"定心丸"，这对推进农村土地流转、引导社会资本、发展适度规模经营，均起到了较好的促进作用。围绕承包地"三权分置"改革，我国《民法典》第三百四十条指出，"土地经营权人有权在合同约定的期限内占有农村土地，自主开展农业生产经营并取得收益"；第三百四十一条指出，"流转期限为五年以上的土地经营权，自流转合同生效时设立。当事人可以向登记机构申请土地经营权登记；未经登记，不得对抗善意第三人"。围绕宅基地"三权分置"改革，《民法典》第三百六十二条指出，"宅基地使用权人依法对集体所有的土地享有占有和使用的权利，有权依法利用该土地建造住宅及其附属设施"；第三百六十三条指出，"宅基地使用权的取得、行使和转让，适用土地管理的法律和国家有关规定"。这些论述充分保障了经营权人、使用权人的权益，有利于推进承包地、宅基地的流转使用，对盘活农村资源资产、引导城市资本或人才下乡起到了激励作用。围绕社会资本下乡，对凝结在生产附属设施、生物资产中的企业投资开展确权颁证，有利于保护企业投资，对引导企业持续扩大投资、吸引更多社会资本下乡均有积极影响。与此类似的改革举措还有很多。

4. 公平：增长主义到人本主义

回溯党的十八大以来，为增加农村稀缺要素供给，我国城乡要素改革的部分举措，如号召人才下乡参与乡村振兴、引导人才返乡入乡创新创业等，具有很强的政策诱导色彩，并非完全顺应市场化的经济规律。同时，按照西方产权理论的观点，集体产权不仅没有效率，而且会损害公平。按照这一理论，中国农村土地产权制度改革的方向应当是取消农村土地

[①] 习近平. 决胜全面建成小康社会 夺取新时代中国特色社会主义伟大胜利——在中国共产党第十九次全国代表大会上的报告. 北京：人民出版社，2017：32.

集体所有制，然而我国农村土地制度的改革始终未颠覆土地的集体所有制度。这是因为我国城乡要素改革并非完全追求增长主义逻辑，在追求效率的基础上，要更加兼顾公平，立足实现城乡、区域的均衡发展、平等发展。

以人口流动为例，人口要素流动在经济社会未成熟阶段会表现出聚积效应和极化效应（王光龙，2011）。人口要素流动的聚积效应是指人口在集中过程中相互之间形成外部性而提高要素报酬的影响。人口要素流动的极化效应是指人口要素流动的空间分布和要素报酬分配两极分化效应，一方面是人口流入区（如城镇）的持续增长，另一方面则是要素流出区（如农村）的缓慢增长或停滞。受聚积效应和极化效应影响，叠加我国农村地区基础设施、公共服务等还存在较大短板，未来人口流动还将是农村人口单方向进城，城镇人口很难下乡。人口、人才的持续"双缺失"，必然会加速农业衰落、农村衰败，不符合我国提倡的以人民为中心的发展思想和共同富裕的奋斗目标，我们也绝不能走西方国家城市兴旺、农村衰败的老路子。为此，党的十八大以来的改革，摒弃了完全追求经济增长、一味追求发展效率的发展思路，立足公平、平等开展要素改革的观念，如此才会有鼓励和号召城市人才下乡参与乡村建设，以及通过政治动员组建驻村帮扶队这些看似违背经济发展规律的做法，实则体现了中国共产党全心全意为人民服务的宗旨。

再以土地制度改革为例，我国始终未改变农村土地集体所有制属性，根源在于农村集体所有制是促进农村社会平等的重要基石，对于经济发展而言，平等是极为重要的。西方产权理论提出的私有产权有效论和公有产权无效论，一方面源于西方的个人主义意识形态，另一方面则是由于该理论在方法论上的局限性。西方产权理论采取个体主义研究方法，偏重于资源配置、个人行为激励这样的微观效率问题，忽视平等、社会稳定、文化这样的宏观效率问题。这种产权分析范式在理解经济发展规律上是有根本缺陷的，因为经济发展是社会系统中发生的复杂过程，不能只考虑微观效率，而忽视宏观效率（田世野、李萍，2021）。根据马克思主义产权理论的基本方法，即从生产力-生产关系、经济基础-上层建筑的互动作用中来研究社会生产力的发展，而不是将社会生产力抽离出来，作为所谓"纯粹的"经济问题进行研究，其政策内涵表达为：适应生产力发展的产权制度不能仅仅体现微观效率的要求，还必须兼顾平等、社会稳定、文化等宏观效率要求。从我国发展进程看，各个历史时期的农村土地集体所有制都发挥了重要的历史作用。例如，计划经济时期，有效农业剩余、支持国家工业化，为农民提供了最基本的生存保障；改革开放以来，受承包经营权物权化等影响，集体所有被悬空，农村集体难以履行农业生产统一经营、农民生活统一服务的功能，导致当前农村出现了许多经济社会问题，如耕地抛荒、农田水利衰败、环境脏乱差等，从反面证明了集体所有在发展中的重要性和必要性。在当前促进农民农村共同富裕、全面推进乡村振兴中，集体所有制是重要的基础和依托。因此，在当前的确权赋能改革中，不仅要对农民个体进行确权赋能，还必须对农村集体进行确权赋能，如对集体经营性建设用地确权颁证的改革、复兴农村集体经济等举措，均契合这种理论逻辑。

二、基本经验

党的十八大以来，我国城乡要素改革成效明显，农村要素市场化改革取得了积极成效，为构建更加完善的、城乡一体的要素市场化配置体制机制积累了弥足珍贵的经验。

第一，要素改革要适应经济社会发展。相关研究指出，我国农村要素改革是根据不同经济社会发展阶段进行相关制度的"边际调整"，以形成渐进的制度变迁过程（钱忠好、牟燕，2013）。改革开放以来，我国农村要素市场化取得的重大成就，均是改革契合经济社会发展需要的结果，要素改革只有适应了经济社会发展需要，才能释放出更有效的改革红利。例如，改革开放初期，我国要素市场化改革率先在农村起步，重点在于通过变革土地要素，顺应农民需求，走出"大锅饭"时代，保护农户自主配置要素的权利。20世纪90年代至21世纪头十年，家庭经营地位确立以后，农民与承包地之间的纽带建立起来，农村产生了大量富余劳动力，这一阶段快速发展的工业化城镇化对劳动力需求较大，允许农民进城、促进农村劳动力流动，既能缓解农村紧张的人地关系矛盾，也能为工业化城镇化提供大量的劳动力，是顺应民心、顺应时代发展的重大变革；同时，伴随农村劳动力流转以及社会资本下乡务农，农村土地流转供给与需求同时产生，有必要放开承包地流转限制，让要素流动顺应经济社会发展阶段规律。党的十八大以来，随着我国工业化城镇化发展，城市建设土地供不足需的矛盾日益紧张，然而农村大量土地资源闲置，此阶段开启"三块地"等改革盘活农村闲置资源，既能缓解经济社会用地压力，又能增加农民财产性收入；此外，伴随城乡居民生活水平提升，推动农业功能拓展，鼓励社会资本下乡、引导人才返乡入乡，开展系列农民进城、资本下乡、人才返乡等政策改革，顺应了时代的发展、满足了人民的期盼。

第二，城乡要素改革要注重系统性。由于经济发展是多要素组合配置的结果，任一要素市场化改革滞后都会拖累整体改革进程，造成要素配置效率损失。改革开放40多年的历程显示，农村改革综合性强，靠单兵突进难以奏效，必须树立系统性思维，增加多种要素、各项改革之间的衔接配套，才能深入推进要素市场化改革，优化要素配置。例如，随着家庭联产承包经营责任制的确立，面对农村富余劳动力，相继推动劳动力要素市场化改革，即允许农民进城，才能缓解紧张的人地关系矛盾，起到优化要素投入配置结构的作用；伴随农村劳动力大量外流，面对农地抛荒与工商资本下乡租地需求，允许承包地流转成为应有之义；在要素市场化改革过程中，推动农产品价格改革，通过产品市场定价与要素市场化配置联动，有助于共同提升要素配置效率。党的十八大以来，更加注重城乡要素改革的系统性，是城乡要素改革取得系列重大成就的关键。例如，当农民大量进城，城市建设面临土地指标紧缺问题以及迁入地政府推进农民工市民化积极性不高时，我国开展了"地随人走""钱随人走"的配套改革，既缓解了东部吸纳农民工就业居住较多城市用地紧张的问题，又强化了城市强化农民工公共服务供给的积极性；同时，当大量农民在城与乡之间"两栖"迁移，面临可能出现的耕地撂荒问题时，为保障我国粮食安全和重要农产品供给，我国开展了承包地"三权分置"，推进土地流转和发展农业社会化服务，大力培育新型农业经营主体，有序引导社会资本下乡，为国家粮食安全和主要农产品供给安全发挥了重要作用，同时也促进了农民财产性增收。进一步地，为稳定新型农业经营主体的投资信心，我国强化了农村产权制度保护。由此可见，在市场化改革过程中，某个环节的缺失或不配套都可能损害要素配置效率，拖累改革整体进程。

第三，政府要及时弥补农村市场功能残缺。我国城乡要素改革是从无到有的过程。经济学理论指出，当市场功能不健全时，政府的积极作为能弥补市场功能残缺，加速推进市场化改革（Warwick，2013；Stiglitz，2015）。在我国农业要素市场化、城乡要素交换过程中，特别是党的十八大以来，随着我国政府职能转型，政府有效作为对弥补市场功能残缺发挥了重要作用。例如，起初我国并没有健全的农村土地流转市场，需求方与供给方在交易时面临着高昂的信息搜寻成本，因此较长一个时期内农村土地流转主要仅限于本村内。为此，部分地区政府探索建立了农村产权交易中心，引导农村资源资产进场交易，并制定与实施要素交易规则，有效促进了农村要素流动。再如，在集体经营性建设用地入市中，部分地区政府还负责制订科学合理的供地计划，并强化通过政策监管等手段防止因市场失灵等导致的不合理市场供给现象出现，以法律手段和经济手段规范土地确权、租赁、抵押、转让等流程，确保土地指标供应计划与长远发展相结合（荣晨，2016）。这些事例充分体现了政府在弥补市场失灵中的重要作用，也表明深入推进农村要素市场化改革不能没有政府的参与，要引导各级政府积极参与到弥补市场失灵的领域中。

第四节　未来展望

一、要素合理配置图景：双向、自主、有序

实现城乡要素合理配置，是从根本上解决城乡发展不平衡的战略举措。立足 2035 年基本实现农业农村现代化，笔者认为，实现城乡要素合理配置的场景，是一幅要素双向、自主、有序①流动的"富春山居图"。

1. 双向

即城乡要素流动不是单向度的，或者说不存在长期单向流动。当然，对不同区域、不同发展阶段，要素双向流动的内涵会有所差别，特别是要素数量、类别、质量展现的形态会有差异。城乡要素双向流动，意味着横亘在城与乡之间要素流动的制度藩篱将被实质性消除，长期以来由乡到城的要素单向流动格局将得到有效改善，尤其是要发展资源，包括资金、人才、管理等要素从城市向乡村流动，这蕴含着在基础设施和公共服务上，乡村与城镇的差距大幅缩小，具备了吸引发展要素流向乡村的配套环境。

2. 自主

即城乡要素流动是自由的，不存在市场垄断阻碍和不合理的行政限制，可以自由进入市场。这要求必须首先具备比较顺畅的通道或场域，也就是说，要素市场是相对健全的。健全的要素市场取决于健全的产权制度、严格的产权保护规则、高效运作的交易平台，这些都将会逐渐成为现实。同时，市场交易也是有效的，要素的供求行为都是充分竞争的，要素价格主要由市场来决定，可以真实灵活地反映市场供求关系和资源稀缺程度，进而引导城乡要素配置依据市场规则、市场价格、市场竞争实现效益最大化和效率最优化。

---

① 涂圣伟. 以畅通要素循环求解城乡发展平衡问题. 光明网，2022 - 04 - 27.

3. 有序

即推进城乡要素自由流动是有时序和一定节奏的，安全可控是基本前提。我国的基本国情农情是"大国小农"，不同地区具备的条件不同，不同要素的属性和市场化程度也存在差异，特别是农村土地要素，一定程度上还承载着就业和社会保障功能，这就决定了实现要素自由流动必然是"有序"的，而非一蹴而就，不能只看到经济增长、发展效率的一面，还要看到社会稳定、公平平等的一面，不能只注重增长主义，还要体现人本主义。这就要求充分发挥政府的有为作用，特别是优化农村要素市场环境，搞好配套建设，强化政策激励，引导部分城镇发展要素下乡，促进农业高质高效、乡村宜居宜业、农民富裕富足，铺展乡村振兴壮美画卷。另外，有序还体现为不同要素市场化配置改革具有整体性和协同性，特别是持续坚守"地随人走""钱随人走"的城镇化改革方向，围绕农业人口进城、持续引导社会资本下乡、培育新型农业经营主体，从而实现更高的组合配置效率。

二、未来深化改革方向：盘活、流动、保护、公平

立足基本实现农业农村现代化、乡村振兴以及共同富裕等发展目标，立足当前我国城乡要素配置存在的些许问题，结合我国城乡要素改革经验，笔者认为，未来要想实现城乡要素合理配置，要持续深化改革，持续坚守盘活、流动、保护、公平"八字方针"。

（一）持续盘活农村闲置资产资源

当前我国农村仍有大量"沉睡"的资源资产，利用率还不高，与城乡要素合理配置要求差距较大。其一，土地资源闲置问题突出。从集体建设用地看，我国农村宅基地超 20 万平方公里，其中近 1/3 处于闲置状态。虽然 2019 年《关于建立健全城乡融合发展体制机制和政策体系的意见》明确提出，"允许村集体在农民自愿前提下，依法把有偿收回的闲置宅基地、废弃的集体公益性建设用地转变为集体经营性建设用地入市"，但是这仅限于有偿收回的闲置宅基地、废弃的集体公益性建设用地，而且类似

的探索与实践还很少，仅在少数地区有过零星的探索，由于缺乏宅基地退出的有效制度或政策措施，多数农民不愿意退出宅基地；同时，集体经营性建设用地全面入市缺乏实施细则。从设施农业用地看，为了严格保护耕地，长期以来，国家政策规定，设施农业用地一般不能占用基本农田，主要来自一般农田，导致通过流转基本农田发展设施农业的企业根本无法获得设施农业用地。此外，一般农田可用于设施农业用地的指标由于缺乏相关的制度创新或政策实施细则，无法通过指标流转或调剂的方式成为其他产业发展项目的土地要素来源，出现了要素供需结构不匹配的问题。其二，农村资源资产抵押贷款难。农民与新型农业经营主体融资难、融资贵的问题仍然没有得到有效破解。事实上，农村拥有大量的资产，但是由于资产确权、抵押处置与融资风险防范等改革协同性不强，导致农村资产抵押贷款难以落地，农村金融活水迟迟不能被激活。例如，农民与新型农业经营主体的大量投入凝结在设施农业用地、农村土地承包经营权、农村房屋、林权、大棚养殖圈舍以及活体动物、果园苗木等上，由于我国大多数地区都未开展农村"三权"抵押贷款、农业生产设施抵押与生物资产的确权颁证，新型农业经营主体的大量投入无法形成可抵押资产，金融机构没有办法为新型农业经营主体开展抵押贷款。

针对这些问题，深入推进农村要素改革，要以系统性思维解决"木桶短板"问题，以联动改革的方式破解协同性不足的问题。

在存量建设用地政策上，要引导地方政府制定出台集体经营性建设用地入市细则，督导各地区全面开展农村集体经营性建设用地确权颁证工作，搞好集体经营性建设用地收益分配，让农民得实惠、集体有收益、社会落好处，做好典型地区相关做法宣传推广工作；加快落实农村闲置宅基地转为农村集体经营性建设用地的政策，引导地方政府出台相关实施办法；鼓励村集体经济组织与社会资本组建股份合作公司，在符合规划、用途管制和尊重农民意愿的前提下，允许农民以闲置宅基地入股股份合作公司从事产业发展。

在设施农用地政策上，要进一步细化设施农用地范围，明确生产设施、配套设施、附属设施三类设施农用地的规划安排、选址要求、使用周期，出台农业配套设施和附属设施的建设标准和用地规范。建议中央政府加快引导地方出台设施农业用地占用基本农田的前置条件与使用细则。建议有条件的地区推广浙江省平湖市经验，集中设施农用地指标并向产业融合发展项目倾斜。

在农村金融政策上，鼓励地方政府开展以农村资产确权为基础、以农业保险创新为配套、以设立风险补偿金为保障、以建立农村产权交易中心为产权处置保障的农村产权抵押贷款机制。鼓励地方政府加快推进农村产权确权颁证，推广成都市农业设施抵押贷款经验，扩大农村抵押担保物范围，重点开展设施农业用地、农村土地承包经营权、农村房屋、林权、大棚养殖圈舍等农业生产设施抵押贷款以及活体动物、果园苗木等生物资产抵押贷款。完善农村产权价值评估体系，以风险基金补偿银行贷款损失，鼓励银行接纳农业生产设施抵押与生物资产抵押。加快建立农村产权交易市场，建议中央政府通过督察奖惩机制，推动地方政府加快建立健全农村产权交易市场。建议国土部门和农业部门组织武汉农村综合产权交易所、成都农村产权交易所以及相关专家对各地方政府相关部门进行培训，鼓励地方政府考察学习这两大交易所的成熟经验并进行战略合作，按照"互联网＋基础模块标准化＋特色模块地方化"的模式建立各地农村产权交易市场，为今后全国农村产权交易市场互联互通、相互兼容做好准备。条件成熟时，依托各省区的农村产权交易市场，由国土和农业部门牵头建立区域性乃至全国性的农村产权交易市场。

（二）加快破除要素城乡、区域流动障碍

受制于城乡二元社会结构与区域行政分割，当前土地、资金、劳动力要素跨城乡、跨区域流动仍存在障碍，突出表现在以下三个方面。其一，集体建设用地跨区域流动受限。农村土地要素市场化改革既要打破城乡制度藩篱，也要实现跨区域的配置。如今农村劳动、资本基本能实现跨区域流动，但是集体建设用地的跨区域配置还存在制度障碍。2018 年，自然资源部印发《城乡建设用地增减挂钩节余指标跨省域调剂实施办法》，该办法与 2019 年中央一号文件均提出，"开展新增耕地指标和城乡建设用地增减挂钩节余指标跨省域调剂使用"。但是，目前城乡建设用地增减挂钩跨省域流转仅限于深度贫困地区与对口帮扶省份之间，集体建设用地全国范围流动配置的通道并没有完全打开。其二，社会资本下乡存在诸多制度障碍。为防止社会资本下乡引发土地"非农化""非粮化"，部分地区通过实施下乡准入制度、规模限制和层层备案管理、强制二次分红等方法，对工商资本下乡设置过多、过高的门槛。加强对社会资本租赁农地监管和风险防范对保护国家粮食安全、维护农民利益意义重大，有其合理性，但是不少地方在政策执行中，采取了过于保守或僵化的态度，为避免可能的风险直接采取行政手段限制工商资本下乡，或设置种种门槛。这种做法值得商榷，社会资本从事农业一般初始投入较大，必须具备一定的经营规模才能覆盖初始投入并发挥企业化经营优势。限制社会资本租赁土地规模，虽然能起到防范社会资本长时间、大面积租赁农地风险的作用，但容易导致企业因生产规模不足而产生亏损，也排斥了真心搞农业的社会资本。其三，城乡劳动力双向流动仍存在隐形门槛。从计划经济时代不允许农民进城，到放开农民进城限制，再到实施新型城镇化、鼓励农民进城落户，我国农村劳动力市场化配置取得了巨大进展。但是，城乡劳动力双向流动仍存在制度障碍。由于城乡二元户籍制度问题依然存在，农村劳动力依然难以享受到与城镇职工同等的就业权益及其子女受教育等公共服务，农村劳动力在市场竞争中处于不平等的地位。此外，近年来，国家持续倡导农民工返乡创新创业以及城镇企事业单位人员下乡创业，城镇劳动力下乡创业主要集中在农村三产融合领域，相比传统的一家一户的种养殖，这些领域对土地、金融等要素需求密集，但受限于农村土地、金融要素市场发育滞后，制约了城镇劳动力向农业农村领域流动，也导致无法带动资本和其他现代要素流入农业农村。

未来必须打破阻断、妨碍要素自由流动和优化配置的瓶颈制约，衡量这一问题是否真正得到解决，就要看要素能否自由进入市场进行交易。

第一，持续推动集体建设用地跨区域流动"扩范围"。要逐步引导城乡建设用地增减挂钩跨省域流转，从深度贫困地区与对口帮扶省份间向全国范围拓展。建议遵照循序渐进的原则，城乡建设用地增减挂钩跨省域流转率先在人口净流出城市与人口净流入城市（或吸纳农民工就业、落户较多的城市）间实现，强化多要素联动改革，实现人地流动挂钩，对其中低价大幅度增值的交易提取土地增值税，专项用于补充农业转移人口在城市落户后的公共服务和社会保障支出，待形成成熟管理制度与经验后，逐步在全国范围拓展。

第二，深入开展社会资本下乡"去障碍"。社会资本联动城乡，对优化城乡资源要素配置、活跃乡村经济等具有积极作用。在坚守土地用途管制法律底线的前提下，要尽可能降低社会资本进入的门槛、减少障碍，取消对社会资本租赁土地最大规模的限制。同时，要强化对社会资本下乡的政策支持力度，抓好人、地、钱等关键环节，落实和完善融资贷款、配套设施建设补助、税费减免、用地等扶持政策，鼓励建立政府与社会企业沟通的长效机制，出台面向社会企业的乡村振兴政策服务指南，完善社会资本投资项目的基础设施配套，特别是加大新产业新业态发展的基础设施投入。

第三，给予城乡劳动力双向流动"强激励"。在农民进城方面，要加大力度推动公共服务均等化，推进农业转移人口融入企业、子女融入学校、家庭融入社区、群体融入社会，建立健全农村资产和权益有偿退出或处置通道，让农业转移人口"带资进城"；在城市人口下乡方面，除加快完善农村土地、金融要素市场外，还要加大政策激励力度，鼓励下乡群体参与乡村治理，加快探索下乡群体加入农村集体经济组织，有序探索赋予下乡群体农村土地等集体权益。

（三）健全农村产权保护制度

强化产权保护，是稳固市场主体预期，激活市场主体活力，加速推进农村要素市场化配置的关键举措。近几年来，我国加快推进农村集体产权确权颁证，强化了农村产权保护，但农村产权保护亦存在些许薄弱点。其一，土地经营权人权益难落地。2018 年修订的《农村土地承包法》为了切实保护承包人的利益，没有采纳把土地经营权界定为用益物权的观点，但同时对土地经营权人的权益给予了比较充分的保护，实际上进行了物权化处理。然而，现实中超过 5 年的土地流转项目很多，但基本都是在年初或播种前支付租金，否则农民就会收回土地。那么，按年头支付租金的长期协议受法律保护吗？如果出现纠纷，法律保护谁的利益，是土地经营权人的，还是承包人的？当然，如果是农民以土地经营权入股合作社或者企业，则在财务年度结束后（一般为年底）进行盈余分配（分红），即使亏损也要风险共担。但由于入股是紧密型合作行为，这种情况下的土地经营权登记实际上失去了意义。其二，农业企业投资缺乏产权保护。农业企业是激活农村要素市场化配置的关键力量。当前我国农村产权保护制度还不健全，部分地区存在企业投资产权受侵害的问题，导致企业投资乡村、盘活农村资产资源的积极性受挫。例如，"拆大棚房"事件，由于最初国家对设施农用地的使用范围、规划安排、选址要求、使用周期等未作明确规定，地方政府在执行过程中放宽标准或打擦边球，导致许多地方出现了"大棚房"。殊不知，在许多地区农业企业建设的"大棚房"均有着合法的手续以及相应的产权证明，在"大棚房"整治过程中，不仅没有给企业留出适当的缓冲期，也没有给予企业投资合理补偿，既拆掉了企业"违规"的"房"，又挫伤了企业投资的"心"。

未来，改革的方向要在农村产权确权颁证的基础上，着力做好产权权益保障与农村信用体系建设。在产权权益保障上，除加快推进农村集体产权制度改革与赋予各项产权完整权能外，重点要将土地经营权人的权益保障落到实处。考虑到界定土地经营权用益物权受土地流转期限、流转价格、租金交付时间等因素影响，若土地流转期限过长，则经营人会有投资、抵押贷款等需求，而土地经营权具有物权性质，建议流转期限 3 年以上的土地经营权才具有物权性质，其责权利需要在相关法律法规上予以明确。同时，要出台相关法律法规进一步明确土地经营权的用益物权性质，及其与其他用益物权的区别，特别是与土地承包权用益物权的区别；明确土地经营权具有哪些权能以及拥有这些权能的条件；明确土地经营权和所有权、承包权之间的关系；明确土地经营权到金融机构抵押质押的条件及操作办法；等等。在农村信用体系建设上，市场经济也是信用经济，要建立健全农村居民信用体系、下乡企业诚信管理制度，强化信用体系建设宣传力度，将企业与农民违约行为列入信用档案，并作为融资贷款、享受优惠政策的重要参考依据，加大失信惩罚力度。

（四）牢固树立以人民为中心的发展思想

党的十八大以来，我国农村改革处处体现着以人民为中心的发展思想，这是我国深化城乡改革、推进经济转型发展、维护社会稳定大局的重要法宝。未来，锚定实现城乡要素合理配置的目标，仍要坚守以人民为中心，通过要素改革弥补薄弱地区发展要素短板，实现城乡、区域均衡发展，加速推进全民共同富裕。围绕农村地区资本要素稀缺的现状，要持续健全农村市场环境，加大对社会资本的鼓励力度，提升企业的社会地位，鼓励和引导社会资本参与乡村建设。围绕农村地区人才短缺的问题，要持续开展乡村振兴人才队伍建设，既要下大力气培育一批本土人才，也要引导一批城镇政企事业单位人才下乡支持乡村发展，还要支持和鼓励农民工和城镇人口返乡入乡创业创新。如何实现优质要素回流农村？要加大政策支持力度，拿出真金白银做好政策激励的文章。

此外，处理好政府与市场的关系至关重要。40 多年改革和发展的实践证明，推进农村要素市场化配置，既要政府最大限度地减少用行政手段直接干预农村要素配置，又要政府加快弥补农村要素市场功能残缺，促进要素市场发育成熟。一是要加快弥补农村要素市场功能残缺。我国农村要素市场化改革较滞后，要素交易规则、交换平台等不健全，要加大力气建设农村要素交易平台，健全农村产权交易中心功能，推动农村资产资源进场交易，特别是引导地方建设农村集体经营性建设用地交易市场，研究制定要素交易规则，完善要素交易服务。二是要加强各项改革的协同性。深化农村改革需要多要素联动，要围绕我国人口流动、产业发展等趋势，协同推进土地、劳动力、资金等要素改革，改变过去单一要素搞"单兵突进"式的改革。三是要建立公平、开放、透明的市场规则，实现统一高效的市场监管。

参考文献

［1］Coase R H. The Nature of the Firm. Economica，1937（4）：386－405.

［2］Stiglitz J E. Industrial Policy，Learning，and Development. WID-ER Working Paper，2015.

［3］Warwick K. Beyond Industrial Policy：Emerging Issues and New Trends. OECD Science，Technology and Industry Policy Papers，No. 2，OECD Publishing，2013.

［4］刘守英. 农村土地制度改革：从家庭联产承包责任制到三权分置. 经济研究，2022，57（2）：18－26.

［5］钱忠好，牟燕. 中国土地市场化改革：制度变迁及其特征分析. 农业经济问题，2013（5）：20－26＋110.

［6］荣晨. 土地要素市场化改革：进展、障碍、建议. 宏观经济管理，2019（8）：25－31＋38.

［7］舒尔茨. 改造传统农业. 北京：商务印书馆，2006.

［8］田世野，李萍. 发展视域下中国农村土地产权制度的变迁——基于两种产权理论的比较. 学术月刊，2021，53（12）：74－84.

［9］王光龙. 论经济要素流动：结构、原则、效应与演进. 江海学刊，2011（4）：102－107.

［10］周振，伍振军，孔祥智. 中国农村资金净流出的机理、规模与趋势：1978～2012 年. 管理世界，2015（1）：63－74.

第二章 城乡基本公共服务普惠共享：
让农民分享现代化成果①

公共资源合理配置是城乡融合发展的应有之义。因此，构建城乡之间公共服务相互融合、协同发展的体制机制也是我们党的"三农"工作的重要内容。党的十八大提出加快完善城乡发展一体化体制机制，着力在城乡规划、基础设施、公共服务等方面推进一体化，促进城乡公共资源均衡配置。党的十九大提出，"推动城乡义务教育一体化发展"②，"全面建成覆盖全民、城乡统筹、权责清晰、保障适度、可持续的多层次社会保障体系"③，"统筹城乡社会救助体系"④。近年来，我们在政策上不断重视城乡基本公共服务供给，大力推动公共服务向农村延伸、社会事业向农村覆盖，不断健全全民覆盖、普惠共享、城乡一体的基本公共服务体系，推进城乡基本公共服务标准统一、制度并轨。本章围绕党的十八大以来城乡基本公共服务政策脉络、实践成就和理论创新三部分展开介绍。

第一节 城乡基本公共服务供给政策脉络

一、城乡教育资源均衡配置

在党的十八大前夕，2011 年我国所有省（自治区、直辖市）均通过了国家普及九年义务教育验收，青壮年文盲率下降到 1.08%，可以说是

---

① 执笔人：谢东东。
②③④ 习近平. 决胜全面建成小康社会 夺取新时代中国特色社会主义伟大胜利——在中国共产党第十九次全国代表大会上的报告. 北京：人民出版社，2017：45，47.

自1986年实施《义务教育法》以来，我国用25年的时间成功全面普及了城乡免费义务教育。[①] 这虽然从根本上解决了农村儿童"有学上"问题，为提高全体国民素质奠定了坚实基础，但是城乡之间的办学水平和教育质量还存在明显差距，尤其是农村居民家庭不断增长的高质量教育需求与供给不足的矛盾依然突出。深入推进城乡之间义务教育均衡发展，着力提升农村学校办学水平，全面提高义务教育质量，努力实现所有适龄儿童少年"上好学"，对于坚持以人为本，促进人的全面发展，解决义务教育深层次矛盾，推动教育事业科学发展，促进教育公平，进一步提升国民素质具有重大的现实意义和深远的历史意义，更是城乡融合发展的重要内容。表2-1对党的十八大以来我国农村教育政策作了一个梳理。

表 2-1　党的十八大以来我国农村教育政策梳理

年份	政策文件名称	主要内容
2013	《国务院办公厅转发教育部等部门关于建立中小学校舍安全保障长效机制意见的通知》	坚持建管并重，通过维修、加固、重建等多种形式，逐步使所有校舍均满足国家规定的建设标准、重点设防类抗震设防标准和国家综合防灾要求，同时加强对校舍的日常管理和定期维护。
2013	《国务院办公厅转发教育部等部门关于实施教育扶贫工程意见的通知》	加快教育发展和人力资源开发，到2020年使片区基本公共教育服务水平接近全国平均水平。切实巩固提高义务教育水平。大力发展服务当地特色优势产业和基本公共服务的现代职业教育。健全家庭经济困难学生资助政策。
2015	《国务院办公厅关于印发乡村教师支持计划（2015—2020年）的通知》	全面提高乡村教师思想政治素质和师德水平，拓展乡村教师补充渠道，提高乡村教师生活待遇。统一城乡教职工编制标准，职称（职务）评聘向乡村学校倾斜，全面提升乡村教师能力素质，建立乡村教师荣誉制度。
2015	《国务院关于进一步完善城乡义务教育经费保障机制的通知》	整合农村义务教育经费保障机制和城市义务教育奖补政策，建立统一的中央和地方分项目、按比例分担的城乡义务教育经费保障机制。结合人口流动的规律、趋势和城市发展规划，及时调整完善教育布局，科学合理布局义务教育学校。

---

① 人类教育史上的奇迹——来自中国普及九年义务教育和扫除青壮年文盲的报告．中华人民共和国教育部官网，2012-09-10．

续表

年份	政策文件名称	主要内容
2016	《国务院办公厅关于加快中西部教育发展的指导意见》	实现县域内义务教育均衡发展，坚持教育的公益性和普惠性，着力从中西部最困难的地方和最薄弱的环节做起，把提升最贫困地区教育供给能力、提高最困难人群受教育水平作为优先任务。
2016	《国务院关于加强农村留守儿童关爱保护工作的意见》	加大教育部门和学校关爱保护力度。落实免费义务教育和教育资助政策；支持和指导中小学校加强心理健康教育，加强对农村留守儿童相对集中学校教职工的专题培训。
2016	《国务院关于统筹推进县域内城乡义务教育一体化改革发展的若干意见》	合理规划城乡义务教育学校布局建设，完善城乡义务教育经费保障机制，统筹城乡教育资源配置，向乡村和城乡接合部倾斜，大力提高乡村教育质量，适度稳定乡村生源，增加城镇义务教育学位和乡镇学校寄宿床位，推进城镇义务教育公共服务常住人口全覆盖，着力解决"乡村弱"和"城镇挤"问题，巩固和均衡发展九年义务教育，加快缩小县域内城乡教育差距。
2017	《国务院办公厅关于进一步加强控辍保学 提高义务教育巩固水平的通知》	建立义务教育入学联控联保工作机制，落实义务教育学校管理标准，全面提高农村学校管理水平，开齐开足开好国家规定的课程。完善控辍保学督导机制和考核问责机制，将义务教育控辍保学工作纳入地方各级政府考核体系，进一步摸清学生辍学情况，制订控辍保学方案。
2018	《国务院办公厅关于进一步调整优化结构 提高教育经费使用效益的意见》	改革完善教育经费投入使用管理体制机制，突出抓重点、补短板，重点保障义务教育均衡发展，进一步提高全国特别是西部地区义务教育巩固率，加大教育扶贫力度。巩固完善城乡统一、重在农村的义务教育经费保障机制，逐步实行全国统一的义务教育公用经费基准定额。
2018	《国务院办公厅关于全面加强乡村小规模学校和乡镇寄宿制学校建设的指导意见》	高度重视农村义务教育，坚持底线思维，实施底部攻坚，统筹推进城乡义务教育一体化改革发展，全面加强两类学校建设和管理。加强省级政府统筹，健全协调机制，及时解决两类学校在规划布局、经费投入、教师队伍建设等方面的突出问题。

续表

年份	政策文件名称	主要内容
2018	《中共中央 国务院关于全面深化新时代教师队伍建设改革的意见》	优化义务教育教师资源配置。实行义务教育教师"县管校聘"。深入推进县域内义务教育学校教师、校长交流轮岗，实行教师聘期制、校长任期制管理，推动城镇优秀教师、校长向乡村学校、薄弱学校流动。实行学区（乡镇）内走教制度，逐步扩大农村教师特岗计划实施规模，适时提高特岗教师工资性补助标准。鼓励优秀特岗教师攻读教育硕士。
2018	《中共中央 国务院关于学前教育深化改革规范发展的若干意见》	大力发展农村学前教育，每个乡镇原则上至少办好一所公办中心园，大村独立建园或设分园，小村联合办园，人口分散地区根据实际情况可举办流动幼儿园、季节班等，配备专职巡回指导教师，完善县乡村三级学前教育公共服务网络。
2019	《中共中央 国务院关于深化教育教学改革全面提高义务教育质量的意见》	加大县域内城镇与乡村教师双向交流、定期轮岗力度，建立学区（乡镇）内教师走教制度。进一步实施好农村教师"特岗计划"和"银龄讲学计划"。完善教师岗位分级认定办法，适当提高教师中、高级岗位比例。积极探索基于互联网的教学。免费为农村边远贫困地区学校提供优质学习资源，加快缩小城乡教育差距。
2019	《中共中央 国务院关于建立健全城乡融合发展体制机制和政策体系的意见》	建立城乡教育资源均衡配置机制，建立以城带乡、整体推进、城乡一体义务教育发展机制。鼓励省级政府建立统筹规划、统一选拔的乡村教师补充机制。推动教师资源向乡村倾斜。实行义务教育学校教师"县管校聘"，推行县域内校长教师交流轮岗和城乡教育联合体模式。完善教育信息化发展机制，推动优质教育资源城乡共享。多渠道增加乡村普惠性学前教育资源，推行城乡义务教育学校标准化建设，加强寄宿制学校建设。
2022	《中共中央办公厅 国务院办公厅关于推进以县城为重要载体的城镇化建设的意见》	扩大教育资源供给。推进义务教育学校扩容增位，按照办学标准改善教学和生活设施。鼓励高中阶段学校多样化发展，全面改善县域普通高中办学条件，基本消除普通高中"大班额"现象。鼓励发展职业学校，大力发展公办幼儿园，引导扶持民办幼儿园提供普惠性服务。落实农民工随迁子女入学和转学政策，保障学龄前儿童和义务教育阶段学生入学。

资料来源：笔者根据公开文件整理而成。

(一) 推动农村学校基础设施建设

受 2008 年汶川地震影响，自 2009 年起，我国开始部署实施全国中小学校舍安全工程，在各级各类城乡中小学开展校舍抗震加固和提高综合防灾能力建设，旨在减少校舍安全隐患，改善校园安全状况。但由于彼时，我国农村中小学的学生规模大、学校多并且基础设施条件大都薄弱，因而这是一项长期的艰巨任务。党的十八大以来，着力完善农村中小学校舍安全并建立健全长效机制，也一以贯之地深入推进下去。2013 年中央一号文件提出，完善农村中小学校舍建设改造长效机制，办好村小学和教学点，改善办学条件，方便农村学生就近上学。同年 11 月，国务院办公厅发布了《国务院办公厅转发教育部等部门关于建立中小学校舍安全保障长效机制意见的通知》，明确提出农村中小学校舍安全资金由中央和地方共同承担，省级政府负责统筹落实地方资金，中央财政建立健全农村中小学校舍维修改造长效机制，并重点支持中西部地区农村义务教育阶段学校。

该通知还明确提出建立校舍安全年检制度，对城乡各级各类中小学现有校舍每半年要组织一次安全隐患排查。针对城乡中小学校舍维修、加固、重建、改扩建项目，必须严格执行项目法人责任制、招投标制、工程监理制、合同管理制。项目勘察、设计、施工和工程监理单位必须具有相应资质，严格执行国家质量安全有关法律法规和工程建设强制性标准。同时健全校舍安全责任追究制度，对发生因校舍倒塌或其他因防范不力造成安全事故导致师生伤亡的地区，要依法追究当地政府主要负责人责任。

在建立健全校舍安全长效机制的同时，党的十八大以来，改善农村学校办学条件成为历年中央一号文件重点关注的内容之一。一方面，政策上不断重视"真金白银"的经费投入。例如 2014 年中央一号文件提出加快改善农村义务教育薄弱学校基本办学条件，适当提高农村义务教育生均公用经费标准。2016 年中央一号文件提出建立城乡统一、重在农村的义务教育经费保障机制。全面改善贫困地区义务教育薄弱学校基本办学条件，改善农村学校寄宿条件，办好乡村小规模学校，推进学校标准化建设。另一方面，针对农村人口外流趋势。2018 年国务院办公厅也下发文件，明确提出办好乡村小规模学校和乡镇寄宿制学校，推进学校标准化建设，旨在满足农村居民家庭的教育需求。

（二）提升农村教育师资力量

要推动基本实现教育现代化，薄弱环节和短板在乡村，发展乡村教育，教师是关键，必须把乡村教师队伍建设摆在优先发展的战略地位，这是我们党和政府历来高度重视乡村教师队伍建设的重要原因。党的十八大以来，我们在稳定和扩大农村教师规模、提高待遇水平、加强培养培训等方面采取了一系列政策举措，乡村教师队伍面貌发生了巨大变化。2013年中央一号文件提出，设立专项资金，对在连片特困地区乡、村学校和教学点工作的教师给予生活补助。2016 年中央一号文件提出，加强乡村教师队伍建设，拓展教师补充渠道，推动城镇优秀教师向乡村学校流动。2017 年中央一号文件提出，全面落实城乡统一、重在农村的义务教育经费保障机制，加强乡村教师队伍建设。

但受城乡发展不平衡、交通地理条件不便、学校办学条件欠账多等因素影响，当前乡村教师队伍仍面临职业吸引力不强、补充渠道不畅、优质资源配置不足、结构不尽合理、整体素质不高等突出问题，制约了乡村教育持续健康发展。为此，政策上的思路是通过两方面来改善农村教育师资力量：一方面是改善教师资源的初次配置，采取各种有效措施，如对长期在农村基层和艰苦边远地区工作的教师，在工资、职称等方面实行倾斜政策，在核准岗位结构比例时高级教师岗位向农村学校和薄弱学校倾斜，完善医疗、养老等社会保障制度建设，切实维护农村教师社会保障权益，以此吸引优秀高校毕业生和志愿者到农村学校或薄弱学校任教。另一方面是推动建立教师交流机制，县级教育部门统一聘任校长，鼓励完善城镇学校校长、教师到农村学校或城市薄弱学校任职任教机制。甚至 2015 年国务院办公厅印发《乡村教师支持计划（2015—2020 年）》明确提出，城市中小学教师晋升高级教师职称（职务），应有在乡村学校或薄弱学校任教一年以上的经历。2016 年国务院发布《关于统筹推进县域内城乡义务教育一体化改革发展的若干意见》，明确提出统筹城乡教育资源配置，向乡村和城乡接合部倾斜，大力提高乡村教育质量，加快缩小县域内城乡教育差距。2019 年中共中央、国务院印发《关于深化教育教学改革全面提高义务教育质量的意见》，针对农村教育师资力量薄弱的问题，明确提出要优化义务教育教师资源配置，主要措施包括例如实行义务教育教师"县管校聘"，深入推进县域内义务教育学校教师、校长交流轮岗，实行教师聘期制、校长任期制管理，推动城镇优秀教师、校长向乡村学校、薄弱学校流动。自 2017 年党的十九大提出城乡融合发展以来，历年中央一号文件也都对建立城乡教师流动机制提出了相应要求。

总体来看，推动农村教育师资力量改善，需要逐步形成"越往基层、越是艰苦，地位待遇越高"的激励机制，以及充满活力的乡村教师使用机制，未来还将进一步健全相关机制。尤其是随着县域义务教育基本均衡发展目标的实现，我们国家义务教育工作的重心已经由"基本均衡"转到了"优质均衡"上来。与基本均衡相比，优质均衡更加注重内涵发展和质量提升，其关键在于全面发展的理念更鲜明，坚持有教无类、因材施教。而这对于教师队伍建设提出了更高要求，更加迫切要求全面提升教师队伍整体素质，切实保障教师工资待遇，健全教师管理制度，全面落实教师交流轮岗，均衡配置优质教师资源。

二、城乡基本医疗卫生服务

自 2003 年开始，中央明确提出各省（市）选择县级部门先行试点新型农村合作医疗制度。2009 年，中共中央和国务院作出深化医药卫生体制改革的重要战略部署，确立了"新农合"作为农村基本医疗保障制度的地位，同时 2010 年我国全面推开城镇居民基本医疗保险，重视解决老人、残疾人和儿童的基本医疗保险问题。当然，2009 年也普遍被外界认为是新一轮"医改"的启动之年。2012 年党的十八大前夕，我国初步形成了覆盖城乡全体居民的基本医疗保障制度框架，职工医保、城镇居民医保和新型农村合作医疗参保人数达到 13 亿人，筹资和保障水平明显提高，保障范围从大病延伸到门诊小病，城乡医疗救助力度不断加大。党的十八大以来，我国致力于在建立城乡统筹的居民基本医疗保险制度、提高基本医疗保障水平上创新施策，旨在健全城乡居民基本医疗卫生服务供给体系。表 2-2 系统梳理了自党的十八大以来我国农村医疗政策的脉络。

表 2-2　党的十八大以来我国农村医疗政策梳理

年份	政策文件名称	主要内容
2012	《中共中央 国务院关于加快发展现代农业 进一步增强农村发展活力的若干意见》	健全农村三级医疗卫生服务网络，加强乡村医生队伍建设。继续提高新型农村合作医疗政府补助标准，积极推进异地结算。
2014	《中共中央 国务院关于全面深化农村改革 加快推进农业现代化的若干意见》	深化农村基层医疗卫生机构综合改革，实施中西部全科医生特岗计划。继续提高新型农村合作医疗的筹资标准和保障水平，完善重大疾病保险和救助制度，推动基本医疗保险制度城乡统筹。
2015	《中共中央 国务院关于加大改革创新力度 加快农业现代化建设的若干意见》	全面开展城乡居民大病保险，加强农村基层基本医疗、公共卫生能力和乡村医生队伍建设。推进各级定点医疗机构与省内新型农村合作医疗信息系统的互联互通，积极发展惠及农村的远程会诊系统。
2015	《中共中央 国务院关于落实发展新理念 加快农业现代化 实现全面小康目标的若干意见》	整合城乡居民基本医疗保险制度，适当提高政府补助标准、个人缴费和受益水平。全面实施城乡居民大病保险制度。健全城乡医疗救助制度。
2016	《国务院关于整合城乡居民基本医疗保险制度的意见》	推进城镇居民医保和新农合制度整合，逐步在全国范围内建立起统一的城乡居民医保制度。
2017	《中共中央 国务院关于深入推进农业供给侧结构性改革 加快培育农业农村发展新动能的若干意见》	继续提高城乡居民基本医疗保险筹资水平，加快推进城乡居民医保制度整合，推进基本医保全国联网和异地就医结算。加强农村基层卫生人才培养。

续表

年份	政策文件名称	主要内容
2017	《国务院办公厅关于推进医疗联合体建设和发展的指导意见》	在县域组建医疗共同体，重点探索以县级医院为龙头、乡镇卫生院为枢纽、村卫生室为基础的县乡一体化管理，与乡村一体化管理有效衔接。充分发挥县级医院的城乡纽带作用和县域龙头作用，形成县乡村三级医疗卫生机构分工协作机制，构建三级联动的县域医疗服务体系。
2018	《中共中央 国务院关于实施乡村振兴战略的意见》	完善统一的城乡居民基本医疗保险制度和大病保险制度，做好农民重特大疾病救助工作。巩固城乡居民医保全国异地就医联网直接结算。
2018	《国务院办公厅关于改革完善全科医生培养与使用激励机制的意见》	对经住院医师规范化培训合格到农村基层执业的全科医生，可实行"县管乡用"（县级医疗卫生机构聘用管理、乡镇卫生院使用）。对经助理全科医生培训合格到村卫生室工作的助理全科医生，可实行"乡管村用"（乡镇卫生院聘用管理、村卫生室使用）。
2019	《中共中央 国务院关于坚持农业农村优先发展 做好"三农"工作的若干意见》	加快标准化村卫生室建设，实施全科医生特岗计划。建立健全统一的城乡居民基本医疗保险制度，同步整合城乡居民大病保险。
2020	《中共中央 国务院关于抓好"三农"领域重点工作 确保如期实现全面小康的意见》	办好县级医院，推进标准化乡镇卫生院建设，改造提升村卫生室，稳步推进紧密型县域医疗卫生共同体建设。加强乡村医生队伍建设，允许各地盘活用好基层卫生机构现有编制资源，乡镇卫生院可优先聘用符合条件的村医。加强基层疾病预防控制队伍建设，做好重大疾病和传染病防控。
2021	《中共中央 国务院关于全面推进乡村振兴 加快农业农村现代化的意见》	全面推进健康乡村建设，推动乡村医生向执业（助理）医师转变。加强县域紧密型医共体建设，实行医保总额预算管理。完善统一的城乡居民基本医疗保险制度，合理提高政府补助标准和个人缴费标准，健全重大疾病医疗保险和救助制度。
2022	《中共中央 国务院关于做好2022年全面推进乡村振兴重点工作的意见》	深入推进紧密型县域医疗卫生共同体建设，实施医保按总额付费。推动农村基层定点医疗机构医保信息化建设，强化智能监控全覆盖，加强医疗保障基金监管。落实对特殊困难群体参加城乡居民基本医保的分类资助政策。有条件的地方可提供村卫生室经费补助，分类落实村医社会保障待遇。

资料来源：笔者根据公开文件整理而成。

党的十八大前夕，国务院发布《"十二五"期间深化医药卫生体制改革规划暨实施方案》，明确提出"充分发挥全民基本医保的基础性作用，重点由扩大范围转向提升质量"的总体目标，继续强调"巩固扩大基本医保覆盖面""完善城乡医疗救助制度""提高基本医保管理服务水平"，为党的十八大以来构建城乡统一的居民医疗保障制度提供了改革方向。2013年中央一号文件提出继续提高新型农村合作医疗政府补助标准，积极推进异地结算。卫生部门于2013年明确要求到该年年底，实现参合农民省内异地就医即时结报的地区达到88%，新农合信息平台与9个省级平台和部分大型医疗机构实现了互联互通①，为解决流动人口看病难、报销难的问题奠定了基础。2015年中央一号文件提出推进各级定点医疗机构与省内新型农村合作医疗信息系统的互联互通，当年国家卫生计生委、财政部进一步出台了《关于做好新型农村合作医疗跨省就医费用核查和结报工作的指导意见》，进一步提出"建立健全各级新农合经办机构与定点医疗机构之间、不同地区不同级别新农合信息平台之间的协同机制和信息交换机制"，逐步统一省外就医补偿政策，实现新农合跨省就医费用直接核查和结报。

在稳步推动新农合异地就医费用核查和结报工作的同时，国家在政策上高度重视推进城乡居民基本医保制度整合和完善筹资机制。2014年国务院办公厅印发《深化医药卫生体制改革2014年重点工作任务》，明确提出指导地方进一步推进城乡居民基本医保制度整合，完善管理服务，确保保障水平不降低。完善政府、单位和个人合理分担的基本医保筹资机制，根据经济社会发展和城乡居民收入水平逐步提高筹资标准，强化个人缴费责任和意识。2015年国务院办公厅印发《关于全面实施城乡居民大病保险的意见》，明确提出截至当年年底，大病保险覆盖所有城镇居民基本医疗保险、新型农村合作医疗（以下统称"城乡居民基本医保"）参保人群，

---

① 2013年新农合进展情况及2014年工作重点发布. 中国政府网，2014 − 05 − 04.

旨在对基本医疗保障制度进行有效的拓展和延伸。与此同时，为了推动城乡之间医疗资源合理配置，2015年国务院办公厅提出建立分级诊疗体系，预计到2017年，分级诊疗体系逐步完善，医疗卫生机构分工协作机制基本形成，优质医疗资源有序有效下沉。构建分级诊疗体系的关键在于强化以全科医生为重点的基层医疗卫生人才队伍建设，进而提升医疗资源利用效率和整体效益，推动就医秩序更加合理规范。为此，2018年国务院办公厅印发《关于改革完善全科医生培养与使用激励机制的意见》，明确提出对经住院医师规范化培训合格到农村基层执业的全科医生，可实行"县管乡用"（县级医疗卫生机构聘用管理、乡镇卫生院使用）。对经助理全科医生培训合格到村卫生室工作的助理全科医生，可实行"乡管村用"（乡镇卫生院聘用管理、村卫生室使用），旨在完善适应行业特点的全科医生培养制度，创新全科医生使用激励机制，为卫生与健康事业发展提供可靠的全科医学人才支撑。

2016年1月，国务院正式发布《关于整合城乡居民基本医疗保险制度的意见》，明确提出城乡居民医保制度覆盖范围包括现有城镇居民医保和新农合所有应参保（合）人员，即覆盖除职工基本医疗保险应参保人员以外的其他所有城乡居民。农民工和灵活就业人员依法参加职工基本医疗保险，有困难的可按照当地规定参加城乡居民医保。同时，该文件明确要求各省（自治区、直辖市）要于2016年6月底前对整合城乡居民医保工作作出规划和部署。在实施城乡居民大病保险制度和整合城乡居民医疗保险制度之后，政策上注重不断提升全民医保的筹资水平，并扎实推动分级诊疗体系建设。2017年中央一号文件提出，继续提高城乡居民基本医疗保险筹资水平，加快推进城乡居民医保制度整合，推进基本医保全国联网和异地就医结算。同年，国务院办公厅提出发展县域型医疗联合体，充分发挥县级医院的城乡纽带作用和县域龙头作用，形成县乡村三级医疗卫生机构分工协作机制，构建三级联动的县域医疗服务体系。2021年和2022年中央一号文件都提出，稳步推进紧密型县域医疗卫生共同体建设，旨在促进医疗卫生工作重心下移和资源下沉，提升基层服务能力，有利于医疗资源上下贯通，提升医疗服务体系整体效能。

三、城乡统筹养老保障体系

党的十八大之前，我国分别于 2009 年和 2011 年开始实施新型农村社会养老保险试点和城镇居民社会养老保险试点。根据国务院部署，2012 年全国所有县级行政区推进实施新型农村和城镇居民社会养老保险政策，有条件的地区可以将两项制度合并实施。党的十八大前夕，我国实现了基本养老保险制度全覆盖，这标志着我国社会养老保险制度体系的初步形成，但是仍然面临城乡发展不均衡的问题，例如城镇居民养老保险缴费标准较新农保仍然较高，城乡一体的基本养老保险制度有待统筹。为此，党的十八大以来，我国大力实施城乡之间基本养老保险制度衔接整合，完善统一的城乡居民基本养老保险制度，相关政策梳理如表 2-3 所示。

表 2-3　党的十八大以来我国农村养老政策梳理

年份	政策文件名称	主要内容
2012	《中共中央　国务院关于加快发展现代农业　进一步增强农村发展活力的若干意见》	健全新型农村社会养老保险政策体系，建立科学合理的保障水平调整机制，研究探索与其他养老保险制度衔接整合的政策措施。完善农村优抚制度，加快农村社会养老服务体系建设。
2013	《国务院关于加快发展养老服务业的若干意见》	要完善农村养老服务托底的措施，将所有农村"三无"老人全部纳入五保供养范围，适时提高五保供养标准，健全农村五保供养机构功能，使农村五保老人老有所养。
2014	《中共中央　国务院关于全面深化农村改革　加快推进农业现代化的若干意见》	整合城乡居民基本养老保险制度，逐步建立基础养老金标准正常调整机制，加快构建农村社会养老服务体系。加强农村最低生活保障的规范管理。
2014	《国务院关于建立统一的城乡居民基本养老保险制度的意见》	在总结新型农村社会养老保险和城镇居民社会养老保险试点经验的基础上，将新农保和城居保两项制度合并实施，在全国范围内建立统一的城乡居民基本养老保险制度。

续表

年份	政策文件名称	主要内容
2015	《中共中央 国务院关于加大改革创新力度 加快农业现代化建设的若干意见》	落实统一的城乡居民基本养老保险制度。支持建设多种农村养老服务和文化体育设施，整合利用现有设施场地和资源，构建农村基层综合公共服务平台。
2015	《中共中央 国务院关于落实发展新理念 加快农业现代化 实现全面小康目标的若干意见》	完善城乡居民养老保险参保缴费激励约束机制，引导参保人员选择较高档次缴费。加强农村养老服务体系、残疾人康复和供养托养设施建设。
2017	《中共中央 国务院关于深入推进农业供给侧结构性改革 加快培育农业农村发展新动能的若干意见》	完善城乡居民养老保险筹资和保障机制。健全农村留守儿童和妇女、老人关爱服务体系。
2018	《中共中央 国务院关于实施乡村振兴战略的意见》	完善城乡居民基本养老保险制度，建立城乡居民基本养老保险待遇确定和基础养老金标准正常调整机制，构建多层次农村养老保障体系。
2019	《中共中央 国务院关于坚持农业农村优先发展 做好"三农"工作的若干意见》	完善城乡居民基本养老保险待遇确定和基础养老金正常调整机制。统筹城乡社会救助体系，完善最低生活保障制度、优抚安置制度。
2020	《中共中央 国务院关于抓好"三农"领域重点工作 确保如期实现全面小康的意见》	完善农村留守儿童和妇女、老年人关爱服务体系。发展农村互助式养老。
2021	《中共中央 国务院关于全面推进乡村振兴 加快农业农村现代化的意见》	落实城乡居民基本养老保险待遇确定和正常调整机制。推进城乡低保制度统筹发展，逐步提高特困人员供养服务质量。加强对农村留守儿童和妇女关爱服务。健全县乡村衔接的三级养老服务网络，发展农村普惠型养老服务和互助性养老。
2021	《中共中央 国务院关于加强新时代老龄工作的意见》	以居家养老为基础，通过新建、改造、租赁等方式，提升社区养老服务能力，着力发展街道（乡镇）、城乡社区两级养老服务网络，依托社区发展以居家为基础的多样化养老服务。
2022	《中共中央 国务院关于做好2022年全面推进乡村振兴重点工作的意见》	提升县级敬老院失能照护能力和乡镇敬老院集中供养水平，鼓励在有条件的村庄开展日间照料、老年食堂等服务。

资料来源：笔者根据公开文件整理而成。

2012 年，党的十八大提出统筹推进城乡社会保障体系建设，整合城乡居民基本养老保险和基本医疗保险制度，为近年来构建我国城乡养老服务体系提供了方向指引。积极推进农村养老服务，是实施积极应对人口老龄化国家战略的重要举措。党的十八大以来，党中央围绕积极应对人口老龄化作出了一系列重大决策部署。2013 年中央一号文件提出研究探索新农保与其他养老保险制度衔接整合的政策措施。2014 年中央一号文件明确提出整合城乡居民基本养老保险制度，逐步建立基础养老金标准正常调整机制。当年，在总结新型农村社会养老保险和城镇居民社会养老保险试点经验的基础上，国务院发布《关于建立统一的城乡居民基本养老保险制度的意见》，决定将新农保和城居保两项制度合并实施，在全国范围内建立统一的城乡居民基本养老保险制度。根据中央部署，截至 2015 年末，全国基本实现新农保和城居保制度合并实施，并与职工基本养老保险制度相衔接。可以说，我国农村养老事业先后经历了 1992 年的"老农保"、2009 年的"新农保"和 2014 年以来的"城乡居民基本养老保险"三个阶段的发展，迎来了城乡一体的新发展阶段。

在统筹城乡居民基本养老保险制度的同时，不断提升养老服务水平也是政策的重点内容之一。2013 年，国务院发布《关于加快发展养老服务业的若干意见》，明确提出统筹发展居家养老、机构养老和其他多种形式的养老，实行普遍性服务和个性化服务相结合。统筹城市和农村养老资源，促进基本养老服务均衡发展，同时完善农村养老服务托底的措施，将所有农村"三无"老人全部纳入五保供养范围，适时提高五保供养标准，健全农村五保供养机构功能。2016 年 1 月，国家标准化管理委员会发布实施《城乡居民基本养老保险服务规范》，参保登记、缴纳保费、领取待遇、查询信息"四个不出村"服务经验全面推广，实现城乡居民养老保险信息数据省级集中、全国联网。2016 年 3 月的政府工作报告明确提出"开展养老服务业综合改革试点，推进多种形式的医养结合"。中共十九届五中全会进一步把积极应对人口老龄化上升为国家战略，对于推动养老事业和养老产业协同发展，健全基本养老服务体系，发展普惠型养老服务和互助性养老作出重大决策部署。

当然，提升养老服务水平仍然需要公共资源真金白银的投入。为此，2017 年中央一号文件提出完善城乡居民养老保险筹资和保障机制；2018年中央一号文件提出建立城乡居民基本养老保险待遇确定和基础养老金标准正常调整机制；2021 年中央一号文件提出落实城乡居民基本养老保险待遇确定和正常调整机制，不断提升城乡居民基本养老保险待遇水平。

第二节　城乡基本公共服务实践取得的成就

一、大力推动城乡义务教育均衡化发展

党的十八大以来，我国实施了"全面改善贫困地区义务教育薄弱学校基本办学条件"等重大项目，中央财政累计投入 4 000 多亿元，带动地方投入超 1 万亿元①，着力解决"乡村弱、城镇挤"问题，缩小城乡学校办学条件差距，真金白银的投入带来了农村教育质量的提升。

在党的十八大以来的教育服务均等化实践中，第一个重大成就就是义务教育阶段加大投入，"两免一补"实现城乡学生全覆盖，生均公用经费标准多次提升。"两免一补"是我国从 2006 年起全面推开的一项义务教育普惠政策，具体包括逐步免除义务教育阶段学杂费、免费提供教科书，逐步为家庭经济困难学生发放生活补助，这也是国家实施义务教育经费保障机制改革的一项基础工程。该政策首先从贫困地区的农村地区开始落实，经过逐步推进，分阶段扩展到全部农村和城市。2016 年，全国农村地区义务教育阶段全部实施"两免一补"，城市则实现了全部免除学杂费。2017 年，中央政府工作报告明确提出统一城乡义务教育学生"两免一补"

---

① 教育部：十年间中央和地方累计投入 14 000 多亿元 着力解决"乡村弱、城镇挤"问题．央广网，2022 - 06 - 21.

政策。当年春季学期起，中央财政开始落实对城市学生的免费教科书和寄宿生生活费补助资金。这标志着"两免一补"政策实现了城乡统一和全部覆盖。同时，真金白银的投入带来了农村教育质量的提升，有力地推动了农村孩童实现受教育的权利。2012—2021年，全国小学净入学率从99.85%提高到99.9%以上，初中阶段毛入学率始终保持在100%以上。[①] 义务教育阶段建档立卡脱贫家庭学生辍学实现了动态清零，长期存在的辍学问题得到了历史性解决。

根据教育部公布的数据，2012—2021年财政性义务教育经费从1.17万亿元增加到2.29万亿元，财政性义务教育经费占国家财政性教育经费投入的比例始终保持在50%以上。2012—2021年，小学生均经费支出从每生每年7 447元增至14 458元，初中生均经费支出从每生每年10 218元增至20 717元。生均公用经费标准经过多次提标，达到东中西部统一的小学650元、初中850元；义务教育阶段特殊教育生均公用经费补助标准提高至7 000元。随着中央和地方对于教育不断加大投入，经费保障水平逐步提高，财政性义务教育经费占比始终保持在50%以上。[②]

由于《中国教育经费统计年鉴》的数据在本书写作之时只更新到2019年，图2-1和图2-2分别展示了党的十八大以来我国教育经费增长，尤其是农村教育经费增长的情况。2013—2019年，我国各级各类教育经费总体规模由3万亿元上涨至5万亿元左右，并于2020年进一步增长至5.3万亿元左右。[③] 2013—2019年，我国农村幼儿园教育经费由667.38亿元增长至1 756.79亿元，经费增长了163.2%，农村幼儿

---

① 教育部：全国小学净入学率提高至99.9%以上. 央广网，2022-06-21.

② "教育这十年""1+1"系列发布会⑤：介绍党的十八大以来义务教育改革发展成效. 中华人民共和国国务院新闻办公室官网，2022-06-21.

③ 本书写作之时，国家的教育经费执行情况统计最新数据停留在2020年。教育部、国家统计局、财政部发布《关于2020年全国教育经费执行情况统计公告》，中华人民共和国教育部官网，2021-11-30.

园教育经费占比由 2.2% 进一步提升至 3.5%。与此同时，我国农村普通小学教育经费由 4 934.11 亿元上涨至 8 015.36 亿元，经费增长了62.4%。我国农村普通初中教育经费由 2 777.8 亿元上涨至 4 810.51 亿元，经费增长了 73.2%。

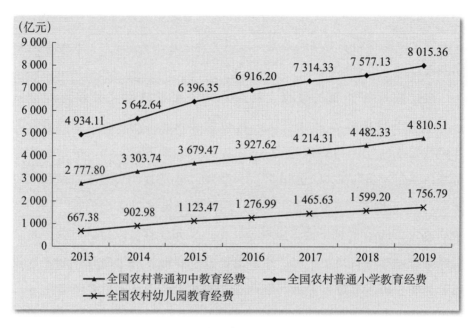

图 2-1 2013—2019 年我国农村地区教育经费投入情况

自党的十八大以来，第二个重大成就就是城乡义务教育阶段师资力量获得明显提升，大力补齐农村教育师资和办学条件的短板。为发展城乡义务教育，我党坚持把教师队伍建设作为基础工作抓好抓实。据统计，党的十八大以来，我国义务教育专任教师总数从 909 万增至 1 057 万，增加了148 万人，本科以上学历教师占比由 47.6% 提高至 77.7%。提升了中小学特别是农村学校教职工编制配备标准，实行编制城乡、区域统筹和动态管理，通过"特岗计划"、公费师范生、退休支教等多种渠道为中西部农村补充了大量优质师资。建立教师交流轮岗制度，推动优秀骨干教师向农村和薄弱学校流动。强化能力素质培训，"国培计划"累计培训校长、教师超过 1 700 万人次，大幅提升了农村校长办学治校和农村教师

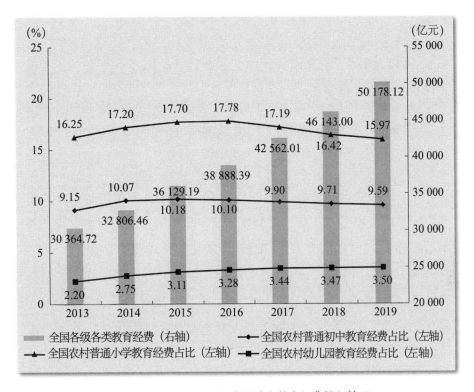

图 2-2　2013—2019 年我国城乡教育经费投入情况

教育教学水平。依法保障教师工资待遇，确保义务教育教师平均工资收入水平不低于当地公务员平均工资收入水平，完善乡村教师生活补助，支持建设农村教师周转宿舍 43.3 万套，努力造就一支素质优良、甘于奉献、扎根农村的教师队伍。

自党的十八大以来，推进义务教育均衡发展成为教育工作的重中之重。2012 年，国务院出台《关于深入推进义务教育均衡发展的意见》，明确要求"到 2020 年，全国实现基本均衡的县（市、区）达到 95%"。为督促各地各级政府落实义务教育责任，国家建立了县域义务教育基本均衡发展督导评估认定制度，由国务院教育督导委员会办公室具体组织实施，从 2013 年起启动了国家督导评估认定工作。经过不懈努力，到 2021 年底，全国 2 895 个县级行政单位均通过了国家督导评估，这在我国义务教育发展阶段具有重要的里程碑意义。党的十八大以来的十年，是持续缩小城乡义务教育学校差距的十年。2013—2020 年，全国小学校际综合差异系数从 0.724 降至 0.435，降幅近 40％；初中校际综合差异系数从 0.547 降至 0.319，降幅近 42％。[①] 全国县域内义务教育学校基本办学条件的校际差距、城乡差距均大幅缩小。

二、提升城乡居民基本医疗卫生服务水平

自党的十八大以来，我国城乡居民的基本医疗保障水平得到明显提高。首先，从经费投入来看，自 2012 年国务院提出有条件的地区探索建立城乡统筹的居民基本医疗保险制度开始，我国城乡居民基本医保的筹资水平不断提升。根据《2021 中国医疗保障统计年鉴》的数据，2012—2020 年底，参保居民的人均筹资水平由 312 元上升至 833 元，增幅达到 167％，其中财政人均补助水平由 2012 年的 244 元增至 2020 年的 559 元，增幅达到 129％。城乡居民医保参保人数也由 2012 年的 2.71 亿人（不含未统筹的新农合参保人数）上升至 2020 年的 10.16 亿人。根据目前（2022 年 6 月）可查询的最新数据来看，截至 2021 年底，城乡居民基本医疗保险人数达到 10.08 亿人，基本实现全国居民全覆盖，居民医保人均筹资 889 元。当年居民医保基金收入达到 9 724.48 亿元，支出达到 9 296.37 亿元，累计结存 6 716.58 亿元，基金收支规模不断扩大，同时得到了合理有效监管，促进了城乡居民平等享受医保服务。[②]

其次，自党的十八大以来，我国积极贯彻落实"以基层为重点"的卫生健康工作方针，推动医疗卫生工作重心下移、资源下沉，农村卫生事业取得了积极进展和成效。例如，服务网络不断健全，群众就近看病就医更加方便。到 2020 年底，全国共有县级医院 16 804 所，社区卫生服务中心（站）35 365 个，乡镇卫生院 35 762 个，诊所和医务室 259 833 个，村卫

---

① 教育部：全国近三千个县义务教育基本均衡发展达标，城乡差距缩小．新京报，2022－06－21.

② 2021 年全国医疗保障事业发展统计公报．国家医疗保障局官网，2022－06－08.

生室 608 828 个，医疗卫生机构实现了县乡村全覆盖。① 根据国家统计局的官方数据，2012—2020 年每万人拥有农村卫生技术人员数由 34 人上涨至 52 人，增幅达到 52.94%，城乡居民平均每万人拥有卫生技术人员数由 2012 年的 85 人上涨至 2020 年的 115 人，增幅达到 35.29%，可以看出，农村卫生事业一定程度上得到了优先发展，相关数据如图 2-3 所示。同时，乡镇和县域层面的医疗力量也得到了加强，从医疗机构的数据来看，2012—2020 年，我国乡镇卫生院床位数由 109.93 万张增至 139.03 万张，增幅达到 26.47%，相关数据如图 2-4 所示。

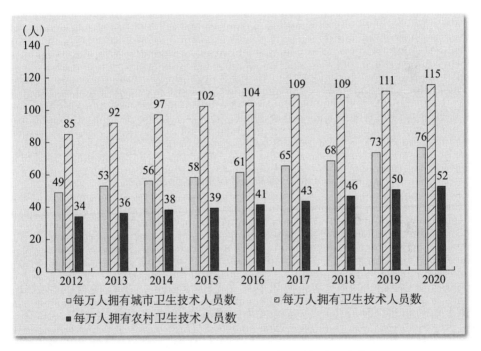

图 2-3　2012—2020 年我国城乡居民每万人拥有卫生人员情况

资料来源：国家统计局官方数据.

最后，农村居民的医疗服务方式内涵不断拓展，形式不断创新。自 2016 年开始，政策上注重通过家庭医生签约提供主动式的服务，持续开

---

① 2020 年我国卫生健康事业发展统计公报. 中国政府网，2021-07-22.

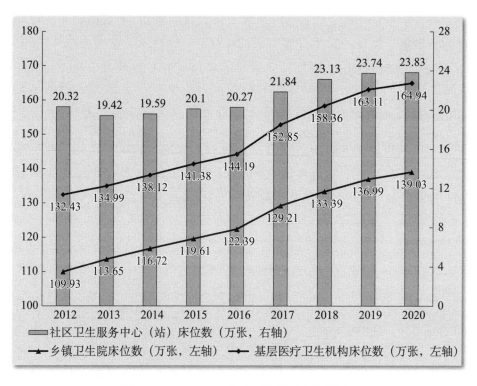

图 2 - 4 2012—2020 年我国基层医疗资源情况

资料来源：国家统计局官方数据.

展国家基本公共卫生均等化服务。截至 2021 年底，全国共有 143.5 万家庭医生，他们组建了 43.1 万个团队为居民提供签约服务。[①] 家庭医生为签约居民提供基本医疗卫生、健康管理等服务，起到了医防融合的纽带作用，有效促进了医疗卫生服务模式由以治病为中心向以健康为中心转变。在脱贫攻坚期间，建档立卡的慢病贫困人口基本实现了家庭医生签约服务的"应签尽签"，乡村医疗卫生机构为签约慢病的贫困人群提供了规范的慢病管理服务，有效避免了因病返贫。全面建成小康社会以后，为了巩固基本医疗有保障的成果，继续为脱贫人口提供公共卫生、慢病管理、健康咨询和中医干预等综合服务，重点做好高血压、糖尿病等主要慢病患者的

---

① 党的十八大以来，健康扶贫取得显著成效——全面实现农村贫困人口基本医疗有保障. 中国政府网，2022 - 05 - 27.

规范管理和健康服务。

三、健全城乡居民基本养老保障服务体系

自党的十八大以来，我国城乡居民的基本养老保障水平得到明显提高。首先，从居民参保规模来看，自 2012 年 8 月起，新型农村社会养老保险和城镇居民社会养老保险制度全覆盖工作全面启动，合并为城乡居民社会养老保险以来，我国城乡居民基本养老保险的覆盖水平不断提升。根据国家统计局的数据，如图 2-5 所示，2012—2021 年，我国城乡居民养老保险参保人数由 4.84 亿人增加至 5.48 亿人，增幅达到 13.22%，而与此同时，城乡居民社会养老保险实际领取待遇人数则由 1.34 亿人增加至 1.62 亿人，增幅达到 20.90%。

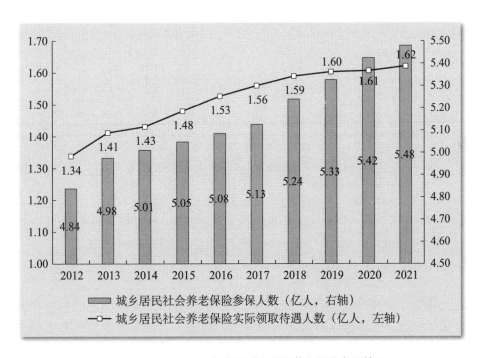

图 2-5　2012—2021 年我国城乡居民养老保险参保情况

资料来源：国家统计局官方数据.

其次，从居民社会养老保险基金运行情况来看，2012—2021 年，我

国城乡居民社会养老保险基金收入由 1 829.2 亿元增至 5 339 亿元，增幅达到 191.9%，基金支出由 1 149.7 亿元增至 3 715 亿元，增幅达到 223.1%。在此期间，城乡居民社会养老保险基金当年结余由 2012 年的 679 亿元增至 2021 年的 1 624 亿元，增幅达到 139.2%，雄厚的基金实力保障了居民养老水平的提升（见图 2-6）。同时，更是反映出政策定位转变成为城乡居民提供基本养老服务，这样做扩大了养老服务保障的范围，实现了从保重点人群向保基本服务的转变。

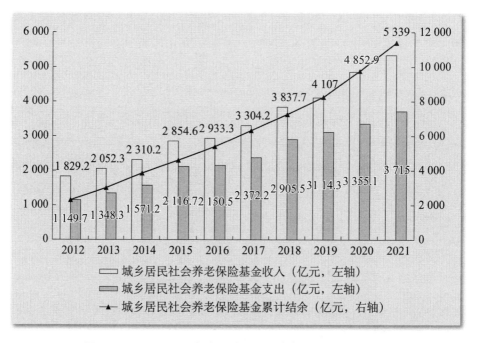

图 2-6 2012—2021 年我国城乡居民养老保险基金运行情况

资料来源：国家统计局官方数据.

最后，自党的十八大以来，我国农村养老服务基本形成了以家庭养老为基本方式，以特殊困难老年人为服务保障重点，以互助养老服务为创新方向，面向全体农村老年人不断拓展服务的发展格局。根据民政部公开的统计年报数据，截至 2020 年底，全国共有各类养老机构和设施 32.9 万个，养老床位合计 821.0 万张，社区养老服务机构和设施 29.1 万个，共有床位 332.8 万张。全国农村地区目前已有养老机构 2 万多家，幸福院、颐养之家等互助养老设施 10.8 万个，初步构建起多层次的服务网络；实施社会服务兜底工程，388 万城乡"三无"老年人纳入特困供养，实现应养尽养，1 335 万经济困难老年人纳入农村低保；实施特困人员供养服务设施（敬老院）改造提升工程，农村敬老院法人登记率从不到 75％提升到超过 90％。①

第三节　城乡基本公共服务探索理论创新

从马克思主义政治经济学的发展来看，自党的十八大以来，我国大力推动城乡基本公共服务均等化，着力提升农村地区公共服务水平，补上短板，恰是体现了坚持以人民为中心的发展思想。中国共产党作为马克思主义政党，必须始终代表和维护最广大人民的根本利益，而不代表任何利益集团、任何权势团体、任何特权阶层的利益。习近平新时代中国特色社会主义思想作为我们党马克思主义中国化理论的最新成果，其重要的核心内涵就是新时代我国社会主要矛盾是人民日益增长的美好生活需要和不平衡不充分的发展之间的矛盾，为此必须坚持以人民为中心的发展思想，推动人的全面发展。人民对美好生活的向往就是我们的奋斗目标，发挥人民主体作用是推动经济社会发展的强大动力，统筹最广大人民的根本利益和急难愁盼现实问题，始终坚持发展为了人民、发展依靠人民、发展成果由人民共享，坚持在发展中保障和改善民生，尽力而为、量力而行。

从经济发展的角度来看，自党的十八大以来，经过改革开放和多年快速增长，我国劳动力成本上升，资源环境约束趋紧，深层次矛盾日益显现，传统粗放式发展方式难以为继②，中国经济发展进入新常态。2013

---

① 我国农村养老床位达 194 万余张 . 中国政府网，2020 - 11 - 22.
② 习近平 . 在省部级主要领导干部学习贯彻党的十八届五中全会精神专题研讨班上的讲话 . 人民日报，2016 - 05 - 10（002）.

年，习近平总书记强调，当前国内外环境都在发生极为广泛而深刻的变化，我国发展面临一系列突出矛盾和挑战，前进道路上还有不少困难和问题。尤其是发展中不平衡、不协调、不可持续问题依然突出，城乡区域发展差距依然较大，教育、就业、社会保障、医疗等关系群众切身利益的问题较多。① 为此，党的十八届五中全会上，习近平总书记鲜明提出创新、协调、绿色、开放、共享的新发展理念，强调"坚持新发展理念，是关系我国发展全局的一场深刻变革"。正确把握我国发展阶段性特征，自觉转变发展理念，以提高质量和效益方式推动经济社会持续健康发展，这正是推动城乡基本公共服务均等化的重要特征。

城乡基本公共服务均等化的核心要义是推动公共资源均衡配置，以此给农村发展注入新的动力，让广大农民平等参与改革发展进程、共同享受改革发展成果。推进城乡融合发展，是工业化、城镇化、农业现代化发展到一定阶段的必然要求，是国家现代化的重要标志。自改革开放以来，我们率先推进农村改革，农村面貌发生了巨大变化。党的十八大以来，党中央坚持把解决好"三农"问题作为全党工作重中之重，不断加大强农惠农富农政策力度，农业基础地位得到显著加强，农村社会事业得到明显改善，统筹城乡发展、城乡关系调整取得重大进展。但是，由于欠账过多、基础薄弱，我国城乡发展不平衡不协调的矛盾依然比较突出，其突出短板就是城乡基本公共资源未能均衡配置，加快推进城乡基本公共服务普惠共享，要求更加紧迫。其背后就是立足于我国城乡发展不平衡、不协调，更要着眼于形成以工促农、以城带乡、工农互惠、城乡一体的新型工农城乡关系，目标是逐步实现城乡公共服务均等化。当然，这背后也是由于我国经过多年发展，经济实力具备了支撑城乡融合发展的物质技术条件，从社会发展来看，已经到了工业反哺农业、城市支持农村的发展阶段。

推动城乡基本公共服务普惠共享，也取得了一系列现实成就，更是能

---

① 习近平. 关于《中共中央关于全面深化改革若干重大问题的决定》的说明. 求是，2013（22）：19-27.

够提炼出符合中国发展特色的理论。不论是新农合还是现在的城乡居民基本医疗保险和城乡居民大病保险，在降低农民医疗支出负担的同时，都进一步保障了农民获得医疗救治的权利和抵抗重大疾病风险的能力，维持和改善了参合农民的健康水平。这一点得到了实证研究的肯定。[①] 随着工业化和城镇化的深入推进，中国农村老龄化问题日趋严重，同时我国还处于快速的城市化过程中，传统的"家庭养老"模式面临重大挑战，在这种背景下，推广"社会养老"模式来承担养老重任较为可行。新农保抑或城乡居民社会养老保险政策降低了老年人对子女代际转移支付的依赖程度，产生了显著的替代效应，这背后正是因为"社会养老"对传统"家庭养老"存在一定程度的替代，当然，这一替代效果则依赖社会养老保险的筹资以及养老金的发放。[②] 城乡居民社会养老保险提高了农村参保老人的经济独立性，降低了老人在经济来源和照料方面对子女的依赖，提高了参保老人对社会正式照料的需求，对我国农村传统的养老模式产生了重要影响。[③] 此外，养老金收入显著提高了农村老年人的收入水平、减少了贫困的发生、提高了其主观福利，并在一定程度上促进了家庭消费和减少了老年人劳动供给，同时健康状况较差的老年人受到的政策影响更大、更显著。[④]

参考文献

[1] 习近平. 在省部级主要领导干部学习贯彻党的十八届五中全会精神专题研讨班上的讲话. 人民日报，2016 - 05 - 10（002）.

[2] 习近平. 关于《中共中央关于全面深化改革若干重大问题的决定》的说明. 求是，2013（22）：19 - 27.

---

① 程令国，张晔. "新农合"：经济绩效还是健康绩效？. 经济研究，2012，47（1）：120 - 133.

② 张川川，陈斌开. "社会养老"能否替代"家庭养老"？——来自中国新型农村社会养老保险的证据. 经济研究，2014，49（11）：102 - 115.

③ 程令国，张晔，刘志彪. "新农保"改变了中国农村居民的养老模式吗？. 经济研究，2013，48（8）：42 - 54.

④ 张川川，John Giles，赵耀辉. 新型农村社会养老保险政策效果评估——收入、贫困、消费、主观福利和劳动供给. 经济学（季刊），2014（4）：203 - 230.

[3] 程令国, 张晔. "新农合": 经济绩效还是健康绩效? . 经济研究, 2012, 47 (01): 120 - 133.

[4] 程令国, 张晔, 刘志彪. "新农保"改变了中国农村居民的养老模式吗? . 经济研究, 2013, 48 (08): 42 - 54.

[5] 张川川, 陈斌开. "社会养老"能否替代"家庭养老"? ——来自中国新型农村社会养老保险的证据. 经济研究, 2014, 49 (11): 102 - 115.

[6] 张川川, John Giles, 赵耀辉. 新型农村社会养老保险政策效果评估——收入、贫困、消费、主观福利和劳动供给. 经济学 (季刊), 2014 (4): 203 - 230.

第三章　城乡基础设施一体化：
农村城市均衡发展[①]

2022 年 4 月，习近平主席主持召开中央财经委员会第十一次会议，研究了全面加强基础设施建设等问题。基础设施是我国经济社会发展的重要支撑，加强城乡基础设施建设意义重大。会议提出，要加快新型基础设施建设，提升传统基础设施水平，提高基础设施的生命周期和综合效益，构建适应全面建设社会主义现代化国家要求的基础设施体系。要适应时代发展优化基础设施布局、完善基础设施的建设机构、发挥基础设施的多功能性，从而形成可持续的城乡基础设施发展模式。全面加强基础设施建设有利于扩大内需，有利于引领产业发展，有利于保障国家安全，有利于促进国内国际双循环。

第一节　党的十八大以来有关基础设施的政策

2012 年 11 月 8—14 日，中国共产党第十八次全国代表大会在北京举行，党的十八大是我国进入全面建成小康社会决定性阶段召开的重要大会。加强公共基础设施建设是推动乡村振兴的关键环节，2012—2022 年的十年间，我国公共基础设施建设取得了伟大成就。2022 年政府工作报告中提出，建设数字信息基础设施，围绕国家重大战略部署和"十四五"规划，适度超前开展基础设施投资，加强县城基础设施建设。启动乡村建设行动，强化规划引领，加强水电路气信邮等基础设施建设。新时期城乡

---

① 执笔人：卢洋啸。

基础设施建设呈现出新特点，数字化、智能化、信息化的城乡基础设施建设，更加注重绿色、生态、智慧互联，现代化城乡基础设施建设体系正在逐渐形成。我国系统布局新型基础设施，夯实现代化强国的先进物质基础，补齐乡村基础设施建设短板，为乡村振兴战略的实施提供坚实的基础。本节重点梳理党的十八大以来有关城乡基础设施建设领域实施的政策。

2015 年 4 月 30 日习近平同志主持中共十八届中央政治局第二十二次集体学习时指出，推进城乡发展一体化，是工业化、城镇化、农业现代化发展到一定阶段的必然要求，是国家现代化的重要标志。要坚持从国情出发，把工业和农业、城市和乡村作为一个整体统筹谋划，促进城乡在规划布局、要素配置、产业发展、公共服务、生态保护等方面相互融合和共同发展。2016 年中央一号文件明确提出"到 2020 年，城乡发展一体化体制机制进一步完善"，2017 年中央一号文件要求"积极推进城乡交通运输一体化"。我国长期坚持把国家基础设施建设的重点放到农村，提高农村社会事业发展水平。习近平总书记强调，全面加强基础设施建设，构建现代化基础设施体系，为全面建设社会主义现代化国家打下坚实基础。2022 年 5 月 6 日，中共中央办公厅、国务院办公厅印发了《关于推进以县城为重要载体的城镇化建设的意见》，在意见中提出了环境基础设施提级扩能、促进县城基础设施和公共服务向乡村延伸覆盖的要求，支持边境县城完善基础设施，推进数字化改造。建设新型基础设施，发展智慧县城。特别是提高县城辐射带动乡村能力，促进县乡村功能衔接互补。推进县城基础设施向乡村延伸。建立城乡统一的基础设施管护运行机制，落实管护责任。政策的出台推动了城乡基础设施建设，梳理 2012—2022 年中央一号文件，如表 3 - 1 所示，针对基础设施建设，历年中央一号文件都部署了重点工作。

表 3-1 2012—2022 年中央一号文件关于城乡基础设施一体化的相关内容梳理

年份	政策文件名称	"基础设施"政策内容
2012	《中共中央 国务院关于加快推进农业科技创新 持续增强农产品供给保障能力的若干意见》	支持优势区域加强菜地基础设施建设。 强化人工影响天气基础设施和科技能力建设。
2013	《中共中央 国务院关于加快发展现代农业 进一步增强农村发展活力的若干意见》	着力加强 800 个产粮大县基础设施建设。鼓励企业以多种投资方式建设农村生产生活基础设施。大力推动社会事业发展和基础设施建设向农村倾斜。加强农村基础设施建设。加大公共财政对农村基础设施建设的覆盖力度。加快宽带网络等农村信息基础设施建设。加强国家木材战略储备基地和林区基础设施建设。
2014	《中共中央 国务院关于全面深化农村改革 加快推进农业现代化的若干意见》	加强海岛基础设施建设。 支持农业发展银行开展农业开发和农村基础设施建设中长期贷款业务。加快农村互联网基础设施建设，推进信息进村入户。
2015	《中共中央 国务院关于加大改革创新力度 加快农业现代化建设的若干意见》	加强小型农田水利基础设施建设。加强渔政渔港等渔业基础设施建设。完善国家重大科研基础设施和大型科研仪器向社会开放机制。加大对乡村旅游休闲基础设施建设的投入。加强集中连片特困地区基础设施建设。加大农村基础设施建设力度。加快农村信息基础设施建设和宽带普及。鼓励社会资本投向农村基础设施建设和在农村兴办各类事业。
2016	《中共中央 国务院关于落实发展新理念 加快农业现代化 实现全面小康目标的若干意见》	把农田水利作为农业基础设施建设的重点。加快农村基础设施建设。把国家财政支持的基础设施建设重点放在农村。健全农村基础设施投入长效机制，促进城乡基础设施互联互通、共建共享。研究出台创新农村基础设施投融资体制机制的政策意见。
2017	《中共中央 国务院关于深入推进农业供给侧结构性改革 加快培育农业农村发展新动能的若干意见》	集中建设产业园基础设施和配套服务体系。 拓宽农业农村基础设施投融资渠道。 加大地方政府债券支持农村基础设施建设力度。

续表

年份	政策文件名称	"基础设施"政策内容
2018	《中共中央 国务院关于实施乡村振兴战略的意见》	农村基础设施和民生领域欠账较多。农村基础设施建设深入推进。大力建设具有广泛性的促进农村电子商务发展的基础设施。推动农村基础设施提挡升级。继续把基础设施建设重点放在农村，加快农村公路、供水、供气、环保、电网、物流、信息、广播电视等基础设施建设，推动城乡基础设施互联互通。抓紧研究提出深化农村公共基础设施管护体制改革指导意见。鼓励农民对直接受益的乡村基础设施建设投工投劳。要加快推进城镇基础设施和公共服务向农村延伸。
2019	《中共中央 国务院关于坚持农业农村优先发展 做好"三农"工作的若干意见》	实施村庄基础设施建设工程。完善县乡村物流基础设施网络。健全村庄基础设施建管长效机制。加强乡村旅游基础设施建设，改善卫生、交通、信息、邮政等公共服务设施。重点用于农村人居环境整治、村庄基础设施建设和高标准农田建设。地方政府债券资金要安排一定比例用于支持农村人居环境整治、村庄基础设施建设等重点领域。引导和支持村集体和农民自主组织实施或参与直接受益的村庄基础设施建设和农村人居环境整治。
2020	《中共中央 国务院关于抓好"三农"领域重点工作 确保如期实现全面小康的意见》	加大农村公共基础设施建设力度。落实农村公共基础设施管护责任，应由政府承担的管护费用纳入政府预算。统筹布局农村饮水基础设施建设。
2021	《中共中央 国务院关于全面推进乡村振兴 加快农业农村现代化的意见》	继续完善安置区配套基础设施。在农业农村基础设施建设领域推广以工代赈方式。在脱贫地区重点建设一批区域性和跨区域重大基础设施工程。加强乡村公共基础设施建设。继续把公共基础设施建设的重点放在农村。支持农村及偏远地区信息通信基础设施建设。改造提升农村寄递物流基础设施。完善基础设施和公共服务。加大对农业农村基础设施投融资的中长期信贷支持。
2022	《中共中央 国务院关于做好 2022 年全面推进乡村振兴重点工作的意见》	修复水毁灾损农业、水利基础设施。以县域为单位组织编制村庄公共基础设施管护责任清单。扎实开展重点领域农村基础设施建设。加强农村信息基础设施建设。支持各类金融机构探索农业农村基础设施中长期信贷模式。

党的十八大以来，新一代信息技术行业发展迅猛，广泛渗透到经济社

会各个领域，新时期城乡基础设施建设也出现了数字化赋能的新型基础设施。我国已经形成全球最大、最活跃的数字服务市场，电子商务销售额全球占比从 2012 年的 8% 提升至 2021 年的 57%。各地区从实际需求出发，因地制宜建设新型基础设施，数字基础设施建设进入提速换挡的新阶段。2020 年山东省出台了《关于山东省数字基础设施建设的指导意见》（鲁政办字〔2020〕34 号）。2021 年兰州新区发布了《兰州新区"十四五"城乡基础设施建设发展规划》，积极部署实施新型智慧城市建设，推进兰州新区数字化转型发展。2021 年福建省出台的《福建省"十四五"城乡基础设施建设专项规划》明确将围绕"两极两带三轴六湾区"空间开发战略格局，构建支撑福州都市圈、厦漳泉都市圈辐射带动周边地区协同发展的城乡基础设施体系。着力提升交通设施，建设供水保障工程，打造新型城市基础设施建设。《国务院办公厅转发国家发展改革委等部门关于加快推进城镇环境基础设施建设指导意见的通知》（国办函〔2022〕7 号）提出"推动智能绿色升级，推进数字化融合。推动城镇环境基础设施智能升级，以数字化助推运营和监管模式创新"。数字经济时代，建设新型基础设施，有利于提升城乡发展的核心竞争力，各地纷纷出台政策并加大投资力度，加快补齐基础设施建设的短板。在推动城乡基础设施建设过程中，政府积极作为，出台了一系列政策文件，注重顶层设计引领。表 3-2 列示了部分涉及城乡基础设施建设的文件及内容，显示了中国共产党领导的有为政府积极推动城乡基础设施建设，夯实乡村振兴之基。

表 3-2　关于城乡基础设施建设的重要文件及内容梳理

年份	政策文件名称	"基础设施"政策内容
2015	《国务院关于进一步做好城镇棚户区和城乡危房改造及配套基础设施建设有关工作的意见》（国发〔2015〕37 号）	制定城镇棚户区和城乡危房改造及配套基础设施建设三年计划。2015—2017 年，改造包括城市危房、城中村在内的各类棚户区住房 1 800 万套（其中 2015 年 580 万套），农村危房 1 060 万户（其中 2015 年 432 万户），加大棚改配套基础设施建设力度，使城市基础设施更加完备，布局合理、运行安全、服务便捷。

续表

年份	政策文件名称	"基础设施"政策内容
2017	《国务院办公厅关于创新农村基础设施投融资体制机制的指导意见》（国办发〔2017〕17号）	明确农村基础设施的公共产品定位，强化政府投入和主导责任，加强城乡基础设施统筹规划，加大政策支持力度。破除体制机制障碍，引导和鼓励社会资本投向农村基础设施领域，提高建设和管护市场化、专业化程度。
2018	《国务院办公厅关于保持基础设施领域补短板力度的指导意见》（国办发〔2018〕101号）	坚持既不过度依赖投资也不能不要投资、防止大起大落的原则，聚焦关键领域和薄弱环节，保持基础设施领域补短板力度，进一步完善基础设施和公共服务，提升基础设施供给质量。
2020	《关于在农业农村基础设施建设领域积极推广以工代赈方式的意见》（发改振兴〔2020〕1675号）	结合农业农村基础设施建设需求，选择一批投资规模小、技术门槛低、前期工作简单、务工技能要求不高的农业农村基础设施项目，积极推广以工代赈方式。
2022	《关于加快推进城镇环境基础设施建设的指导意见》	全面提高城镇环境基础设施供给质量和运行效率，推进环境基础设施一体化、智能化、绿色化发展，逐步形成由城市向建制镇和乡村延伸覆盖的环境基础设施网络，推动减污降碳协同增效，促进生态环境质量持续改善，助力实现碳达峰、碳中和目标。
2022	《中共中央 国务院关于做好2022年全面推进乡村振兴重点工作的意见》	修复水毁灾损农业、水利基础设施，加强沟渠疏浚以及水库、泵站建设和管护。明晰乡村建设项目产权，以县域为单位组织编制村庄公共基础设施管护责任清单。扎实开展重点领域农村基础设施建设。加强农村信息基础设施建设。支持各类金融机构探索农业农村基础设施中长期信贷模式。

第二节　党的十八大以来城乡基础设施建设取得的成就

一、城乡基础设施建设提质升级

多年来我国积极推进农村基础设施建设和城乡基本公共服务均等化，推进农村饮水安全工程，开展村庄环境整治，重点治理农村垃圾和污水，推动农村家庭改厕，农村人居环境日益得到改善。2017 年，全国建制镇污水处理率达 49.4％，生活垃圾无害化处理率达 51.2％，供水普及率达 88.1％，燃气普及率达 52.1％。全国乡污水处理率达 17.2％，生活垃圾无害化处理率达 23.6％，供水普及率达 78.8％，燃气普及率达 25.0％。全国农村卫生厕所普及率达 81.7％，比 2000 年提高 36.9 个百分点。污水处理方面，2020 年城市与县城投入运营的污水处理厂达到 4 326 座，日均合计污水处理产能达 2.30 亿立方米，污水处理率分别达到 97.5％、95.0％。生活垃圾无害化处理方面，2020 年城市与县城垃圾清运量合计 3.03 亿吨，无害化处理量达到 3.01 亿吨，综合无害化处理率为 99.4％。供水与燃气普及方面，2020 年全国所有城市基本实现供水与燃气 100％普及，县城燃气普及率接近 90％。

表 3-3 和表 3-4 从供水普及率、排水管网建设、人均绿地面积、环卫车辆数与公共厕所数这五个方面分别统计了建制镇与乡这两个行政层级 2015—2020 年市政公用设施建设情况。在计算了这 5 年的复合年均增长率（CAGR）后发现，增速均在个位数，但由于乡一级出现了人口负增长，因此人均绿地面积变动较大。横向比较城市与县城的发展完善程度，乡镇整体环保设施建设质量仍需要进一步提高完善。城市环保基础设施建设相对完善，农村环保基础设施亟待提升，农村环保治理产业有待开发挖掘，农村水环境治理市场需要进一步攻坚。2022 年初，生态环境部、农业农村部、住房和城乡建设部、水利部、国家乡村振兴局 5 部门联合印发《农业农村污染治理攻坚战行动方案（2021—2025 年）》（环土壤〔2022〕8 号），提出到 2025 年，新增 8 万个行政村环境整治，农村生活污水治理率达到 40％，基本消除较大面积农村黑臭水体等行动目标。

表 3-3　2015—2020 年建制镇市政公用设施建设情况

年份	户籍人口（亿）	供水普及率（％）	排水管道长度（万公里）	人均绿地面积（平方米）	环卫车辆（万辆）	公共厕所（个）
2015	1.60	83.8	16.0	2.5	11.5	11.9
2016	1.62	83.9	16.6	2.5	12.0	11.7

续表

年份	户籍人口（亿）	供水普及率（%）	排水管道长度（万公里）	人均绿地面积（平方米）	环卫车辆（万辆）	公共厕所（个）
2017	1.55	88.1	16.4	3.1	11.5	12.1
2018	1.61	88.1	17.7	2.8	11.4	11.8
2019	1.65	89.0	18.8	2.7	12.1	12.9
2020	1.66	89.1	19.8	2.7	12.0	13.5

资料来源：中国城乡建设统计年鉴（2015—2020）．

表3-4 2015—2020年乡级行政区域市政公用设施建设情况

年份	户籍人口（亿）	供水普及率（%）	排水管道长度（万公里）	人均绿地面积（平方米）	环卫车辆（万辆）	公共厕所（个）
2015	0.29	70.4	1.7	1.10	2.41	3.04
2016	0.28	71.9	1.8	1.11	2.50	2.99
2017	0.25	78.8	1.9	1.65	2.76	3.18
2018	0.25	79.2	2.4	1.50	2.80	3.55
2019	0.24	80.5	2.5	1.59	2.93	3.91
2020	0.24	83.9	2.4	1.76	2.86	3.88

资料来源：中国城乡建设统计年鉴（2015—2020）．

2021年全国第七次人口普查结果显示，我国乡村居住人口为50 979万人，占全国人口总数的36.11%。居住在城镇的人口为90 199万人，占63.89%。与2010年相比，城镇人口增加23 642万人，乡村人口减少16 436万人，城镇人口比重上升14.21个百分点。随着我国新型工业化、信息化和农业现代化的深入发展和农业转移人口市民化政策落实落地，我国新型城镇化进程稳步推进。我国乡村地区土地面积广阔，部分地区村庄分布分散、规模小，人口密度低，为应对人口外迁、规模减小，乡村基础设施建设更适用于推广小型化、生态化、本土化的分散式污水处理设施，实行差异化的基础设施布局。畅通城乡区域交通、供热、自来水等基础设施建设，有利于实现城乡一体化进程。人口地区分布也呈现出人口向经济发达区域、城市群进一步集聚的新特点。东部地区人口占39.93%，中部地区占 25.83%，西部地区占 27.12%，东北地区占 6.98%。与 2010 年相比，东部地区人口所占比重上升 2.15 个百分点，中部地区下降 0.79 个百分点，西部地区上升 0.22 个百分点，东北地区下降 1.20 个百分点。党的十八大以来，西部地区经济社会发展取得重大历史性成就，针对西部地区发展不平衡不充分的问题，2020 年中共中央、国务院印发《关于新时代推进西部大开发形成新格局的指导意见》，明确到 2035 年西部地区基本实现社会主义现代化，基本公共服务、基础设施通达程度、人民生活水平与东部地区大体相当，强化基础设施规划建设。

二、城乡基础设施建设规划先行

"十三五"期间，我国持续加大对农业农村的投入力度，加快补齐农村基础设施短板，推动农村基础设施提档升级，广大农村正在成为亿万农民安居乐业的家园。"四好农村路"深入推进。交通运输部印发《推动"四好农村路"高质量发展 2022 年工作要点》，推动"四好农村路"高质量发展，为加快建设交通强国、服务巩固拓展脱贫攻坚成果同乡村振兴有效衔接、助力农民农村共同富裕提供坚实保障。推动农村电网改造升级，加快覆盖宽带网络，稳步推进农村人居环境整治，持续提高农村卫生厕所普及率，覆盖生活垃圾收运处置体系。

"十四五"期间，我国补齐城乡基础设施短板，为强化发展提供有力支撑。作为开启全面建设社会主义现代化国家新征程后的首个五年规划，《中华人民共和国国民经济和社会发展第十四个五年规划和 2035 年远景目标纲要》（以下简称《纲要》）于 2021 年 3 月 12 日正式发布。《纲要》共分为十九篇，其中第三篇"加快发展现代产业体系，巩固壮大实体经济根基"提出，统筹推进传统基础设施和新型基础设施建设，打造系统完备、高效实用、智能绿色、安全可靠的现代化基础设施体系。

以我国东部地区 10 省（市）为例，各地区根据发展实际，出台了相关文件，明确推动城乡基础设施建设的建设要点和推进实施的具体要求。

表 3-5 列示了东部地区与城乡基础设施建设紧密相关的重要文件及部分内容。新型基础设施建设延续了已有内容，同时注重发展环境基础设施、生态基础设施、互联网基础设施、绿色基础设施、道路交通基础设施等，提倡数字化、智能化、信息化，提升基础设施建设韧性，保障设施的安全性与可持续性，注重智慧运维、打造创新枢纽，立体化、多维化的基础设施建设成为促进城乡一体化的重要抓手。

表 3-5 东部地区关于城乡基础设施建设的政策规划

省（自治区、直辖市）	发布日期	政策文件名称	主要内容
北京	2022-03-03	《北京市"十四五时期"重大基础设施发展规划》（京政发〔2022〕9号）	构建多元多向、多能互补、城乡协调的优质能源体系。构建清洁低碳的城乡供热体系。以供热系统低碳转型为导向，不断完善城镇地区源网设施布局，持续提高农村地区清洁化供热水平，构建安全清洁、多能互补、绿色低碳的城乡供热体系。大力推动能源新技术应用与城乡规划建设融合发展。
天津	2021-03-05	《天津市新型基础设施建设三年行动方案（2021—2023年）》（津政办发〔2021〕3号）	推进智慧农业建设（责任单位：市农业农村委，有农业的区人民政府）。
河北	2020-11-08	《中共河北省委关于制定国民经济和社会发展第十四个五年规划和二〇三五年远景目标的建议》	加快补齐基础设施、市政工程、农业农村、生态环保、公共卫生、物资储备等领域短板。完善农村文化基础设施网络，增加公共文化服务供给。加快城乡基础设施一体化，健全统一的规划、建设、管护机制，构建城乡快捷高效的交通网、市政网、信息网、服务网。促进城乡基本公共服务均等化，加快公共服务向农村延伸、社会事业向农村覆盖，推动城乡标准统一、制度并轨。

续表

省（自治区、直辖市）	发布日期	政策文件名称	主要内容
上海	2021-07-20	《上海市乡村振兴"十四五"规划》	城乡互联互通的基础设施条件进一步完善。完善农业生产基础设施配套，启动粮食、蔬菜等生产基地提档升级工作。不断完善农村环卫基础设施建设，深化农村垃圾分类和收集模式，分类收集、分类运输、分类处置，保持100%农村生活垃圾有效收集。创新完善符合农村特点的基础设施、卫生保洁管养机制和管养方式，做到村主路、支路及沿线桥梁的巡查、保洁、小修等日常管护工作全覆盖。逐步将道路设施、污水处理设施等农村基础设施管养纳入公共财政保障范围，发挥村民自主参与、自我管理作用。
江苏	2021-11-01	《江苏省"十四五"新型基础设施建设规划》（苏政办发〔2021〕45号）	加快建设全省水环境和大气自动监测网络、"空天地"一体化生态环境监测网络，构建集生活污水、固体废弃物、危险废物、医疗废物处理处置设施运行和监测监管于一体的城乡环境基础设施体系。加强完善城乡治理设施。加快新型基础设施城乡融合发展。
浙江	2020-07-07	《浙江省新型基础设施建设三年行动计划（2020—2022年）》（浙政办发〔2020〕32号）	重点突出政府数字化转型，推动实现智能化城乡治理。加快生态环境设施智能化建设行动，包含智能化城乡环保设施、智能化水利基础设施、智能化海洋设施、智能化气象设施等4方面。
福建	2021-09-21	《福建省"十四五"城乡基础设施建设专项规划》（闽政办〔2021〕52号）	构建支撑福州都市圈、厦漳泉都市圈辐射带动周边地区协同发展的城乡基础设施体系。在城乡环境卫生方面，要建立完善分类投放、分类收集、分类运输、分类处置的生活垃圾处理系统，新扩建福州红庙岭、闽清、福清等生活垃圾焚烧发电厂，计划到2025年，福州生活垃圾分类工作处于国内领先水平。

续表

省（自治区、直辖市）	发布日期	政策文件名称	主要内容
山东	2022-06-23	《山东省基础设施"七网"建设行动计划》	到2025年，新增供水能力10亿立方米，城乡供水一体化率达到70%。组织实施农村路网建设、农村供水保障、农村电网及综合能源建设、数字乡村建设、现代乡村物流建设、农村公共服务设施建设、农村公共环境提升、现代农业基础设施建设"八大行动"。到2025年底，新建、改造提升农村公路4万公里，所有自然村全部通硬化路；供电可靠率提升至99.954%，综合电压合格率提升至99.948%，户均配变容量达到3千伏安左右；全省所有行政村（社区）建成"百兆乡村"，所有行政村基本实现5G全覆盖。
广东	2021-04-25	《广东省国民经济和社会发展第十四个五年规划和2035年远景目标纲要》（粤府〔2021〕28号）	构建智慧农业设施体系，推进信息技术与农村生产生活基础设施融合发展，建设智慧水利融合工程。开展农业生产智慧化提升工程和农业农村大数据工程，推进农业生产、农产品加工和流通环节的数字化转型，大力发展农村电商。
海南	2021-11-26	《海南省信息基础设施建设"十四五"规划》	推动农村千兆光网、5G、移动物联网与城市同步规划建设，完善电信普遍服务补偿机制，支持农村及偏远地区信息通信基础设施建设，发展智慧农业，推动新一代信息技术与农业生产经营深度融合。

第三节　党的十八大以来城乡基础设施一体化的理论创新

党的十八大以来，中国城乡基础设施建设取得的成就，为城市基础设施产业化提供了鲜活的理论依据，丰富了城乡基础设施一体化的理论内涵。我国紧紧抓住智慧经济时代的发展机遇，贯彻新发展理念，吸收新科技革命成果，实现国家生态化、数字化、智能化、高速化、新旧动能转换与经济结构对称态，建立现代化经济体系的国家基本建设与基础设施建设。5G 基站建设、特高压、城际高速铁路和城市轨道交通、新能源汽车充电桩、大数据中心、人工智能、工业互联网七大领域是目前新型基础设施建设的重点领域，产业链条覆盖面广，农村地区亟须技术集成应用，以信息网络为基础，面向高质量发展需要，进行数字转型、智能升级，融入城市的新型基础设施体系。因此，新时期城乡基础设施建设进入新的发展阶段，公共设施数字化转型与智能化应用，推动了城乡基础设施的理论发展，我国将加快推进基础设施数字化、网络化和智能化。

城乡基础设施建设融合多学科的发展前沿，革新固有理论，促进新技术的传播和应用。以道路交通基础设施为例，道路畅通为农村城市均衡发展提供了先决条件，由于交通基础设施暴露于环境，通常面临更高的灾害风险，例如洪水、泥石流、滑坡、地震，甚至气候变化都会加剧对基础设施的影响，而交通运输作为承载经济社会发展的基础性、先导性、战略性产业，直接关系百姓民生、人民福祉。因此，我国为提高道路交通设施的韧性，建立了力学与生态学双性能协同的设计方法，建立了智能化建养体系，不仅拓展了城乡基础设施道路建设的理论内核，同时推广应用于实践，保证自然条件苛刻地区的道路建设。

农村基础设施是建立在村庄集体土地上的准公共产品。与城市地区相比，农村地区的基础设施建设及公共产品供应薄弱。基础设施建设具有准公共产品的属性，理论上由政府主导来建设。但是中国地方财政紧张，完全依靠地方政府进行建设既不现实，也不可行。产业政策从传统支持特定企业发展向构建安全产业生态、丰富服务场景转型，从投融资的理论层面丰富了城乡基础设施建设的金融供给。创新融资模式的终极目标是推动基础设施项目的顺利实施，近年来以 PPP 模式为代表的融资模式积极转变政府职能，提高社会公共服务水平，推动政府在社会公共治理方面的改革。正如2022年中央财经委员会第十一次会议中习近平主席所强调的，"要适应基础设施建设融资需求，拓宽长期资金筹措渠道，加大财政投入，更好集中保障国家重大基础设施建设的资金需求。要推动政府和社会资本合作模式规范发展、阳光运行，引导社会资本参与市政设施投资运营。要坚持创新驱动，加大关键核心技术研发，提升基础设施技术自主可控水平"①。中国的城乡基础设施建设是一项系统复杂的庞大工程，非营利性农村基础设施的融资问题，以公共产品理论、投融资理论、项目管理理论等相关学科理论为指导，中国各地区的实践丰富了非营利农村基础设施融资机制的形成机理，探索出了多样化的农村基础设施融资模式。我国农村基础设施"政府引导，社会参与，市场运作"的投融资体制不断丰富完善。

建设城乡基础设施经过前期规划后实施，建成后的后期维护直接影响基础设施的实施效果。中国的城乡实践为基础设施维护理论与制度探索提供了实践样本。2022年住房和城乡建设部印发的《"十四五"住房和城乡建设科技发展规划》提出："开展城乡供水、排水、燃气、热力、环卫、交通、园林绿化等基础设施建设运维全过程碳减排的基础理论、应用基础、技术路径、关键技术、设备产品研究，构建市政基础设施绿色低碳技术体系与标准体系"。基础设施运行维护机制体系的建设、维护理论与技术研究仍是今后城乡基础设施建设的重点和难点。

基于大数据、人工智能的数字化转型和数字中国建设，城乡基础设施需要统筹兼顾、均衡协调地完善我国城乡数字基础设施建设，缩小城乡数字基础设施和数字经济发展能力差距。中国积累了成熟的基础设施建设及运营经验，引入市场机制促进公共产品供给，引入多元投资主体推动基础设施建设。中国注重发挥政府的职能作用，引入市场机制，提高公共产品

---

① 习近平主持召开中央财经委员会第十一次会议.新华网，2022-04-26.

资源的配置效率。针对农村基础设施建设打通融资渠道，引入工商资本建设"造血"机制，不断摸索、尝试适合地区实际，促进区域发展的投融资机制。新结构经济学认为，有为政府提供与优势产业匹配的软硬基础设施，能够实现产业结构在不同阶段的转型和升级。基础设施作为产业结构转型和升级的基础性和配套性要素，其作用不容忽视。基础设施在经济增长和产业结构转型升级过程中具有重要作用，特别是落后经济体在发展的过程中，充分发挥软硬基础设施的协调、协同、促进作用，对经济增长具有正向促进作用。例如，国外学者的研究证实了宽带基础设施水平对经济发展水平的促进作用，每百人拥有宽带比例与人均 GDP 正相关。铁路建设对经济一体化也会产生深远影响，在实践中铁路发达程度直接影响辐射至邻近乡村。基础设施对发展中国家的经济增长具有重要的促进作用。

第四节　城乡基础设施建设的地区实践

　　党的十八大以来，城乡基础设施建设发挥了重要的乘数效应，各地区的实践探索展现了我国实施一系列支持政策的效果。2019 年农业农村部农村社会事业促进司、国家发展改革委社会发展司、中国经济信息社在北京联合发布首批 18 个全国农村公共服务典型案例。2020 年评选出 23 个地方案例为第二批全国农村公共服务典型案例。2021 年遴选出北京密云等 21 个农村公共服务典型案例。这些案例涵盖农村医疗、养老、教育、饮水安全、危房改造、人居环境、政务服务、留守儿童关爱、公共文化体育服务等多个领域。城乡基础设施建设是为社会生产和居民生活提供公共服务的物质工程设施，是用于保证国家或地区社会经济活动正常进行的公共服务系统。在现代社会中，基础设施对加速社会经济活动、促进空间分布形态演变发挥了重要推动作用。我国"三农"工作的重心历史性转向全面推进乡村振兴，逐步补上农村公共服务短板是一项重要任务。强化农村基本公共服务供给，加快推动公共服务向农村延伸、社会事业向农村覆盖，让广大农民更好共享改革发展成果。本节通过呈现不同地区的基础设施建设历程，总结分析城乡基础设施一体化对农村城市均衡发展的重要贡献和深远影响。

一、新型城乡宜居环境建设——福建省宁德市古田县

古田县位于福建省东北部，古田溪贯穿全境。古田县有常住人口323 771人，辖2个街道、8个镇、4个乡，土地面积为2 373平方公里，是宁德面积最大的县。2017年古田县食用菌干鲜出口创汇1.91亿美元，产业链产值突破100亿元。2018年177个500万以上在建重点项目完成投资39.5亿元，新开工项目74个、竣工项目40个。《2021年古田县城乡建设品质提升实施方案》共策划生成98个项目，截至2021年12月已完成投资18.96亿元，占年度计划的101.2%。古田县持续加大市政基础设施投资力度，强化市政道路项目建设、城区排水设施建设、城市停车设施建设、城市公园绿地建设。在推进新型城乡宜居环境建设方面，古田县加快老城区改造步伐，落实保障房管理制度，解决无房户和住房困难户的住房需求；深化宜居环境建设，改善农村人居环境品质；推进乡镇生活污水处理设施市场化项目建设，进一步改善人居环境；消除房屋安全隐患，保障城乡居民住房安全。在农村建设方面，古田县以"1＋N＋3"模式推动农村面貌提升。古田县通过打造1个示范村，带动辐射周边N个宜居村，以线串点形成环翠屏湖、沿宁古路、沿城西至黄田沿线3条景观带，推动乡村建设从"一处美"迈向"一线美""一片美"。古田县大甲镇东部的村溪村地处古、蕉、罗三县（区）交界的偏远山区，原以传统农业为主要经济来源，产业单一、基础设施落后、整村环境脏乱，人口外流近四分之三，是典型的产业薄弱村。2019年以来，村溪村在乡村振兴指导员的带领下，结合现有的村庄规划，提前谋划农业产业布局，成立古田县连罢农业专业合作社，通过党支部领办合作社将本村土地流转进行统一

管理、统一安排、规划种植，并由村党支部书记带领村两委率先入股合作社，在发挥基层组织堡垒作用和党员先锋模范作用的基础上，大力探索"党建＋生态"模式。村溪村积极谋划发展产业项目，2021年村财收入增加30多万元，全村人均收入约1.5万元，着力打造"返朴村溪，守拙归园"的乡村振兴示范村，积极争取项目资金1 000余万元，提升村基础设施建设水平。体育公园、笼式足球场、健身步道、休闲步道、振兴长廊的建设使如今的村溪村移步换景，平坦宽阔的村道干净整洁，乡村新貌焕发生机。

二、农村基础设施全域升级——江西省上饶市横峰县

江西省上饶市横峰县位于上饶市西部、江西省东北部，有常住人口18.73万人，在江西率先完成了25户以上自然村"七改三网"，即改路、改水、改厕、改房、改沟、改塘、改环境等基础设施改造工作，实现了100％自然村干道和入户道硬化、100％农户饮上了干净水、100％农户住房安全、100％村庄通电通广播通网络。横峰县以"秀美乡村、幸福家园"创建为抓手，推动农村基础设施全域改善。横峰县的乡村建设从党员入手，建立"支部生活日"制度，推行党建"1＋1"、党员"1＋N"模式，探索1名支部委员联系帮带1名入党积极分子、1名党员帮带引领N名群众机制，发动党员群众参与村庄建设管理。建立"1＋4"乡村治理新模式，以村党支部为核心，组建了理事会、促进会、监督委员会、互助会"四会"组织，建立了秀美乡村创建排队机制，实现了"要我建"到"我要建"的变化。横峰县积极争取上级投入7 400余万元，与中国农业发展银行江西省分行签订全面战略合作协议融资5亿多元，向国家开发银行融资2.6亿元，整合涉农资金2亿元，党员群众筹集资金7 500万元。横峰县强化全局谋划，把全县660个25户以上自然村分为普及村、亮点村、景点村三类，分类开展整治建设，现已打造亮点村、景点村100多个，创建3A以上乡村旅游点28个。全域开展"五拆五清""围墙革命""平坟

栽树"三大行动，横峰县无偿拆除"三房"8 960 栋，拆除围墙 87 千米，处理坟墓 3 451 座。2019 年，横峰县秀美乡村建设荣登中国"三农"十大创新榜，先后获评国务院农村人居环境整治成效明显激励县、"四好农村路"全国示范县、江西省首批美丽宜居示范县、江西省生态环境工作先进县、江西省乡村旅游先进县等荣誉称号。国务院对 2021 年落实有关重大政策措施真抓实干成效明显地方予以督查激励，江西省横峰县耕地保护工作突出、土地节约集约利用成效好、闲置土地比例低且用地需求量大，横峰县的工作获得了国务院激励，激励措施为："2022 年，给予每个县（市）1 000 亩用地计划指标支持，在安排全国土地利用计划时单独列出。"2021 年，横峰县地区生产总值迈上了百亿元关口，横峰县分别入选中国县域电商竞争力百强榜、"第三批全国农村公共服务典型案例"、全省文明城市和首批"江西绿色生态试点县"。

三、公园城市乡村表达——成都市郫都区东林村

在城乡融合发展新阶段，为全面推进乡村振兴和美丽宜居公园城市建设，成都聚焦做优公园城市乡村表达，围绕城乡融合发展，着力打造"岷江水润、茂林修竹、美田弥望、蜀风雅韵"的乡村大美公园形态，彰显文化底蕴和人文精神，展现巴蜀特色和蓉城气质。成都市城乡统筹发展起步早，致力于提升城乡一体的基础设施和公共服务水平，大力实施乡村建设行动，推动公共服务设施向农村延伸、社会事业向农村覆盖，促进城乡基础设施和公共服务均等化、普惠化、优质化发展。成都市住建局于 2020 年公布了第一批乡村设计师队伍名单，坚持以设计点亮乡村的理念，将现代建筑设计理念带到乡村，加强对农房设计和建设的技术指导。2021 年四川省发改委等 9 部门印发了《关于村庄建设项目施行简易审批的实施意见》（川发改农经〔2021〕43 号），对于乡村建设中涉及人居环境、农村供水、村内道路、文化和体育等量大面广、投资规模小、技术方案比较简单、建设内容较为单一的村庄建设项目按照简易审批程序执行，《成都市

城乡融合发展片区建设项目规划管理技术规定及导则（试行）》已正式发布。东林村地处郫都区德源街道东南部，耕地面积达4 429亩，属于都江堰核心灌溉区，土壤耕层深厚，疏松肥沃，境内河网及沟渠纵横，水资源丰富。东林村以德源大蒜、水稻为主导产业，按照"绿色发展、生态有机"的理念，创新发展"蒜稻轮作"模式，现已成为具有地方特色的高效种植模式，全村常年种植面积达4 000余亩，年产大蒜4 000余吨，蒜薹2 000余吨，实现年产值8 000余万元；年产水稻3 000吨，实现年产值600余万元。依托本地生态优势，东林村成功打造了"东林艺术村"品牌，形成了集农田生态景观、大地艺术装置展览、旅游休闲、文化传播、科普教育等于一体的农商文旅体融合发展艺术乡建新空间。公园城市需要乡村表达，成都市通过城乡融合发展、塑造大美镇村形态、营造乡村场景三大路径诠释公园城市乡村表达，彰显生态、美学、人文、经济、生活和社会六大价值。

四、未来乡村建设示范——浙江省杭州市

新时代美丽乡村建设的要求与社会进步、经济发展紧密衔接，美丽乡村普惠、数字乡村赋能、未来乡村引领成为新的要求。浙江省杭州市启动未来乡村创建，通过市级、县级、乡级的部署，打造了一批未来乡村的范例，筛选出的优秀的示范案例如表3-6所示。

表3-6　杭州市未来乡村范例

村	定位	特点	具体做法
西湖区转塘街道长埭村	艺术乡村	村内生态环境优美，旅游资源丰富	做大做强"茶＋艺术＋数字"产业，推进农旅融合发展。通过数智赋能，集成乡村治理、生产管理、公共服务和生态监测等各项服务；通过应用"健康大脑＋智慧医疗"系统，让村民足不出村就可享受到专家面对面的诊疗服务；通过建设智慧茶园，提升茶叶品质。长埭村将乡村建设与文创、数智有机结合。

续表

村	定位	特点	具体做法
萧山区瓜沥镇梅林村	数字乡村	千万工程重要起源地、围垦精神传承地、共同富裕先行地、未来乡村实践地	大力推进拆违整治，实现农户庭院围墙降高透绿，把低碳技术植入乡土风情，通过光伏发电、智能灯杆、清洁能源的利用，实现未来工厂、未来出行、零碳建筑、未来民居、未来驿站五大场景应用。建成全省首个村级电力（低碳）驿站，打造集共富展示、远程教育、公共服务、互联网医疗等功能为一体的梅林美好生活中心，实现"办事服务不出村，城乡保障一体化"。梅林村还建设了老年公寓，开办了幸福食堂，为老年人提供各种生活福利。
萧山区临浦镇横一村	萧山未来大地	发挥地缘优势，挖掘资源禀赋，创新运营机制	打造萧山区连片面积最大的水稻种植区，大力开展"围墙革命""菜园革命"，引导村民降围透绿美化庭院，建成集游客接待、党群服务、青年创业、公共活动功能于一体的如意山房，集中孵育"鸭棚咖啡"等10余个业态。形成"大地乐园""大地课堂""大地创客"双创经济齐头并进的良好局面，成为临浦"城乡共融的先行区"、萧山"城乡共富的实践地"。
余杭区黄湖镇青山村	未来乡村实验区	图书馆入驻本村，吸引国内外顶尖设计人才50余人，组建手工艺工坊10个	打造绿色手工艺村落，拉动第三产业发展；引入公益组织和社会力量参与保护龙坞水库，实现生态保护与经济发展双赢；通过民宿自治联盟，打造集体商标"岭上横湖""青山逸"，提升品牌价值和影响力；开展"农产品国家地理标志"认证，培塑"黄湖白壳哺鸡笋"乡土品牌。通过"生态＋文创""生态＋治理""生态＋开发"融合发展，逐步把"生态佳"做成"生态＋"，打通"绿水青山"向"金山银山"的转换通道。
钱塘区河庄街道江东村	智慧漫居村	生态保护、地域特色、数智赋能、可持续发展	通过庭院整治、道路拓宽、路灯提升、绿化配套、水电改造、五水共治，使村庄面貌焕然一新。兴建"闲梦江东"农业综合体，打造"创客村"和科创园，引入英伦森林幼儿园、幸宝康泉养老院、育英高中、乡村振兴学院，提高养老育幼水平，推进土地集约化，流转土地1 700余亩，盘活村集体闲置厂房和农居房，实施"红星居"工程，发展特色民宿产业。打造"智慧漫居 田城江东"品牌，实现"科技兴农、绿色引农、旅游富农"。

续表

村	定位	特点	具体做法
桐庐县富春江镇芦茨村	未来乡村先行地	山清水秀，景色迷人，具有深厚的文化底蕴	通过完善艺术田野、沿溪游步道、旅游公厕等基础设施建设，健全"芦茨红"快递驿站、智慧"云停车"等公共服务，打造沿线风景网红打卡地；通过数字化改革，建立"民宿智脑"，构建"一户一码"系统，精准录入民宿数据，共享房源信息，提升民宿体验感；通过建立数字化平台，开展人流热力监控，监督村级事务进度；通过打造"乡风文明馆"和"儿童之家"，举办"长寿宴"，开展"新村夜话"，弘扬乡风文明；通过创办根雕、陶艺、硬笔书法等艺术工作室，开办流量节目，吸引全国游客。
淳安县富文乡富文村	场景式研学村	积极探索教育机制创新，为乡村小规模学校探索出新的发展模式	整合富文小学、金萧支队历史馆、非遗馆等文化资源，联合多家教研机构，推出"印象富文"场景式乡村研学课程。引进博士后工作站、文创基地，引入素食餐饮、村姑直播等新兴业态，设置自然营地和一米菜园，发展主题民宿，丰富乡村文化体验。对接杭州七彩文化科技集团，从规划设计、建设施工、产业招商到运营管理深度合作，让社会资本充分参与村庄建设和运营。
建德市下涯镇之江村	田园牧歌未来村	之江村以"我在之江读新语"为品牌	积极争取国有企业以征租结合的方式投资实施沿江村落连片民房改造，并鼓励村民以房屋、土地入股的形式建设民宿集群，布局风物店、咖啡店等业态，打造标杆式旅游休闲区块。以融合发展的理念完善基础设施建设，铺设步行、车行、游览、绿道网状道路，整理稻田、茶山成为景观农业，邀请专家指导村民提升乡村旅游业态运营，提炼"山水田园最之江"的文化内涵打造文化IP，丰富邻里空间和农事体验，并依托"建村钉"推广数字治理平台，实现"阳光治理"。

第五节 未来展望

党的十八大以来，以习近平同志为核心的党中央高度重视基础设施建设，推动我国在重大科技设施、水利工程、交通枢纽、信息基础设施、国家战略储备等方面取得了一批世界领先的成果，基础设施整体水平实现跨越式提升。同时，必须认识到，我国基础设施水平同国家发展和安全保障需要相比还较落后，要想为全面建设社会主义现代化国家打下坚实基础，还要在构建现代化基础设施体系上付出艰苦努力。城乡一体化是世界历史发展的潮流和方向，农村基础设施建设是促进城乡一体化发展进程的重要支撑。随着城镇化和现代化的加速，城乡分割、对立的二元格局不断被打破，取而代之的是城乡互动、城乡融合直至城乡一体化的日益发展。2021年8月习近平在河北承德考察时提出："我们要通过实施乡村建设行动，深入开展农村人居环境整治，因地制宜、实事求是，一件接着一件办，一年接着一年干，把社会主义新农村建设得更加美丽宜居。"① 我们要改变农村落后面貌，增强农村发展活力，建设美丽乡村，促进城乡共同繁荣，逐步缩小城乡差距，推动乡村振兴。小城镇是联结乡村与城市的中间地带，是促进城乡融合发展的关键节点，是实施乡村振兴战略、促进共同富裕的重要支撑，中国城市相较于农村内生动力强、发展迅猛，农村地区仍需加强顶层设计，加大基础设施投入和公共服务供给，解决目前存在的基础设施配套不足、产业辐射带动能力弱、缺少资金、缺乏人才支撑等实际困难和问题。

2020年12月，习近平在中央农村工作会议上指出："要把县域作为城乡融合发展的重要切入点，推进空间布局、产业发展、基础设施等县域统筹，把城乡关系摆布好处理好，一体设计、一并推进。要强化基础设施和公共事业县乡村统筹，加快形成县乡村功能衔接互补的建管格局，推动公共资源在县域内实现优化配置。"② 未来在推动城乡一体化的过程中，首先，要加强农村基础设施建设力度。现行标准下我国实现了9 899万农村贫困人口全部脱贫，农村基础设施建设有助于巩固脱贫攻坚成果，促进乡村振兴，增强脱贫人口自我发展的能力，防止脱贫人口返贫。应从国家

---

① 把社会主义新农村建设得更加美丽宜居．央视网，2021-08-20.
② 习近平：坚持把解决好"三农"问题作为全党工作重中之重 举全党全社会主力推动乡村振兴．求是网，2022-03-31.

层面加强城乡联动发展的顶层设计，研究出台支持城乡均衡高质量发展的政策文件，强化政策支持，创新体制机制，进一步明确农村基础设施建设的重点和难点。统筹推进与基础设施建设相衔接和配套的系列改革，适应新时代新农村发展需要，形成有利于城乡均衡发展的合力。鼓励各地因地制宜、突出特色、大胆创新，提升建设品质，保留农村原始风貌。

其次，注重提升农村基础设施供给质量。要加快新型基础设施建设，加强战略布局，加快建设高速泛在、天地一体、云网融合、智能敏捷、绿色低碳、安全可控的智能化综合性数字信息基础设施，打通经济社会发展的信息"大动脉"。加大国家层面的资金投入，鼓励和引导金融机构、社会资本参与基础设施建设，推动基础设施产业化发展。着力培养规划、建设、管理、运维等方面需要的人才，打造人才支撑梯队，做好基础设施建设的后期管护。在乡村基础设施和公共服务设施方面，一些财政资金薄弱的乡村地区出现了建不起、用不起或管不好的情况，因此，积极探索多元化的投融资机制，学习德国等先进地区农村管护的经验和做法也是十分有必要的。

最后，针对农村基础设施长效管护的短板问题，建立更加完善的管护体系，深化机制创新，探索多样化的管护手段。加强农业农村基础设施建设，完善农田水利设施，加强高标准农田建设，稳步推进建设"四好农村路"，完善农村交通运输体系，加快城乡冷链物流设施建设，实施规模化供水工程，加强农村污水和垃圾收集处理设施建设，以基础设施现代化促进农业农村现代化。加强国家安全基础设施建设，加快提升应对极端情况的能力。

以城乡基础设施一体化促进农村城市均衡发展，重塑城乡关系、解决"三农"问题、巩固脱贫成果、推动新农村建设、优化农村治理、振兴乡村活力是新时期中国共产党肩负的责任和重担。党的十八大以来，中国城乡基础设施建设取得的成绩举世瞩目，发达地区也形成了一批可复制推广的成熟经验。未来我们将从政策层面、制度设计、实施监督等多个环节协同发力，结合国情推进建设，补齐现有短板。未来将从深化基础设施建设、党建组织引领、服务体系构建、后期运维保障、资金资源整合、人才队伍建设等方面着手，推进城乡基础设施建设迈上新台阶。

第四章　乡村经济多元化：
以产业发展促进乡村振兴[①]

产业振兴是乡村振兴的首要任务，是实现农民增收、农业发展、农村富庶的基础。乡村产业内涵丰富、类型多样，农产品加工业提升农业价值、乡村特色产业拓宽产业门类、休闲农业拓展农业功能、乡村新型服务业丰富业态类型，这些都是提升农业、繁荣农村、富裕农民的产业。近年来，我国乡村产业有了长足发展，强化了农业食品保障功能，拓展了生态涵养、休闲体验、文化传承功能，凸显了乡村的经济、生态、社会和文化价值，农村创新创业环境不断改善，新产业新业态大量涌现，乡村产业发展取得了积极成效。鉴于此，本章将分三节重点介绍党的十八大以来国家乡村产业发展的政策演变、成效及理论创新。

第一节　党的十八大以来的产业政策沿革

纵观党的十八大以来我国乡村产业发展的变迁，中共中央、国务院先后发布了 9 个以"三农"为主题的一号文件，同时，国家各部委也依据中央一号文件精神，先后出台了一系列农村产业发展政策。这些文件从不同角度、不同阶段强调了乡村经济多元化、乡村产业发展的要点，是根据中国"三农"问题发展具体实践制定的促进产业振兴的重要文件。据农业农村部统计，2020 年我国农业总产值达 10.7 万亿元，农产品加工业营业收入达 23.2 万亿元，其中食品加工业营业收入达 12 万亿元，占比超过

---

① 执笔人：李愿。

50%。休闲农业和乡村旅游营业收入、农村电商零售额等营业收入近3万亿元。《全国乡村产业发展规划（2020—2025年）》指出，近年来我国农村创新创业环境不断改善，新产业新业态大量涌现，乡村产业发展取得了积极成效。在中国乡村产业蓬勃发展的背景下，认真梳理历年来中央、部委等政策文件中促进合作社发展相关政策的精神实质，找出乡村产业的发展定位以及政策走向，以探求从顶层设计视角不断完善乡村产业发展政策，提升政府相机抉择的科学性，这对2035年实现社会主义现代化具有重要意义。总体来说，党的十八大以来的乡村产业发展可以归纳为筹备、探索与创新三个阶段。

一、第一阶段：筹备阶段（2013—2015年）

党的十八大的召开标志着中国特色社会主义进入新时代，会议对"三农"工作高度重视，提出解决好农业农村农民问题是全党工作重中之重，要求加快发展现代农业，增强农业综合生产能力，并对促进"三农"发展提出了一系列新要求。

2013年2月1日，中共中央、国务院出台了《关于加快发展现代农业 进一步增强农村发展活力的若干意见》，2014年1月19日中共中央出台了《关于全面深化农村改革 加快推进农业现代化的若干意见》，2015年2月1日中共中央、国务院出台了《关于加大改革创新力度 加快农业现代化建设的若干意见》，连续三年将农业现代化转型作为全党工作的重中之重。

1. 要素引进

2014年6月26日，农业部办公厅印发了《信息进村入户试点工作指南》，要求每个行政村至少建成1个标准型村级信息服务站，实现农业公益服务、便民服务、电子商务、培训体验服务进村。2015年6月21日，国务院办公厅发布了《国务院办公厅关于支持农民工等人员返乡创业的意见》，提出要以人力资本、社会资本的提升、扩散、共享为纽带，加快建立多层次多样化的返乡创业格局，加快培育经济社会发展新动力，催生民生改善、经济结构调整和社会和谐稳定新动能，并引导一二三产业融合发展带动返乡创业。同年7月，农业部发布了《农业部关于实施推进农民创业创新行动计划（2015—2017年）的通知》，进一步强调了人力资本要素在乡村发展中的重要性并列出了详细的方案纲领。

2. 经验推广

2013年3月28日，农业部办公厅、国家旅游局办公室发布了《关于继续开展全国休闲农业与乡村旅游示范县、示范点创建活动的通知》，旨在持续发挥示范创建工作的带动作用，推进休闲农业与乡村旅游持续健康发展。同年7月29日，住房和城乡建设部发布了《住房城乡建设部关于印发浙江等地新农村建设经验的通知》，指出要各地学习优秀地区建设经验进行新农村建设，因地制宜、加大投入、积极探索。2014年11月6日，农业部发布了《农业部关于进一步促进休闲农业持续健康发展的通知》，对休闲农业提出了更高的产业化要求。同年农业部在《关于切实做好2014年农业农村经济工作的意见》中提出要深挖产业发展增收潜力，加快培育区域特色农业、农产品加工业和休闲农业，落实开发性金融重点支持项目，深入开展休闲农业与乡村旅游示范县和示范点创建，培育农民收入新的增长点。促进农村二三产业转型升级，实施农民就业创业培训计划，开展农民创业工作试点，增强农民就业创业能力。

二、第二阶段：探索阶段（2016—2019年）

2016年1月27日，中共中央、国务院在《关于落实发展新理念 加快农业现代化 实现全面小康目标的若干意见》中提出要推进农村产业融合，促进农民收入持续较快增长，这是中央一号文件首次强调产业融合，说明我国的农业农村现代化经历了要素的筹备，已经具备进一步发展的基础。

（一）三产融合，承上启下

经历了筹备阶段后，国家农业农村经济形势持续向好。在农业生产方面，2015 年底我国粮食总产量达 62 145 万吨，农民人均纯收入超过 11 000 元，"十二五"时期年均增长 10％。物质技术装备条件建设取得新发展，农业科技进步贡献率、农作物耕种收综合机械化率分别达到 56％ 和 63％。农村改革深入推进，家庭经营、合作经营、集体经营、企业经营等多种经营方式共同发展的格局初步形成。在农业加工方面，2015 年全国规模以上农产品加工企业接近 8 万家，完成主营业务收入近 20 万亿元，"十二五"时期年均增长超过 10％，农产品加工业与农业总产值之比由 1.7∶1 提高到约 2.2∶1，农产品加工转化率达到 65％。在经营主体方面，2015 年底，家庭农场、农民合作社、农业产业化龙头企业等新型经营主体超过 250 万个，新型农业经营主体队伍不断壮大。各类新型农业经营主体通过入股入社、订单合同、托管联耕等多种形式开展联合与合作，融合机制不断健全，融合发展能力不断增强，在大宗农产品生产供给，产前、产中及产后服务和带动农民进入市场等方面提供了重要支撑。这一切为产业融合奠定了坚实基础。

1. 发掘模范，初步探索

2016 年 4 月 18 日，农业部办公厅发布了《关于深入开展全国休闲农业和乡村旅游示范县（市、区）创建工作的通知》，旨在拓展农业多种功能，促进三产融合发展。同年 4 月 30 日，国家发改委等 7 部门联合发布《关于印发农村产业融合发展试点示范方案的通知》，为产业融合提供了行之有效的示范方案。新的示范县与方案具备很强的榜样效应，为后续的乡村振兴战略奠定了基础。8 月 5 日，农业部与中国农业银行联合发布《关于金融支持农村一二三产业融合发展试点示范项目的通知》，旨在为三产融合打通金融堵点。同年 11 月 14 日，农业部印发了《全国农产品加工业与农村一二三产业融合发展规划（2016—2020 年）》。该规划指出，"十三五"时期是推进新型工业化、信息化、城镇化和农业现代化同步发展的关键时期，要做优农村第一产业，做强农产品加工业，做活农村第三产业，从而激发产业融合内生动力。

2. 有条不紊,初具成果

2017年2月5日,中共中央、国务院发布了《中共中央 国务院关于深入推进农业供给侧结构性改革 加快培育农业农村发展新动能的若干意见》,指出经过多年不懈努力,我国农业农村发展不断迈上新台阶,已进入新的历史阶段。农业的主要矛盾由总量不足转变为结构性矛盾,突出表现为阶段性供过于求和供给不足并存,矛盾的主要方面在供给侧。这一重要论断把乡村产业发展推向了新阶段,包括优化产业结构、壮大新产业等新的方向被提出。紧接着,一系列要素保障、产业升级的相关文件接踵而至。2017年8月1日,国家发展改革委发布了《促进乡村旅游发展提质升级行动方案(2017年)》,旨在以供给侧结构性改革为主线,持续深化"放管服"改革,并提出"因地制宜,突出特色""产业协同,融合发展""以农为本,注重保护""政府引导,社会参与"等4项基本原则。2017年10月30日,农业部办公厅印发了《关于印发全国农产品加工业人才培训等三个行动方案的通知》,旨在全国开展农产品加工业、农村创业创新、休闲农业和乡村旅游百万人才培训行动,为乡村产业发展注入活力。2017年12月7日,国土资源部、国家发展改革委发布《关于深入推进农业供给侧结构性改革 做好农村产业融合发展用地保障工作的通知》,旨在充分发挥土地利用规划的引领作用,发展多元经济,拓展土地功能。

(二)乡村振兴,继往开来

2018年2月4日,中共中央、国务院发布了《关于实施乡村振兴战略的意见》,这是党的十九大做出的重大决策部署,对乡村发展有着极为深远的意义。会议指出,乡村振兴,产业兴旺是重点。必须坚持质量兴农、绿色兴农,以农业供给侧结构性改革为主线,加快构建现代农业产业体系、生产体系、经营体系,提高农业创新力、竞争力和全要素生产率,加快实现由农业大国向农业强国转变。

1. 高屋建瓴,谋篇布局

2018年9月26日,中共中央、国务院印发了《乡村振兴战略规划

（2018—2022 年）》，提出了乡村产业振兴的基本路径——以完善利益联结机制为核心，以制度、技术和商业模式创新为动力，推进农村一二三产业交叉融合，加快发展根植于农业农村、由当地农民主办、彰显地域特色和乡村价值的产业体系，推动乡村产业全面振兴。《乡村振兴战略规划（2018—2022 年）》基于路径还构建了乡村产业的重大工程细则，以指导后续的产业政策。2019 年 3 月 11 日，农业农村部发布了《2019 年乡村产业工作要点》，肯定了 2018 年全国乡村产业发展取得的积极成效，并展望未来，力争用 3～5 年时间，在乡村产业振兴方面取得重要进展，使乡村产业体系基本建立，供给结构的适应性明显增强，绿色发展模式更加成形，经营方式体系初步构建，城乡居民收入差距持续缩小，农民就地就近就业明显增多，城乡融合发展格局初步形成。2019 年 6 月 28 日，国务院发布了《关于促进乡村产业振兴的指导意见》，指出产业兴旺是乡村振兴的重要基础，是解决农村一切问题的前提，并总结了近年来乡村产业的发展态势，指出当前还存在产业门类不全、产业链条较短、要素活力不足和质量效益不高等问题，为产业振兴提出了诸多行之有效的指导意见。

2. 实事求是，砥砺前行

当前我国农村产业政策还处于探索阶段，国家在不断为产业发展谋篇布局的同时，还进行了一系列的经验总结。2018 年 4 月 20 日，国家发改委发布了《农村一二三产业融合发展年度报告》，报告梳理了各地区各有关部门为推进农村一二三产业融合发展，在完善工作机制、落实支持政策、推进配套改革、强化公共服务和开展试点示范等方面所做的工作，总结了各地在创新模式、培育主体、构建利益联结机制、促进农民增收和打好精准脱贫攻坚战等方面的典型经验和显著成效。2019 年 4 月 22 日，国务院发布了《关于乡村产业发展情况的报告》，从产业发展的成效、产业融合面临的困难与问题、推进乡村产业发展的措施三个方面进行了分析总结，并指出十大重点工作，提纲挈领，为各地区的乡村产业发展厘清了主要矛盾。

三、第三阶段：创新阶段（2020—2022 年）

2020 年 2 月 4 日，中共中央、国务院发布了《关于抓好"三农"领域

重点工作 确保如期实现全面小康的意见》。2020 年是全面建成小康社会目标实现之年，是全面打赢脱贫攻坚战收官之年。党中央认为，完成上述两大目标任务，脱贫攻坚最后的堡垒必须攻克，全面小康"三农"领域突出短板必须补上。"小康不小康，关键看老乡"。在产业方面，中央指出，要发展富民乡村产业，支持各地立足资源优势打造各具特色的农业全产业链，建立健全农民分享产业链增值收益机制，形成有竞争力的产业集群，推动农村一二三产业融合发展。同时，要加快建设国家、省、市、县现代农业产业园，支持农村产业融合发展示范园建设，办好农村"双创"基地。重点培育家庭农场、农民合作社等新型农业经营主体，培育农业产业化联合体，通过订单农业、入股分红、托管服务等方式，将小农户融入农业产业链。相较于前一阶段，这一时期的政策对政策主体界定更为清晰、范围覆盖更加广泛。

2021 年 2 月 21 日，中共中央、国务院发布《关于全面推进乡村振兴 加快农业农村现代化的意见》；次年 2 月 22 日，中央一号文件再次聚焦"三农"，中共中央、国务院发布了《关于做好 2022 年全面推进乡村振兴重点工作的意见》。在产业方面，前者强调要构建现代乡村产业体系。依托乡村特色优势资源，打造农业全产业链，把产业链主体留在县城，让农民更多分享产业增值收益，并稳步推进反映全产业链价值的农业及相关产业统计核算。后者则在产业上花费了更大篇幅，从三产融合、县域产业、县域商业、农民创业、绿色发展五个方面聚焦产业与乡村发展的关系。这标志着产业政策已经从过去的试点转向了全面推进，从过去的探索转向了创新，从过去的大方向转向了具体的小方面，乡村产业发展迈上了新台阶。

（一）国家挈领，地方创新

2020 年 7 月 16 日，农业农村部发布了《全国乡村产业发展规划（2020—2025 年）》，总结并肯定了近年的农村产业发展取得的成绩，同时也指出了目前还存在产业链条较短、融合层次较浅、要素活力不足等问题。为了加快发展，该规划对未来五年内的乡村产业的指导思想、基本原则、发展目标进行了总结，并对农产品加工业、乡村特色产业、乡村旅游业、新型服务业、产业融合保障措施等提出了一系列具体要求。同年，各地方政府结合当地发展情况提出了极具特色的促进政策。具有代表性的如东部宁波市农业农村局发布的《高质量推进"4566"乡村产业振兴行动计划》、中部南昌市农业农村局发布的《关于做好全市 2020 年富民乡村产业发展项目库建设工作的通知》、西南部的重庆市人民政府发布的《关于促进乡村产业振兴的实施意见》、西北部的兰州市人民政府发布的《关于兰州市产业发展的实施意见》等。

（二）聚焦产业，保质保量

为了打通产业振兴堵点，2021 年 5 月 10 日，财政部、农业农村部、国家乡村振兴局联合发布了《关于运用政府采购政策支持乡村产业振兴的通知》，强调了政府采购政策支持乡村产业振兴的重要意义并提出了一系列要求。同年 11 月 17 日，农业农村部发布了《关于拓展农业多种功能 促进乡村产业高质量发展的指导意见》（以下简称《意见》）。《意见》强调，产业振兴是乡村振兴的重中之重。经过党的十八大以来的产业发展，我国乡村产业已经有了长足的发展。为进一步拓展农业多种功能，促进其高质量发展，《意见》从做大做强农产品加工业、做精做优乡村休闲旅游业、做活做新农村电商与创造良好发展环境四个方面提出了多维度、高水平的实施意见。2022 年 6 月 8 日，民政部、国家乡村振兴局召开社会组织助力乡村振兴工作推进会，为乡村产业振兴又增添新力。

四、小结

党的十八大以来，我国农业农村发展进入新的阶段，呈现出农业综合生产成本上升、农产品供求结构性矛盾突出、农村社会结构加速转型、城乡发展加快融合的态势。以习近平同志为核心的党中央精准把握了农业农村发展的历史方向，始终把解决好农业农村农民问题作为全党工作重中之重，由点及面地推进着乡村发展。就乡村产业发展而言，党中央立足不同时期的国情，发布了一系列政策文件。具体而言，在 2013—2015 年两年间聚焦于农业现代化的建设，积极引导农村地区的要素积累与模式更新。自 2016 年起，国家开始探索乡村产业融合的路径并在 2018 年正式提出乡村振兴，为产业兴旺提供了明确的指标并在各地进行试点。2019 年后，我国农村产业发展水平已大幅提升。党中央总结经验，提纲挈领，开始大范围推广产业发展经验，细化一系列指标。各地政府纷纷响应，立足现状，创新融合，出台了一系列地方政策文件来指导当地产业高质量发展。

第二节　产业政策的主要成效

乡村产业振兴自党的十八大以来经历了产业融合、乡村振兴战略、全面推进产业振兴等阶段，步步为纲地稳步推进。习近平总书记指出："产业振兴是乡村振兴的重中之重，要坚持精准发力，立足特色资源，关注市场需求，发展优势产业，促进一二三产业融合发展，更多更好惠及农村农民。"① 可见乡村产业振兴与产业融合是接续的关系，两者一脉相承，共促发展。事实上，在产业发展的过程中，国家也设定了一系列标准去衡量，如产业兴旺的五个指标、乡村产业体系重大工程的十个方面等。2022 年，中共中央为产业发展指明了方向：要持续推进农村一二三产业融合发展。鼓励各地拓展农业多种功能、挖掘乡村多元价值，重点发展农产品加工、乡村休闲旅游、农村电商等产业。在上一节梳理了党的十八大以来我国农村产业政策的沿革变化后，这一节将基于不同农业产业进行成效梳理，以展现政策的实际效果。

一、农产品加工业

农产品加工业是以人工生产的农产物料和野生动植物资源及其加工品

---

① 产业振兴是乡村振兴的重中之重．农业农村部官网，2021 - 09 - 03.

为原料进行工业生产活动的总称，它关联度高、涉及面广、吸纳就业能力强、劳动技术密集，在服务"三农"、壮大县域经济、促进就业、扩大内需、增加出口、保障营养健康与质量安全等方面发挥着重要作用。我国推进农产品加工业的政策起步于 2015 年，《国务院办公厅关于加快转变农业发展方式的意见》明确提出，要创新农业经营方式，延伸农业产业链，向三产融合要效益。这是我国第一次提到农村三产融合的中央政策，并且明确了加快农产品加工业的目标，极大地推动了加工业的发展。需要强调的是，我国农产品加工业历史悠久，并非 2015 年后建立，但是在过去经济发展不平衡的背景下，未能展现其作为基础乡村产业的功能。党的十八大以来，农业农村快速发展，生产要素更快流通，为农产品加工业的高质量发展奠定了基础。2015 年以来，每年的"三农"政策中都会强调农产品加工业的发展方向与路径，并基于发展阶段给予相应的政策倾斜。如在 2015 年强调完善补助措施、加强政策引导，在 2016 年强调优化布局、转型升级，在 2019 年强调创新、突出乡村特色，在 2021 年强调绿色发展、数字化转型，等等，环环相扣，紧贴现状，为乡村全面振兴和农业农村现代化提供了政策引导与支撑。

从政策成效来看，党的十八大以来我国的农产品加工业实现了由高速增长到高质量增长的转变，由最初的初加工、粗加工转向了深加工、精加工，由最初的单一利用转向了综合利用、绿色利用，由企业加工转向了"产学研用"联合攻关，由同质产品转向了差异化、特色化品牌产品，由单一产业转向了农业全产业链，真正做到了创新能力强、产业链条全、绿色底色足、安全可控、联农带农紧的农业全产业体系。总体而言，可分为起步与转型两个阶段。

（一）起步阶段（2013—2015 年）

1. 主要政策

2013 年以来，我国加快了推进农业现代化的步伐。在这一阶段，农产品加工业开始起步。在一系列盘活乡村资源的政策下，我国粮食生产能力稳步提升，各类农产品加工业的建立也提上了规划。2015 年中央一号文件提出，要科学确定主要农产品自给水平，合理安排农业产业发展优先次序。启动实施油料、糖料、天然橡胶生产能力建设规划。加快发展草牧业、特色农业，推进农业综合开发布局调整。支持粮食主产区发展畜牧业和粮食加工业，继续实施农产品产地初加工补助政策，发展农产品精深加工。

2. 取得的成效

截至 2015 年底，我国已经具备良好的农业产业转型基础：全国规模以上农产品加工企业达 7.8 万家，完成主营业务收入近 20 万亿元，"十二五"时期年均增长率超过 10%，农产品加工业与农业总产值比由 1.7：1 提高到约 2.2：1，农产品加工转化率达到 65%。行业创新步伐加快，初步构建起国家农产品加工技术研发体系框架，突破了一批共性关键技术，示范推广了一批成熟适用技术。此外，我国新型经营主体蓬勃发展，构筑了产业融合的重要支撑。到 2015 年底，家庭农场、农民合作社、农业产业化龙头企业等新型经营主体超过 250 万个，新型农业经营主体队伍不断壮大。各类新型农业经营主体通过入股入社、订单合同、托管联耕等多种形式开展联合与合作，融合机制不断健全，融合发展能力不断增强，在大宗农产品生产供给、产前、产中及产后服务和带动农民进入市场等方面提供了重要支撑。此外，消费结构升级为农产品加工业和产业融合创造了巨大的发展空间。2015 年，我国人均 GDP 约 8 000 美元，城乡居民的生活方式和消费结构正在发生新的重大阶段性变化，对农产品加工产品的消费需求快速扩张，对食品、农产品质量安全和品牌农产品消费的重视程度明显提高，市场细分、市场分层对农业发展的影响不断深化；农产品消费日益呈现功能化、多样化、便捷化的趋势，个性化、体验化、高端化日益成为农产品消费需求增长的重点；对新型流通配送、食物供给社会化、休闲农业和乡村旅游等服务的消费需求不断扩大，这些均为推进农产品加工业和产业融合创造了巨大的发展空间。

3. 存在的问题

然而，在这个阶段我国农产品加工业转型升级滞后，带动能力不够突出，与农业生产规模不协调、不匹配，农产品加工业与农业总产值比为2.2∶1，明显低于发达国家4∶1的水平。同时，技术装备水平不高，比发达国家落后15～20年。精深加工及综合利用不足，一般性、资源性的传统产品多，高技术、高附加值的产品少。加工专用品种选育和原料生产滞后，农产品产地普遍缺少储藏、保鲜等加工设施，产后损耗大、品质难保障。融资难、融资贵、生产和流通成本高等外部环境制约依然突出。并且，我国农业产业体系不完善，产＋销发展不够协调。农村产业之间互联互通性差，融合程度还比较低。农业生产面临越来越多的挑战，如土地、水等资源约束加剧，劳动力成本不断提高，生态环境压力加大，食品安全和消费者信心问题日益突出。农业市场化发育程度还处于初级阶段，农业的产前、产中和产后环节被人为地分割在城乡工农之间不同的领域、地域，导致农业成本高、效益低。

（二）转型阶段（2016—2022 年）

1. 主要政策

一系列"三农"政策为农产品加工业营造了良好的发展环境。党的十八届五中全会提出了创新、协调、绿色、开放、共享的五大发展理念，强调"促进农产品精深加工和农村服务业发展，拓展农民增收渠道""种养加一体、一二三产业融合发展"；2016 年中央一号文件提出加强农业供给侧结构性改革，实现农业调结构、提品质、去库存；国务院办公厅下发了推进产业融合发展的指导意见，以及农业降成本、补短板等一系列改革举措，对农产品加工业发挥引领带动作用、培育新产业、推动产业融合营造了更为有利的发展环境。

2. 取得的成效

2016 年以来，我国规模以上农产品加工业营业收入稳步提高，从2016 年的 14.46 万元最高攀升至 2020 年的 20.29 万元，其收入与农业总产值的比值也在 2019 年、2020 年分别达到 2.9：1、2.8：1，达到乡村振兴产业规划的目标。2020 年后，新冠肺炎疫情肆虐，全国经济受损，但农产品依旧顶住下行压力，在 2021 年后三个季度稳步恢复产能，在年末实现了 18.1 万亿元的产值。2021 年中国农产品加工业经济运行报告显示，规模以上农产品加工业完成营业收入比上年增长 12.1%（见图 4-1）。

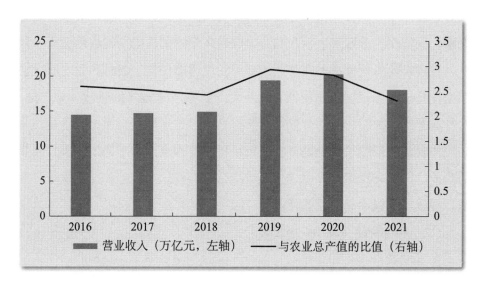

图 4-1　我国农产品加工业营业收入及加工业与农业总产值的比值（2016—2021 年）
资料来源：国家统计局.

3. 发展趋势

从产业链发展来看，我国加工农产品消费市场逐渐多元化，品类不断细分。在政策支持下，各企业深化加工程序，拓展经营范围，积极研发产品，提升了我国农产品加工业的营收能力与成长能力，产业链不断丰富。近年来，"一人食""中产经济"的发展更是推高了对快捷食品的需求。具体而言，半成品菜肴、熟制农产品加工等行业抓住机遇，加快全产业链布局。一些行业领头企业还依靠跨界融合实现多元发展。《2021 全国县域数字农业农村电子商务发展报告》显示，中式糕点企业通过制作工艺、产品品类、包装、渠道、场景的不断创新，将传统糕点与传统文化相结合，在资本助力下向疫情影响下的餐饮业快速进军，迎来了新的发展契机。

从行业发展方向来看，绿色生产的趋势不断加强。近年来政府通过行业适度加工等系列标准的修订完善和推行绿色生产，引导企业合理确定加工精度，采用加工副产物的产后加工等减损措施，促进了资源的综合利用。如新的小麦粉、大米、芝麻油等标准中，除了对产品质量提出进一步的要求外，主要通过对加工精度指标设置上限，突出了适度加工，使国家标准适应我国当前绿色发展理念，引导和促进节粮减损，推动行业健康发展。

此外，随着我国信息技术的发展，农产品加工业也融合以 5G、大数据、物联网、人工智能等为代表的新技术、新应用，为推进农产品加工行业形成产业链上下游和跨行业融合的数字化生态体系，引领整个行业数字化发展提供了新机遇。在制造端，企业可以根据全新的消费者需求，从产品配方、口味、包装等方面缩短新产品设计时间，并且能够高效集成多个生产环节，完成产品创新的快速迭代和优化；在销售端，通过新零售门店等方式，打通线上下单、线下送货到家的"宅经济"模式，推动企业生产运营方式由线下转向线上线下融合。

总之，农产品加工业制造端和销售端产业链延伸、数字化进程进一步加快，促进了行业标准化发展，产品迭代创新，功能宽度不断拓宽，行业产业链上下游和跨行业融合发展的新契机显现。

二、乡村旅游业

中共中央多次指出，旅游业作为我国市场化程度最高的行业之一，已经逐渐成为国民经济的支柱性产业。乡村旅游作为旅游业的一个分支，因其既融合三产，又连通城乡，更富含"乡愁"，具有适应城市群居民日益增长的周边短途休闲度假消费需求的独特优势，因此呈现出超出一般旅游业态的蓬勃活力，在提高城乡居民生活质量、推进经济社会持续发展等方面发挥了越来越重要的作用。在经济发展新常态下，发展休闲农业和乡村旅游对于拓展农业多种功能，加快转变农业发展方式，弘扬中华传统农耕文明，推动供给侧结构性改革，促进农村一二三产业融合发展，带动农民就业增收，建设美丽宜居乡村和美丽中国都具有十分重要的意义。

乡村旅游在我国起步较早，且具有明显的政策导向型特征。党的十八大以来，我国乡村旅游业发展经历了由点及面、提质升级的过程。彼时的乡村旅游业尚处在快速发展的过程中。2013年中央一号文件提出要进一步鼓励社会资本投资乡村旅游产业。2014年中央一号文件则赋予乡村旅游更多的文化责任，要求其注意保护历史名村、传统村落和民居。2015年中央一号文件明确提出利用文化资源促进乡村旅游发展，制定乡村旅游发展用地、金融、税收等支持政策。2016年后，旅游业发展进入新阶段，乡村旅游业开始升级。2016年中央一号文件直接赋予乡村旅游业"农民富裕的支柱产业"的称号。在随后几年的中央一号文件里，中央接续挖掘了乡村旅游产业的多功能性并给予了乡村旅游产业更多的政策支持。总的来说，党的十八大以来的乡村旅游政策可以分为发展与升级两个阶段，前者主要是将乡村旅游作为乡村产业融合的载体，后者则更关注旅游业本身，既横向拓展了乡村旅游涉及的乡村产业，又纵向升华了行业的功能。

（一）发展阶段（2013—2015年）

1. 主要政策

这一阶段是政策文件快速增长时期，三年内以"乡村旅游""农业休闲"为关键词的政策文件共68份，相较于前三年（2010—2012年）的52份增长了约30.8%。相较于21世纪初的部门领导，这一阶段的乡村旅游政策逐渐形成了从中央到地方垂直传导的联动格局。早期制定乡村旅游政策的部门是国家旅游局，之后农业部、国家发展和改革委员会等相关部门逐渐加入，由单一部门介入到多部门协同的趋势不断加强。

2. 取得的成效

2013—2015年我国休闲农业与乡村旅游的接待能力不断增强，接待规模不断增大，从业收入持续增长。具体而言，我国休闲农业与乡村旅游接待人数从 2013 年的 10 亿人次增长到 2015 年的 22 亿人次，同比增长 120%。与此同时，我国乡村旅游农家乐数量从 2013 年的 150 万家上升到 2015 年的 193 万家，同比增长 28.7%。从旅游休闲与乡村旅游收入来看，从 2013 年的 2 800 亿元上升至 2015 年的 4 400 亿元，同比增长 57.1%。在政策引导下，我国的乡村旅游已从 21 世纪初的农家乐型转向了乡村休闲、乡村旅游型，具备进一步发展的条件。

（二）升级阶段（2016—2019 年）

1. 主要政策

这一阶段是政策引导的井喷期，乡村旅游相关文件逐年增加，经姚旻等（2021）统计，2016—2019 年间我们每年发布的旅游相关文件分别为 27 部、23 部、40 部、51 部，而十年前的相关文件为 10 部左右，年均增长达 18.15%。得益于国家发布的乡村振兴战略，2016 年后是乡村旅游政策出台最密集的一个时期。自 2016 年中央一号文件要求通过发展多元化的乡村旅游产品促进农民增收起，国家旅游局、国务院等十二部委陆续发布《乡村旅游扶贫工程行动方案》《深入推进农业供给侧结构性改革 加快培育农业农村发展新动能的若干意见》《促进乡村旅游可持续发展的指导意见》等重磅文件，完善了休闲农业、乡村旅游行业标准。此后历年中央一号文件又接续提出要发挥乡村旅游的融合发展作用，加强乡村旅游基础设施建设，开发休闲农业和乡村旅游精品线路等。2022 年，中央正式提出实施乡村休闲旅游提升计划，支持农民直接经营或参与经营的乡村民宿、农家乐特色村（点）发展。

2. 取得的成效

这一阶段政策密集出台，效果显著，下面仅以 2016 年开篇之年与疫情以来的 2020 年为例进行成效展示。

在 2016 年拉开乡村振兴序幕后，全国休闲农业和乡村旅游产业规模迅速扩大，发展内涵不断丰富，类型模式异彩纷呈，发展方式转型升级，综合效益显著提高，成为经济社会发展的新业态、新亮点。

从产业规模来看，据农业部统计，2016年全国休闲农业和乡村旅游上规模的经营主体达30.57万个，比2015年增加近4万个，增幅达15%。同时，营业收入高速增长。全年休闲农业和乡村旅游营业收入超过5 700亿元，比2015年增加1 300亿元，同比增长29.5%。2016年全年接待游客近21亿人次；国庆黄金周期间，全国休闲农业和乡村旅游游客接待量达1.29亿人次，占同期旅游人次的69%，休闲农业和乡村旅游越来越成为市民出行旅游的首选。此外，休闲农业和乡村旅游成为旅游投资的新亮点和新热点，政府积极采取PPP模式、众筹模式、互联网＋模式、发行私募债券等方式，加大对休闲农业和乡村旅游的金融支持；东部地区投资持续发力，西部地区投资快速升温，民营投资主体地位更加稳固。2016年全国休闲农业和乡村旅游投资金额约为3 000亿元，比2015年增加400亿元，同比增长15.38%。

从发展内涵来看，乡村旅游的文化底蕴更加深厚。农耕文化是休闲农业和乡村旅游的灵魂。休闲农业和乡村旅游发展较好的地方，普遍都重视对传统农耕文化的挖掘保护和开发利用。各地立足当地和民族的农耕文化、民俗风情、历史村落、特色民居，以文铸魂、以景绘魂、以情述魂，讲好那山那水那人那事，勾勒令人神往的故乡，书写动人的乡愁，使休闲农业和乡村旅游的文化更加浓厚、色彩更加绚烂、韵味更加充足、产业融合更加深入。休闲农业和乡村旅游以农业为根基、以农民为主体、以农村为场景，是展示"三农"风貌、拓宽农业功能、汇聚农业农村经济改革成果的天然舞台。2016年，休闲农业和乡村旅游在优化自然景观、聚焦经典线路的同时，与其他产业的融合更加深入，不断叠加、释放新功能、新体验，休闲农业和乡村旅游＋地域传统文化、休闲农业和乡村旅游＋科普教育、休闲农业和乡村旅游＋养生养老、休闲农业和乡村旅游＋信息技术、休闲农业和乡村旅游＋节庆活动、休闲农业和乡村旅游＋乡村社区等，成为产业延展增值的新领域，形成了独具特色、内容丰富的产业融合体。休闲农业和乡村旅游创意创新更加丰富。创新创意成为休闲农业和乡村旅游快速发展的持续动力。2016年，各地围绕产品创意、包装创意、活动创意、景观创意、营销创意等，开发出一批充满创造力、想象力和感染力，在公众中"叫得响、传得开、留得住"的创意创新成果，增强了休闲农业和乡村旅游的吸引力，延长了休闲农业和乡村旅游的产业链，增加了休闲农业和乡村旅游产品的附加值，提升了休闲农业和乡村旅游的发展动力。

从类型模式与发展方式来看，各地根据自然特色、区位优势、文化底蕴、生态环境、经济发展水平和消费习惯，积极利用农业与生活资源，创建并丰富众多主题鲜明、类型多样、适合不同群体休闲消费的目的地。如以"吃农家饭、住农家院、摘农家果"为主要内容的农家乐，以休闲度假和参与体验为核心的休闲农庄，以突出传统农耕文化与现代科技结合为内容的现代农业示范园，以充分展示农业生产过程、田园风光为内容的农业观光园，以彰显人与自然和谐丰收景象为内容的民俗村，等等。休闲农业的类型进一步细化，深入拓展为休闲农业、休闲渔业、休闲牧业、休闲林业等多种类型。在此基础上，各地充分依托区位优势、产业特色、地域文化等，进一步创新挖掘，精心开发出农业嘉年华、高端民宿、特色小镇、农业主题公园、田园综合体等形式多样、特色各异的休闲体验、乡野旅居新类型。

2016年，全国休闲农业和乡村旅游产业进入全新的发展阶段。在发展主体上，从农民自发发展向农民合作组织以及社会资本和工商企业热情参与并积极涌入转变；在空间布局上，从零星分布、分散经营向集群分布、集约经营转变；在服务设施上，从传统、简陋、功能单一向设施化、信息化、智能化转变；在发展定位上，从休闲观光单一功能向休闲度假、教育体验、养老养生、餐饮住宿、文化传承等多产业一体化经营转变，注重功能衔接和特色互补，突出服务功能，强化休闲体验；在权益共享上，从"老板乐"向"农家乐"转变，更加注重多方联动发展，建立起农民、政府、企业多方权益联结共享机制；在融资形式上，从以自有资金或直接借贷为主，向对接、登陆资本市场转变。休闲农业和乡村旅游产业实现了从单一向多元、从粗放向精细、从无序向有序转变的发展格局型新模式，开辟了产业发展的新途径，激活了一片区域、兴起了一批产业、带富了一方农民、建成了一群乐园。

从综合效益来看，一方面，休闲农业和乡村旅游促进了农民增收。2016年，全国休闲农业和乡村旅游从业人员达845万，比2015年增加55万人，同比增长7%；带动672万户农民受益，比2015年增加122万人，同比增长22.2%；全国休闲农业和乡村旅游从业人员人均年收入超过3万元，户均年收入超过6万元；农家乐经营户年收入超过20万元。另一方面，休闲农业和乡村旅游促进了农业增效。2016年，全国休闲农业和乡村旅游园区农副产品销售收入达3 641.5亿元，占休闲农业和乡村旅游总收入的63.9%。休闲农业总收入占第一产业产值的比重大幅提升至25%。同时，休闲农业和乡村旅游促进了农村增绿。在"绿水青山就是金山银山"发展理念的指引下，休闲农业和乡村旅游蓬勃发展，对生态文明、美丽中国建设发挥了巨大的促进作用。农业农村发展由过度依赖资源和环境消耗向追求绿色、生态、可持续发展转变的态势逐步形成，极大地保护了农村生态环境、自然风貌、田园风光，为农村留住了乡土味道、乡村风貌和田园乡愁，为子孙后代留下了天蓝、地绿、水清的家园。

2020年，时值疫情肆虐，全国旅游业受创，为了支持乡村旅游的进一步发展，《农业农村部关于落实党中央、国务院2020年农业农村重点工作部署的实施意见》中提出了一系列利好乡村旅游发展的具体任务和政策举措，而第十三届全国人民代表大会常务委员会通过的《中华人民共和国乡村振兴促进法》进一步加快了乡村经济稳步复苏。受疫情影响，乡村旅游逆势成为率先复苏的旅游市场。2020年第二季度，乡村旅游环比增长达148.8%。

从产业类型来看，2020年乡村旅游模式更为丰富，有农家乐、民俗村、农业园以及休闲农庄等。随着人们消费升级及个性化需求的增加，我国乡村旅游逐渐向多样化、融合化和个性化方向发展。同时，乡村旅游消费模式从观光式旅游过渡为度假式深度体验游，乡村游形式逐渐多样化。

现阶段，乡村经济发展路径也日渐形成了"乡村主题化、体验生活化、农业现代化、业态多元化、村镇景区化、农民多业化、资源产品化"等新趋势。在我国积极推动休闲农业和乡村游的发展过程中，《国务院办公厅关于进一步促进旅游投资和消费的若干意见》（国办发〔2015〕62号）指出，截至2020年，我国乡村旅游模范村达到6 000个，休闲农业和农村旅游特色村超过10万个，农家乐达300万家，带动了5 000万个农民参与乡村旅游发展。

从产业投资来看，近年来，民宿、特色小镇、乡村休闲地产投资增长迅速。根据《全国乡村产业发展规划（2020—2025年）》，到2025年，休闲农业和乡村旅游的经营收入将超过1.2万亿元，2019—2025年的平均年复合增速将达到5.9%。行业收入的平均复合增速大于接待人数的增速，说明未来5年我国的休闲农业和乡村旅游要进入提质提量提价的阶段。

从综合效益来看，据全国乡村旅游监测中心测算，经2020年一年的政策调整后，2021年第一季度全国乡村旅游接待总人次为9.84亿，比2019年同期增长5.2%；全国乡村旅游总收入达3 898亿元，比2019年同期增长2.1%。2020年4月，农业农村部开展全国休闲农业重点县建设，计划到2025年建设300个在区域、全国乃至世界有知名度、有影响力的全国休闲农业重点县，形成一批体制机制创新、政策集成创设、资源要素激活、联农带农紧密的休闲农业创业福地、产业高地、生态绿地、休闲旅游打卡地。疫情之后，游客出游意愿十分强烈，疫后旅游市场必将进一步细分，旅游供需市场将形成明显的差异趋势。利用周末1～2天的本地游和周边游将最先快速崛起，为乡村旅游提供新的生机。

（三）小结

自2009年发布《全国乡村旅游发展纲要（2009—2015年）》以来，中央及各部委共发布了273份涉及乡村旅游发展的政策文件，基本形成了乡村旅游政策体系。乡村旅游是利用"乡、土、农"资源，实现"望得见山、看得见水、记得住乡愁"和"绿水青山就是金山银山"的中国特色乡村振兴的重要路径。未来，我国旅游业将会从单一产业发展转向与乡村振兴战略全面衔接，从产业要素配置扩展到社会文化生态环境建设，从环境型为主转向环境型与需求型相结合为主。

三、农村电商

农村电子商务简称农村电商，指的是以互联网为基础，充分利用数字信息技术、自媒体技术、融媒体技术，为相关农业从业人员提供农产品销售以及其他农产品服务的活动。在互联网快速向农村渗透的背景下，农村电商作为乡村产业新兴业态悄然崛起，从最初的农产品网络销售发展到现在的互联网经济、淘宝村等复合业态。农村电子商务平台配合密集的乡村连锁网点，以数字化、信息化的手段，通过集约化管理、市场化运作、成体系的跨区域跨行业联合，构筑起紧凑而有序的商业联合体，降低农村商业成本，扩大农村商业领域，使农民成为平台的最大获利者，使商家获得新的利润增长，可以说电商正从多个方面推动农村的产业融合和升级，是乡村产业振兴的开拓领域。

近年来，我国政府在农村电商政策支持方面保持了较好的连续性和稳定性。2014—2022年，连续九年的中央一号文件均明确提出发展农村电商。从政策沿革来看，农村电子商务的发展始于党的十八大之后。2014年中央一号文件明确提出要加强农产品电子商务平台建设。2015年商务部发布了《关于大力发展电子商务 加快培育经济新动力的意见》，指出要积极发展农村电子商务：加强互联网与农业农村融合发展，引入产业链、价值链、供应链等现代管理理念和方式，研究制定促进农村电子商务发展的意见，出台支持政策措施。此后，全国展开了从中央到地方、从试点开展到绩效评价的全面的农村电商支持政策。截至2020年底，已经支持至少1 440个县开展电子商务，农村电商销售额也连年攀升，成效显著。由于我国农村电商的政策沿革主要开展于"十三五"时期，下文将对2016

年后的政策演进与成效进行分析。

2016 年 7 月 18 日，财政部办公厅、商务部办公厅、国务院扶贫开发领导小组联合发布了《关于开展 2016 年电子商务进农村综合示范工作的通知》，指出要以农村流通现代化为目标，以示范县建设为抓手，积极推进农村电子商务发展，有效发挥电商扶贫的作用。同年 9 月，农业部发布了《"十三五"全国农业农村信息化发展规划》，商务部办公厅、农业部办公厅发布了《关于开展"农商互联"工作的通知》，旨在加快发展农业农村电子商务，创新流通方式，打造新业态，培育新经济，重构农业农村经济产业链、供应链、价值链，促进农村一二三产业融合发展。2017 年，在中共中央《关于深入推进农业供给侧结构性改革 加快培育农业农村发展新动能的若干意见》的领导下，财政部、农业部、中国农业发展银行等部门又相继以乡村电商服务点建设为核心，发布了一系列支持类政策，开始以点带面。2018 年，财政部办公厅、商务部办公厅、国务院扶贫办综合司联合发布《关于开展 2018 年电子商务进农村综合示范工作的通知》，开启深入建设、完善乡村电商的路径，与此同时，商务部还举办了电子商务精准交流会等活动，旨在总结经验，为下一步发展提供事实支撑。2019 年中央一号文件指出，要升级农村电商，实现城乡消费与生产的多层次对接。这代表着乡村电商走向了由做起来到强起来的道路。同年，财政部、发改委、商务部、农业农村部等多部门联合发布了《关于实施"互联网＋"农产品出村进城工程的指导意见》，助力全国建立完善适应农产品网络销售的供应链体系、运营服务体系和支撑保障体系，促进农产品产销顺畅衔接、优质优价，带动农业转型升级、提质增效，拓宽农民就业增收渠道，推动各地构建现代农业产业体系、生产体系、经营体系，助力脱贫攻坚和农业农村现代化。到此为止，中国农村电商已经具备了一定的产业体系，并形成了一系列示范点。2020 年，中共中央趁热打铁，深入推进电子商务进农村综合示范，实施"互联网＋"农产品出村进城工程，推动人工智能、大数据赋能农村实体店，全面打通农产品线上线下营销通道。

此外，农业农村部、财政部就规范农村电商市场发布了《关于做好 2020 年农业生产发展等项目实施工作的通知》，对便民服务、电子商务、培训体验服务水平提出了一系列要求，为中国电商扶贫事业的收官做好保障。历经多年发展，我国农村电商具备了扎实的发展基础、可观的交易规模以及大批示范"淘宝村"。

1. 网民规模不断上升，乡村数字化深入推进

农村网民规模持续增加。据中国互联网络信息中心最新数据，截至 2021 年 12 月，我国网民规模为 10.32 亿，其中农村网民规模为 2.84 亿，占网民整体的 27.5%，农村地区互联网普及率为 57.6%，较 2020 年 12 月提升 1.7 个百分点。互联网新业态新模式持续增强农村地区造血功能，数字乡村建设取得良好进展。

一是数字化促进城乡融合发展。在数字新基建方面，截至 2021 年 11 月，我国现有行政村已全面实现"村村通宽带"，贫困地区通信难等问题得到历史性解决。2021 年工业和信息化部下发的《"十四五"信息通信行业发展规划》提出，到 2025 年实现行政村 5G 通达率达到 80%；在产业数字化方面，数字经济与实体产业正加速融合，智能制造水平稳步提升，农村数字化转型不断推进，催生了一大批新型业态和新的商业模式，现代农业信息化水平和生产能力得到提高；在数字产业化方面，关键核心技术得到新突破，数据成为推动经济发展的关键要素，5G、人工智能、物联网、电子商务等数字产业对城乡发展的贡献日益增加。二是智慧绿色乡村建设稳步推进。农业农村大数据系统应用领域不断增加，实现了数据整合共享。农业农村部政务信息资源共享平台自上线运行以来，平台年访问量超过 5 000 万次，涉及 50 余个国家；互联网等数字化技术在智慧绿色乡村中的作用日益凸显，通过信息化手段，农村地区包括人居环境、水土流失动态、农村河湖治理等一系列平台逐步建成，涉及农村生态环境建设的智慧绿色信息化体系进一步完善。三是乡村科技创新迈上新台阶。各地依托国家重点研发计划项目，加快数字乡村基础前沿、重大共性关键技术研发

和应用示范。"十三五"时期以来，已形成"1＋10＋3＋2"的总体布局，学科群承担项目 1 119 个，促进了农业农村建设和数字化发展深度融合，吸引、凝聚、培养了一大批优秀农业科技人才，有效构筑起支撑产业和学科发展的人才梯队和创新团队，提高了我国农业科技创新能力。

2. 电商"新基建"不断完善，线上经济蓬勃发展

随着"数商兴农"深入推进，农村电商"新基建"不断完善，农村电商规模稳步提升。2021 年全国农村网络零售额达 2.05 万亿元，比上年增长 11.3％，增速加快 2.4 个百分点。全国农产品网络零售额达 4 221 亿元，同比增长 2.8％。此外，现代流通体系建设成效显著，国家累计支持 1 489 个县开展电子商务进农村综合示范，建设县级物流配送中心 1 212 个。同时，2021 年，全国 28 个省（自治区、直辖市）共出现了 7 023 个淘宝村，较上年增加 1 598 个，增量再创新高，连续第四年增量保持在 1 000 个以上。在淘宝村经历了十余年的发展且数量已达到较高基数的背景下，淘宝村仍然实现了近 30％的较高增长（见图 4-2）。

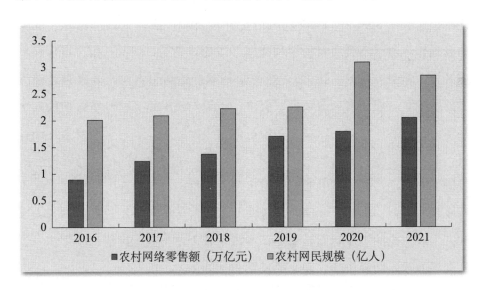

图 4-2 我国农村网络零售额和农村网民规模（2016—2021 年）

资料来源：商务部、中国互联网信息中心.

第三节 我国乡村产业振兴的理论阐释和基本经验

我国乡村产业发展的重大历史变迁蕴含着不同于西方的政策方针和经济规律的丰富理论内涵，同时，也沉淀了珍贵的历史经验。这对我们深化乡村产业改革、开启全面建设社会主义现代化国家新征程提供了深刻的启迪。

一、理论阐释

回顾党的十八大以来的乡村产业发展，主要脉络为要素引进、产业融合、产业高质量发展三个阶段，层层递进，接续发展。事实上，不同阶段背后蕴含着丰富的理论内涵，彰显着中国特色社会主义的伟大理论创新。

（一）要素引进：产业集聚的基础

21世纪以来，我国城镇化发展迅速，城市空间扩大了两三倍，城镇化率也达到了52.6%，但空间城市化并没有相应产生人口城市化，大量离乡工作人员得不到应有的福利待遇，在此背景下，国家开始注重乡村产业开发，增强乡村的"拉力"。经济学基本理论指出，生产要素是经济发展的基础。一般而言，劳动力、资本、土地与技术是乡村经济发展的四大基本要素。然而在过去以城市为中心的发展模式下，农村生产要素逐渐流失，需要政策导向进行要素的引进。事实上，按照刘易斯二元经济理论，我国农业劳动力属于过剩阶段，城市产业回报率高于农业，所以会有大批离乡就业人群。因此，我国政策导向并未按照传统经济增长模型进行人员的调入或资金的漫灌，而是依据新经济增长理论与我国国情，制定了一系列引导政策。新经济增长理论的基本公式如下：

$$Y(t) = K(t)^{\alpha} \left[A(t) L(t) \right]^{\beta}$$

式中，A 为反映技术水平的常数，L 为人力资本，Y 为经济总量。该式表明，通过技术与人力资本的增长，会给经济总量带来指数级别的发展。

具体而言，新经济理论指出，特殊的知识和专业化的人力资本积累可以使规模收益递增，最终使总规模收益递增。阿罗还指出了"干中学"以及知识积累在经济发展中的重要作用，厂商可以从自己的投资活动中学到很多东西，增加经验和知识的积累。

（二）产业融合：新兴业态的爆发

在产业演进和产业发展史中，产业融合现象随处可见。国外关于产业融合的著述虽然很丰富，但大多是现象分析，理论上的分析并不成形。从理论研究上来说，产业融合由于涉及跨产业的行为与关系，限于产业内企业之间竞争关系研究的传统产业组织方法（如 SCP）也已经无法适应产业融合问题的研究。2015 年，中央一号文件首次提出了农村一二三产业发展的理论，此后，国内学术界对产业融合的研究便如火如荼地展开。从国内外的发展实践经验看，农村一二三产业融合发展指的是以农业为基本依托，通过产业联动、产业集聚、技术渗透、体制创新等方式，将资本、技术以及资源要素进行跨界集约化配置，使农业生产、农产品加工和销售、餐饮、休闲以及其他服务业有机地整合在一起，使得农村一二三产业之间紧密相连、协同发展，最终实现农业产业链延伸、产业范围扩展和农民收入增加。

一般来说，产业融合需要以共同技术基础为前提、以技术融合和放松管制为条件，从而形成产品与业务的融合，再在此基础上形成新技术、新业态、新模式。我国在产业政策上采取"利农"而非传统的"利企"。使农业、农村与农民获得较以往更多的收益是产业融合的根本目的。通过产业融合带来的资源的有效利用、交易成本的降低及经济能量倍增的效应，农业便获得了参与到全社会的分工中从而分享全社会分工的成果的渠道，使农业、农村与农民获得了相较于传统的农业产业化更大的收益。

（三）产业升级：高质量发展的前提

根据比较优势理论，一个国家或地区产业升级的最优路径由该地区的比较优势的变化决定。这个理论虽然对一个地区应该生产什么产品给出了答案，却没有对一个地区如何实现从以生产劳动密集型产品为主向以生产资本密集型产品为主这一转变给出可操作性的建议。近年来，豪斯曼等（Hausmann et al.，2007）提出了一种比较优势演化理论，研究发现，一国出口产品的结构变化与该国产品的空间结构有关，一国产品空间的初始结构对该国产品的结构有着重要影响，会影响该国的发展路径。同时，该理论指出，企业产业升级的能力是有限的，受到其历史条件的制约。政府如果不顾历史条件的限制，强行提出过高的产业升级目标，就会让企业受到不可逆的损伤。根据这一理论，产业升级的方向就是从现有产业向与其处于最佳距离的产业跃升。我国产业经历了要素引入和产业融合两阶段后，已经具备了更高产业升级的目标。中央充分考虑到不同地区要素禀赋的差异，并通过规划、示范点等方式锚定标准，指出要进一步拓展农业多种功能，促进其高质量发展。这是对现有理论的再次创新，即不仅要考虑到与最佳产业的距离，还需要与周围的产业发展情况对比，制定适当的产业目标。这些措施可以有效化解上述企业升级中的风险，防止比较优势由局部性断档转化成全局性断档，从而实现乡村产业的平稳升级。

二、基本经验

党的十八大以来，我国乡村产业高速发展，产业兴旺的目标取得了积极成效，为构建更加完善的城乡融合机制积累了弥足珍贵的经验。

（一）拓展新技术、发展新人才

任何地区经济的发展都离不开要素的投入，我国对乡村产业的要素投入不同于传统的大水漫灌，而是注重质量和效率。具体而言，就是通过信息基础设施建设、新型农业主体培育等方式对乡村产业发展的要素进行补充与深化。除了实现要素引入，要素的流动也是关键，乡村产业振兴必须让"人""地""钱"等核心关键要素充分涌动起来。首先，继续推动农业人口转移，支持大学生回乡创业，从而实现人的流动。其次，要推动资本下乡。要以维护广大农民根本利益为出发点，鼓励资本下乡，加强对乡村产业振兴战略的金融支持，引导社会资本积极参与。此外，乡村振兴战略需要充分依靠科技的力量、市场的力量，充分激发和释放产业发展的内生动力。

（二）中国特色的产业融合政策

中国农业正处于传统农业向现代农业转换的阶段，如何延伸农业的产业链条，促进产业间的融合，对提升中国农业的国际竞争力、增强农村经济活力、增加农民收入都有着重要意义。从我国发展实际来看，政府的支持是促进产业融合发展的重要外部环境。因而，推动中国产业融合的发展，从政策上入手，为其发展创造条件是重要经验。除了理论上的技术引入与放松管制外，为了引导产业融合，减少无序竞争，我国还做了一系列规范设计。具体而言，我国从产品附加值、流通效率、国际合作、资源环境、食品安全以及环境技术革命这六个方面入手，对产业融合的未来发展进行全面布局，并将发展产业融合纳入城乡一体化的发展战略之中。结合我国城乡建设实际，政府还出台了一系列相关政策措施：在农村建设用地上向三产融合的项目倾斜，建立发展三产融合的资金扶持机制，给予从事三产融合的经营实体税收减免与优惠的政策，设立针对三产融合的财政补贴项目，等等。

（三）立足高质量发展

我国经济已由高速增长阶段转向高质量发展阶段，农业作为国民经济的基础，到了新旧动能转换的全面推进期，也要适应并遵循这一趋势，向高质量发展阶段迈进。在推进高质量农业发展的过程中，我国不只专注于产业目标，还辩证地看待数量与质量的关系，认识到质量提升的长期性以及要紧跟市场需求把握质量。据此，我国的主要举措是加快培育、壮大农业农村优势产业，推进农业标准化规范化生产，提高农业科技应用能力以及扎实有效推进农产品质量监管体系建设。在此过程中，我们也发现了高质量发展的一般规律经验。首先，要在保持存量的基础上提升质量。在推进农业高质量发展过程中，不能造成新的失衡，既要坚持质量优先，又要避免过度关注质量而放松了数量基础。其次，要循序渐进推动农业高质量发展。最后，要以市场导向为主，让市场引领生产扩大有效供给，如现在特色化农产品、个性化旅游的发展便是如此。

参考文献

［1］孔祥智，周振．发展第六产业的现实意义及其政策选择．经济与管理评论，2015，31（1）：98-103.

［2］廖彩荣，陈美球．乡村振兴战略的理论逻辑、科学内涵与实现路径．农林经济管理学报，2017，16（6）：795-802.

［3］钱雪松，康瑾，唐英伦，曹夏平．产业政策、资本配置效率与企业全要素生产率——基于中国2009年十大产业振兴规划自然实验的经验研究．中国工业经济，2018（8）：42-59.

［4］姚旻，赵爱梅，宁志中．中国乡村旅游政策：基本特征、热点演变与"十四五"展望．中国农村经济，2021（5）：2-17.

［5］余明桂，范蕊，钟慧洁．中国产业政策与企业技术创新．中国工业经济，2016（12）：5-22.

［6］钟钰．向高质量发展阶段迈进的农业发展导向．中州学刊，2018（5）：40-44.

第五章　农民收入持续增长：
走出二元结构怪圈①

当前，我国最突出的收入差距是城乡收入差距，最大的发展不充分是乡村发展不充分。和粮食安全一样，农民增收也一直是农业农村发展的"头等大事"。实施乡村振兴战略，提升农民获得感、幸福感、安全感，应该建立在农民收入持续稳定增长的基础之上，否则，乡村振兴很容易成为"无源之水，无本之木"。习近平总书记早就指出，"小康不小康，关键看老乡""增加农民收入是'三农'工作的中心任务""农业农村工作，说一千、道一万，增加农民收入是关键"。② 推动农民收入持续增长，也是健全双循环新发展格局的必由之路。从城乡融合发展的角度来看，长期以来，城乡之间的割裂导致我国超大规模市场的独特优势难以全面释放，我国是典型的城乡二元结构社会，乡村人口数量超过 5 亿，占我国人口总量的近 40%，农村社会地域广阔、市场规模巨大，但其居民消费和市场投资一直处于待开发状态③，农村收入相对低下和社会保障体系不健全，抑制了农村消费的扩大，造成了城乡经济循环不畅的桎梏，妨碍了新发展格局的构建。④ 党的十八大以来，破解城乡二元结构、促进城乡融合逐渐成为我国经济社会建设的重点。2017 年党的十九大报告首次提出"城乡融合发展"和"建立健全城乡融合发展的体制机制和政策体系"。党的新型

---

① 执笔人：何欣玮。
② 中共中央党史和文献研究院. 习近平关于"三农"工作论述摘编. 北京：中央文献出版社，2019：146，150‑151.
③ 于晓华，黄莹莹，王汉杰. 国内大循环新格局下农业农村发展的目标再定位与战略选择. 华中农业大学学报（社会科学版），2021（3）：10‑18＋182‑183.
④ 孔祥智，谢东东. 缩小差距、城乡融合与共同富裕. 南京农业大学学报（社会科学版），2022，22（1）：12‑22.

工农城乡关系指导思想从"以农促工"调整为"工农互促"，从"以城带乡"调整为"城乡互补"，从"工农互惠、城乡一体"调整为"全面融合、共同繁荣"。[①] 2019 年 4 月 15 日，中共中央、国务院发布了《关于建立健全城乡融合发展体制机制和政策体系的意见》，进一步明确了我国未来城乡融合发展的"三步走"战略。为了进一步推动农民收入持续增长，破解城乡二元结构，党中央出台了一系列支持农民收入增长的政策，建立了一套系统的促进农民增收的政策体系，在推动农民增收、缩小城乡收入差距上取得了辉煌的成就，城乡二元格局进一步被消融。

第一节　党的十八大以来我国促进农民收入增长的政策体系

按照农民纯收入来源不同进行分类，农民收入可以分为四个组成部分：工资性收入、经营性收入（包括一二三产业经营性收入）、财产性收入和转移性收入。[②] 党的十八大以来，党中央出台的大量政策文件充分促进了农民工资性收入、经营性收入、财产性收入、转移性收入全方位增长和贫困人口的全面脱贫，构建了一套全方位、多层次的促进农民增收的政策体系，有力地推进了城乡二元结构的破解和共同富裕的进程。

一、党的十八大以来促进农民工资性收入增长的政策体系

工资性收入已成为农民收入中最重要的组成部分，根据历年《中国农村统计年鉴》的数据，农村居民工资性收入在 2015 年就已超过家庭经营收入成为农民收入的第一大来源，2020 年已经占到了农民平均收入的40.71%；家庭经营收入比重一直在下降，从 2013 年的 41.73%下降至

---

① 陈雪娟，胡怀国. 中国现代化进程透视下的城乡关系演变. 经济纵横，2021（5）：9-17.
② 杨灿明，郭慧芳，孙群力. 我国农民收入来源构成的实证分析——兼论增加农民收入的对策. 财贸经济，2007（2）：74-78+129.

2020 年的 35.48％。当前工资性收入的差距也成为城乡居民收入差距的首要来源。[①] 党的十八大以来党中央构建的促进农民工资性收入增长的政策体系主要从完善农民工权益保障机制、提升农民工人力资本、推动建立城乡一体的就业市场、充分健全就业创业服务、增加就业岗位等方面入手，在城市充分改善农民工就业环境，增强农民工专业技能；在农村充分创造就业岗位，吸引农民就地就业，充分推动了广大农民工资性收入的不断增长（见表 5-1）。

表 5-1　党的十八大以来中央层面出台的促进农民工资性收入增长的重点政策

政策文件名称	发布时间	发布部门	相关表述
完善农民工劳动权益保护机制的重点政策			
《关于实施支持农业转移人口市民化若干财政政策的通知》	2016 年 8 月 5 日	国务院	加快实施统一规范的城乡社会保障制度，中央和省级财政部门要配合人力资源和社会保障等有关部门做好将持有居住证人口纳入城镇社会保障体系和城乡社会保障制度衔接等工作。
《保障农民工工资支付条例》	2019 年 12 月 4 日	国务院	保障农民工工资支付，应当坚持市场主体负责、政府依法监管、社会协同监督，按照源头治理、预防为主、防治结合、标本兼治的要求，依法根治拖欠农民工工资问题。
提升农民工人力资本的重点政策			
《关于支持返乡下乡人员创业创新 促进农村一二三产业融合发展的意见》	2016 年 11 月 29 日	国务院	实施农民工等人员返乡创业培训五年行动计划和新型职业农民培育工程、农村青年创业致富"领头雁"计划、贫困村创业致富带头人培训工程，开展农村妇女创业创新培训，让有创业和培训意愿的返乡下乡人员都能接受培训。
《关于深入实施农村创新创业带头人培育行动的意见》	2020 年 6 月 17 日	农业农村部	加大培训力度。实施返乡入乡创业带头人培养计划，对具有发展潜力和带头示范作用的返乡入乡创业人员，依托普通高校、职业院校、优质培训机构、公共职业技能培训平台等开展创业培训。

---

① 何茜. 中国城乡居民收入差距来源的结构分解. 统计与决策，2020，36（20）：76-79.

续表

政策文件名称	发布时间	发布部门	相关表述
提升农民工人力资本的重点政策			
《关于加快推进乡村人才振兴的意见》	2021年2月23日	中共中央、国务院	通过完善行业标准、建设专家工作室、邀请专家授课、举办技能比赛等途径，普遍提升从业者职业技能，提高劳务输出的组织化、专业化、标准化水平。
推动建立城乡一体的就业市场，改善就业环境的重点政策			
《关于完善支持政策促进农民持续增收的若干意见》	2016年12月6日	国务院	完善城乡劳动者平等就业制度。推动形成平等竞争、规范有序、城乡统一的劳动力市场，落实农民工与城镇职工平等就业、同工同酬制度。
《关于构建更加完善的要素市场化配置体制机制的意见》	2020年4月9日	中共中央、国务院	畅通劳动力和人才社会性流动渠道。健全统一规范的人力资源市场体系，加快建立协调衔接的劳动力、人才流动政策体系和交流合作机制。营造公平就业环境，依法纠正身份、性别等就业歧视现象，保障城乡劳动者享有平等就业权利。
健全就业创业服务，增加就业岗位，推动农民就地就业的重点政策			
《关于激发重点群体活力 带动城乡居民增收的实施意见》	2016年10月21日	国务院	全面提升就业岗位创造能力。推动经济向中高端水平迈进、生产制造向生产服务延伸，创造更多高质量的就业机会。鼓励新型劳动密集型产业发展。
《关于进一步精简审批优化服务 精准稳妥推进企业复工复产的通知》	2020年3月4日	国务院	为推进全产业链协同复工复产提供服务保障。加强跨区域联动，帮助企业协调解决上下游协同等问题。重点抓好核心配套供应商等产业链关键环节企业复工复产，带动上下游中小企业复工复产。
《关于促进农业产业化龙头企业做大做强的意见》	2021年10月22日	农业农村部	引导龙头企业发展劳动密集型产业，把产业链实体留在县域，将更多就业岗位留在乡村，吸纳农民就地就近就业，进一步拓宽农民收入来源。

二、党的十八大以来促进农民经营性收入增长的政策体系

党的十八大以来，党中央主要从支持新型农业经营主体发展、推动农村一二三产业融合、强化乡村各方面基础设施建设、推进农业生产社会化服务发展等方面出发，构建了完善的政策体系，充分推动了广大农民经营性收入的不断增长。带动小农户增收，是新型农业经营主体的重要优势。2019 年农民合作社经营收入达 5 864.3 亿元，可分配盈余达 840.2 亿元，通过入股分红等多种形式为每个成员实现平均二次盈余返还 1 257 元。2018 年以龙头企业为引领的各类农业产业化组织带动了 1.25 亿小农户发展生产，年户均增收超过 3 200 元。① 农村三产融合对农民经营性收入增加具有重要作用。农业产业内部整合可以通过品牌集聚效应和产业链延伸拓展农业的多功能性，实现农民家庭一二三产业经营性收入的增长。② 强化基础设施建设是带动农民经营性收入增加的重要保障。农业农村部印发的《全国高标准农田建设规划（2021—2030 年)》指出，高标准农田项目区相比传统农田，机械化水平可提高 15～20 个百分点，节水、节电、节肥、节药效果明显，亩均节本增效可达 500 多元③，充分体现了高标准农田建设对农民第一产业经营性收入的提升作用。农业社会化服务对农民经营性收入增加有明显带动作用。农业龙头企业以及农民合作社等新型农业经营主体，通过统一农资供应、统一提供技术信息指导，统一生产、销售、运输、加工，以及提供金融服务等降低了农业生产成本，提高了农产品销售价格和产量。同时，新型农业经营主体也为农民提供了稳定可靠的销售渠道，减轻了市场波动或自然灾害等对农民收入可能造成的负面影

---

① 陈晓华. 突出扶持重点，切实增强新型农业经营主体发展带动能力. 农业经济问题，2020 (11)：4-7.

② 郭军，张效榕，孔祥智. 农村一二三产业融合与农民增收——基于河南省农村一二三产业融合案例. 农业经济问题，2019（3)：135-144.

③ 农业农村部关于印发《全国高标准农田建设规划（2021—2030 年)》的通知. 农业农村部官网，2021-09-16.

响，从而增加了农民的经营性收入（见表 5 - 2）。

表 5 - 2　党的十八大以来中央层面出台的促进农民经营性收入增长的重点政策

政策文件名称	发布时间	发布部门	相关表述
支持新型农业经营主体发展的重点政策			
《关于促进农业产业化联合体发展的指导意见》	2017 年 10 月 25 日	农业农村部、发改委等	以帮助农民、提高农民、富裕农民为目标，以发展现代农业为方向，以创新农业经营体制机制为动力，积极培育发展一批带农作用突出、综合竞争力强、稳定可持续发展的农业产业化联合体。
《乡村振兴战略规划（2018—2022 年）》	2018 年 9 月 26 日	中共中央、国务院	实施新型农业经营主体培育工程，鼓励通过多种形式开展适度规模经营。培育发展家庭农场，提升农民专业合作社规范化水平，鼓励发展农民专业合作社联合社。
《关于实施家庭农场培育计划的指导意见》	2019 年 9 月 9 日	农业农村部	鼓励有条件的地方通过现有渠道安排资金，采取以奖代补等方式，积极扶持家庭农场发展，扩大家庭农场受益面。
推动农村一二三产业融合的重点政策			
《关于大力发展休闲农业的指导意见》	2016 年 9 月 1 日	农业农村部	鼓励各地依托农村绿水青山、田园风光、乡土文化等资源，有规划地开发休闲农庄、乡村酒店、特色民宿、自驾车房车营地、户外运动等乡村休闲度假产品。
《全国农产品加工业与农村一二三产业融合发展规划（2016—2020 年）》	2016 年 11 月 17 日	农业农村部	拓展农业多种功能，推进农业与休闲旅游、教育文化、健康养生等深度融合，发展观光农业、体验农业、创意农业等新业态，促进休闲农业和乡村旅游多样化发展。
《关于促进乡村产业振兴的指导意见》	2019 年 6 月 28 日	国务院	因地制宜发展小宗类、多样性特色种养，加强地方品种种质资源保护和开发。建设特色农产品优势区，推进特色农产品基地建设。
《社会资本投资农业农村指引（2022 年）》*	2022 年 4 月 2 日	农业农村部	鼓励社会资本开发特色农业农村资源，支持农业现代化示范区主导产业全产业链升级，积极参与建设现代农业产业园、优势特色产业集群、农业产业强镇、渔港经济区，发展特色农产品优势区，发展国家农村产业融合发展示范园。

续表

政策文件名称	发布时间	发布部门	相关表述
强化乡村各方面基础设施建设的重点政策			
《关于金融支持农业规模化生产和集约化经营的指导意见》	2014 年 9 月 17 日	银监会、农业农村部	农业发展银行要强化政策性金融服务职能，加大对农业开发和农村基础设施建设的中长期信贷支持。
《数字乡村发展战略纲要》	2019 年 5 月 16 日	中共中央、国务院	推进农业农村大数据中心和重要农产品全产业链大数据建设，推动农业农村基础数据整合共享。
《关于切实加强高标准农田建设 提升国家粮食安全保障能力的意见》	2019 年 11 月 21 日	国务院	夯实基础，确保产能。突出粮食和重要农产品优势区，着力完善农田基础设施，提升耕地质量，持续改善农业生产条件，稳步提高粮食生产能力，确保谷物基本自给、口粮绝对安全。
《关于扩大农业农村有效投资 加快补上"三农"领域突出短板的意见》	2020 年 7 月 10 日	中央农村工作领导小组办公室等	支持建设一批国家骨干冷链物流基地。在蔬菜、水果、畜产品、水产品等鲜活农产品主产区和特色农产品优势区重点建设一批分拣包装、冷藏保鲜、仓储运输、初加工等设施。
《中共中央关于制定国民经济和社会发展第十四个五年规划和二〇三五年远景目标的建议》	2020 年 10 月 29 日	中共十九届五中全会	坚持最严格的耕地保护制度，深入实施藏粮于地、藏粮于技战略，加大农业水利设施建设力度，实施高标准农田建设工程，强化农业科技和装备支撑，提高农业良种化水平，健全动物防疫和农作物病虫害防治体系，建设智慧农业。
推进农业生产社会化服务发展的重点政策			
《关于推进农村一二三产业融合发展的指导意见》	2016 年 1 月 4 日	国务院	发展农业生产性服务业，鼓励开展代耕代种代收、大田托管、统防统治、烘干储藏等市场化和专业化服务。完善农产品产地初加工补助政策，扩大实施区域和品种范围，初加工用电享受农用电政策。
《关于促进小农户和现代农业发展有机衔接的意见》	2019 年 2 月 21 日	中共中央、国务院	发展农业生产性服务业。大力培育适应小农户需求的多元化多层次农业生产性服务组织，促进专项服务与综合服务相互补充、协调发展，积极拓展服务领域。

续表

政策文件名称	发布时间	发布部门	相关表述
推进农业生产社会化服务发展的重点政策			
《关于加快发展农业社会化服务的指导意见》	2021年7月7日	农业农村部	发展农业社会化服务，是实现小农户和现代农业有机衔接的基本途径和主要机制，是激发农民生产积极性、发展农业生产力的重要经营方式，已成为构建现代农业经营体系、转变农业发展方式、加快推进农业现代化的重大战略举措。

＊2020年以来，农业农村部已连续3年出台《社会资本投资农业农村指引》，为节约篇幅，这里仅选取2022年的最新政策作为代表。

资料来源：穆娜娜，孔祥智，钟真. 农业社会化服务模式创新与农民增收的长效机制——基于多个案例的实证分析. 江海学刊，2016（1）：65-71.

三、党的十八大以来促进农民财产性收入增长的政策体系

党的十八大以来，党中央主要从深化农村集体产权制度改革、创新农村集体经济运行方式、强化农民土地承包经营权保障力度三方面出发，构建了推动承包地、村集体建设用地、宅基地等集体财产充分利用的政策体系，促进了农民土地承包权更便捷地流转和村集体产业多元化发展，充分推动了广大农民财产性收入的不断增长。一般来说，农村居民财产性收入中由高到低的顺序是利息、股息、红利、转让承包土地经营权收入和租金。[①] 其中，转让承包土地经营权收入、租金和集体经济分红对于财富水平较低的广大农民而言是更为普遍的财产性收入来源。深化农村集体经济产权制度改革，探索混合经营等多种实现形式，强化农民土地承包经营权保障力度，促进农民土地流转等政策举措能够使土地承包权、农村集体经济成员权等农民最普遍且主要的财产的价值得到更好的实现，有利于农民宅基地、村集体建设用地等资产的市场化利用，对于广大农民财产性收入增长具有重要意义（见表5-3）。

---

① 刘淑清. 关于农民财产性收入问题的思考. 经济问题，2014（7）：90-93.

表5-3　党的十八大以来中央层面出台的促进农民财产性收入增长的重点政策

政策文件名称	发布时间	发布部门	相关表述
深化农村集体产权制度改革的重点政策			
《关于稳步推进农村集体产权制度改革的意见》	2016年12月29日	中共中央、国务院	依据有关法律法规，按照尊重历史、兼顾现实、程序规范、群众认可的原则，统筹考虑户籍关系、农村土地承包关系、对集体积累的贡献等因素，协调平衡各方利益，做好农村集体经济组织成员身份确认工作，解决成员边界不清的问题。
《关于支持农村集体产权制度改革有关税收政策的通知》	2017年7月7日	财政部、国家税务总局	对进行股份合作制改革后的农村集体经济组织承受原集体经济组织的土地、房屋权属，免征契税。
《关于大力实施乡村振兴战略 加快推进农业转型升级的意见》	2018年2月19日	农业农村部	深化农村集体产权制度改革。全面实施农村集体资产清产核资，摸清资源性资产和经营性资产家底。建立健全集体资产登记、保管、使用、处置等制度，加快农村集体资产监督管理平台建设。
《关于进一步做好贫困地区集体经济薄弱村发展提升工作的通知》	2020年1月3日	农业农村部	加快推进薄弱村集体产权制度改革。要按时保质全面完成农村集体资产清产核资、全面确认农村集体经济组织成员身份，支持薄弱村根据农民意愿，探索将未承包到户的集体土地等资源性资产、经营性资产等集体资产以股份或份额的形式量化到本集体成员。
创新农村集体经济运行方式的重点政策			
《扶持村级集体经济发展试点的指导意见》	2015年10月12日	财政部	探索以混合经营为主要内容的实现形式。鼓励村集体以集体资产资源参股农民专业合作社和经营稳健的工商企业。
《关于积极稳妥开展农村闲置宅基地和闲置住宅盘活利用工作的通知》	2019年10月15日	农业农村部	在充分保障农民宅基地合法权益的前提下，支持农村集体经济组织及其成员采取自营、出租、入股、合作等多种方式盘活利用农村闲置宅基地和闲置住宅。鼓励有一定经济实力的农村集体经济组织对闲置宅基地和闲置住宅进行统一盘活利用。

续表

政策文件名称	发布时间	发布部门	相关表述
强化农民土地承包经营权保障力度，促进土地流转的重点政策			
《关于引导农村土地经营权有序流转发展农业适度规模经营的意见》	2014 年 11 月 20 日	中共中央、国务院	完善承包合同，健全登记簿，颁发权属证书，强化土地承包经营权物权保护，为开展土地流转、调处土地纠纷、完善补贴政策、进行征地补偿和抵押担保提供重要依据。
《关于认真做好农村土地承包经营权确权登记颁证工作的意见》	2015 年 1 月 27 日	农业农村部等	要通过确权登记颁证，解决好承包地块面积不准、四至不清、空间位置不明、登记簿不健全等问题，为开展土地经营权流转、调处土地纠纷、完善补贴政策、进行征地补偿和抵押担保提供重要依据。
《关于完善农村土地所有权承包权经营权分置办法的意见》	2016 年 10 月 30 日	中共中央、国务院	建立健全土地流转规范管理制度。规范土地经营权流转交易，因地制宜加强农村产权交易市场建设，逐步实现涉农县（市、区、旗）全覆盖。健全市场运行规范，提高服务水平，为流转双方提供信息发布、产权交易、法律咨询、权益评估、抵押融资等服务。
《关于保持土地承包关系稳定并长久不变的意见》	2019 年 11 月 26 日	中共中央、国务院	建立健全土地承包权依法自愿有偿转让机制。维护进城农户土地承包权益，现阶段不得以退出土地承包权作为农户进城落户的条件。

四、党的十八大以来促进农民转移性收入增长的政策体系

促进农民转移性收入的增加，是保障重要农产品供给、维护国家粮食安全的重要基础，也是完善再分配调节机制、促进共同富裕的重要手段。党的十八大以来，党中央主要从健全农业生产者补贴制度、探索建立普惠性农民补贴长效机制、完善生态补偿制度三方面出发，充分推动了广大农民转移性收入的不断增长（见表 5-4）。

表 5 - 4　党的十八大以来中央层面出台的促进农民转移性收入增长的重点政策

政策文件名称	发布时间	发布部门	相关表述
健全农业生产者补贴制度的重点政策			
《关于调整完善农业三项补贴政策的指导意见》	2015 年 5 月 13 日	财政部、农业农村部	各省、自治区、直辖市、计划单列市要从中央财政提前下达的农资综合补贴中调整 20％的资金，加上种粮大户补贴试点资金和农业"三项补贴"增量资金，统筹用于支持粮食适度规模经营。
《关于防止耕地"非粮化"稳定粮食生产的意见》	2020 年 11 月 17 日	国务院	落实产粮大县奖励政策，健全粮食主产区利益补偿机制，着力保护和调动地方各级政府重农抓粮、农民务农种粮的积极性。
《2021—2023 年农机购置补贴实施指导意见》	2021 年 4 月 6 日	农业农村部	将粮食、生猪等重要农畜产品生产所需机具全部列入补贴范围，应补尽补。将育秧、烘干、标准化猪舍、畜禽粪污资源化利用等方面成套设施装备纳入农机新产品补贴试点范围，加快推广应用步伐。
探索建立普惠性农民补贴长效机制的重点政策			
《2014 年国家深化农村改革、支持粮食生产、促进农民增收政策措施》*	2014 年 4 月 25 日	农业农村部	中央财政将继续实行种粮农民农资综合补贴，补贴资金按照动态调整制度，根据化肥、柴油等农资价格变动，遵循"价补统筹、动态调整、只增不减"的原则及时安排和增加补贴资金，合理弥补种粮农民增加的农业生产资料成本。
《2022 年重点强农惠农政策》**	2022 年 6 月 11 日	财政部、农业农村部	为适当弥补农资价格上涨增加的种粮成本支出，保障种粮农民合理收益，2022 年中央财政继续对实际种粮农民发放一次性农资补贴，释放支持粮食生产积极信号，稳定农民收入，调动农民种粮积极性。
完善生态补偿制度的重点政策			
《关于健全生态保护补偿机制的意见》	2016 年 5 月 13 日	国务院	多渠道筹措资金，加大生态保护补偿力度。中央财政考虑不同区域生态功能因素和支出成本差异，通过提高均衡性转移支付系数等方式，逐步增加对重点生态功能区的转移支付。

续表

政策文件名称	发布时间	发布部门	相关表述
完善生态补偿制度的重点政策			
《建立市场化、多元化生态保护补偿机制行动计划》	2019年1月11日	发改委	进一步完善全民所有土地资源、水资源、矿产资源、森林资源、草原资源、海域海岛资源等自然资源资产有偿使用制度,健全依法建设占用自然生态空间和压覆矿产的占用补偿制度。
《关于深化生态保护补偿制度改革的意见》	2021年9月12日	中共中央、国务院	结合中央财力状况逐步增加重点生态功能区转移支付规模。中央预算内投资对重点生态功能区基础设施和基本公共服务设施建设予以倾斜。继续对生态脆弱脱贫地区给予生态保护补偿,保持对原深度贫困地区支持力度不减。

*类似政策还有《2015年国家深化农村改革、发展现代农业、促进农民增收政策措施》《2016年国家落实发展新理念加快农业现代化 促进农民持续增收政策措施》,为节约篇幅,此处不再展示。

**2017年以来,财政部、农业农村部已连续6年出台《重点强农惠农政策》,为节约篇幅,这里仅选取2022年的最新政策作为代表。

五、党的十八大以来促进贫困人口全面脱贫的政策体系

中国的脱贫攻坚事业始终坚持党中央的集中统一领导,坚持以全心全意为人民服务为根本宗旨的马克思主义政党观,把实现好、维护好、发展好最广大人民根本利益作为一切工作的出发点和落脚点,自觉地使改革发展成果更多更公平惠及全体人民。在脱贫攻坚的全过程和各环节,我们党把"决不能落下一个贫困地区、一个贫困群众"作为郑重承诺,坚定不移贯彻以人民为中心的发展思想,始终把人民利益放在首位。党的十八大以来,党中央不断加大对贫困地区的政策倾斜和扶贫资金整合力度,从推动就业扶贫、产业扶贫、社会保障扶贫等方面促进贫困人口全面脱贫,打赢了这场伟大的脱贫攻坚战(见表5-5)。

表5-5　党的十八大以来中央层面出台的促进贫困人口全面脱贫的重点政策

政策文件名称	发布时间	发布部门	相关表述
推动就业扶贫的重点政策			
《关于进一步加强东西部扶贫协作工作的指导意见》	2016年12月7日	中共中央、国务院	开展职业教育东西协作行动计划和技能脱贫"千校行动"，积极组织引导贫困家庭子女到东部省份的职业院校、技工学校接受职业教育和职业培训。
《关于打赢脱贫攻坚战三年行动的指导意见》	2018年8月19日	中共中央、国务院	实施就业扶贫行动计划，推动就业意愿、就业技能与就业岗位精准对接，提高劳务组织化程度和就业脱贫覆盖面。鼓励贫困地区发展生态友好型劳动密集型产业。
推动产业扶贫的重点政策			
《贫困地区发展特色产业促进精准脱贫指导意见》	2016年5月27日	农业农村部等	发挥新型经营主体和龙头企业带动作用，整合财政涉农资金，加大金融支持力度，加快培育一批能带动贫困户长期稳定增收的特色优势产业。
《关于深入开展消费扶贫 助力打赢脱贫攻坚战的指导意见》	2019年1月14日	国务院	鼓励各级机关、国有企事业单位、金融机构、大专院校、城市医疗及养老服务机构等在同等条件下优先采购贫困地区产品，优先从贫困地区聘用工勤人员，引导干部职工自发购买贫困地区产品和到贫困地区旅游。
《关于推动脱贫地区特色产业可持续发展的指导意见》	2021年4月7日	农业农村部	指导脱贫地区依托资源优势和产业发展基础，编制"十四五"特色产业发展规划，引导资金、技术、人才、信息向脱贫地区聚集，发展"一县一业"，培育壮大主导产业。
推动社会保障扶贫的重点政策			
《关于做好农村最低生活保障制度与扶贫开发政策有效衔接的指导意见》	2016年9月27日	民政部、国务院扶贫办等	在坚持依法行政、保持政策连续性的基础上，着力加强农村低保制度与扶贫开发政策衔接。对符合农村低保条件的建档立卡贫困户，按规定程序纳入低保范围，并按照家庭人均收入低于当地低保标准的差额发给低保金。

续表

政策文件名称	发布时间	发布部门	相关表述
推动社会保障扶贫的重点政策			
《关于切实做好社会保险扶贫工作的意见》	2017年8月10日	财政部	全面实施全民参保计划，深入贫困地区、农民工集中的高风险行业、单位和岗位，重点摸清贫困人员和贫困劳动力参加社会保险情况，采取通俗易懂的方式开展政策宣传。
《关于实现巩固拓展脱贫攻坚成果同乡村振兴有效衔接的意见》	2021年3月22日	中共中央、国务院	完善最低生活保障制度，科学认定农村低保对象，提高政策精准性。调整优化针对原建档立卡贫困户的低保"单人户"政策。完善低保家庭收入财产认定方法。健全低保标准制定和动态调整机制。
加大对贫困地区的政策倾斜和扶贫资金整合力度的重点政策			
《脱贫攻坚责任制实施办法》	2016年10月17日	中共中央、国务院	确保扶贫投入力度与脱贫攻坚任务相适应；统筹使用扶贫协作、对口支援、定点扶贫等资源，广泛动员社会力量参与脱贫攻坚。
《"十三五"脱贫攻坚规划》	2016年12月2日	国务院	中央财政继续加大对贫困地区的转移支付力度，中央财政专项扶贫资金规模实现较大幅度增长，一般性转移支付资金、各类涉及民生的专项转移支付资金和中央预算内投资进一步向贫困地区和贫困人口倾斜。

第二节　党的十八大以来农民增收的伟大成就

党的十八大以来，党中央坚持把解决好"三农"问题作为全党工作重中之重，持续加大强农惠农富农政策力度，稳步实施乡村振兴战略，全面完善促进农民增收的政策体系，精准扶贫成效举世瞩目，在缩小城乡收入差距、打破城乡二元结构上取得了辉煌成就。2012—2021年，我国农村居民人均可支配收入由8 389元增长到18 931元，9年间增长了125.66%；城乡居民人均可支配收入之比由2.88降至2.50，城乡收入差距显著缩小。从农民收入结构和脱贫攻坚的角度来看，党的十八大以来我国在农民工资性收入、经营性收入、财产性收入、转移性收入增长和脱贫攻坚方面均取得了重要成就。

一、党的十八大以来农民工资性收入增长的重要成就

表5-6反映了党的十八大以来我国城乡居民工资性收入的变化情况。2012—2020年，我国农民人均工资性收入从3 123元增长到6 974元，8年间总体增长率达到123.31%，除2020年受新冠肺炎疫情影响导致增速放缓外，2012年以来农村居民人均工资性收入增长率均维持在9%以上，明显领先于城镇居民人均工资性收入增长率和我国的GDP增长率，城乡之间人均工资性收入之比也呈逐渐缩小趋势，由2012年的4.88缩小到2020年的3.78，城乡工资性收入差距相对缩小，城乡二元结构得到了一定的消解。

表5-6 2012—2020年我国城乡居民工资性收入变化情况及其对比

年份	农村居民人均工资性收入（元）	增长率（%）	城镇居民人均工资性收入（元）	增长率（%）	人均工资性收入之比
2012	3 123	14.2	15 247	11.5	4.88
2013	3 653	16.9	16 617	9	4.55
2014	4 152	13.7	17 937	7.9	4.32
2015	4 600	10.8	19 337	7.8	4.20
2016	5 022	9.2	20 665	6.9	4.11
2017	5 498	9.5	22 201	7.4	4.04
2018	5 996	9.1	23 792	7.5	3.97
2019	6 583	9.8	25 565	7.5	3.88
2020	6 974	5.9	26 381	3.2	3.78

资料来源：国家统计局网站.

此外，规模庞大的农民工群体是农民工资性收入的最主要来源，党的十八大以来我国农民工资性收入的高速增长离不开农民工规模的扩大和农民工收入的提高。根据历年《中国农村统计年鉴》数据，2013—2021年8

年间，农民工月均收入由 2 609 元增长到了 4 432 元，累计增长了
69.87%，农民工规模在这 8 年间也有明显增长趋势，8 年间增长了
8.76%。这些数据也进一步证明了党的十八大以来党中央出台的促进农民
工资性收入增长的政策的重要作用（见图 5-1）。

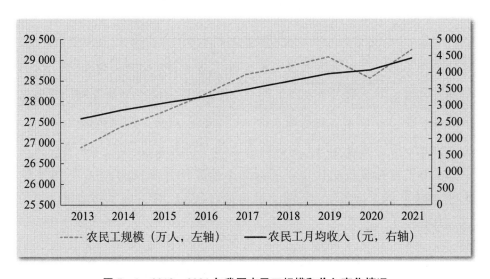

图 5-1   2013—2021 年我国农民工规模和收入变化情况

资料来源：历年《中国农村统计年鉴》。

二、党的十八大以来农民经营性收入增长的重要成就

在我国农民收入中，经营性收入一向占有重要地位，虽然近年来经营
性收入占农民总收入的比重逐年降低，但仍然是促进农民增收的工作重
心①，增加农民家庭经营性收入对农民收入的提高具有显著作用。其中，
根据历年《中国农村统计年鉴》数据，第一产业经营性收入构成了农民经
营性收入的主要来源，并长期占有首要地位，但随着国民经济布局的调整
以及农业产业结构的优化，非农产业收入将在家庭经营性收入中占据更大
的份额，对农民经营性收入增长的拉动作用愈加明显。2013—2020 年，

---

① 张红宇. 新常态下的农民收入问题. 农业经济问题，2015，36（5）：4-11.

我国农民经营性收入由 3 934.8 元增加到了 6 077.4 元。具体到产业来看，农民一二三产业经营性净收入增幅均在 40％以上，其中第三产业经营性净收入 8 年间增长了 98.07％，已成为农民经营性收入增加的重要增长点，充分说明了农村三产融合在带动农民经营性收入增加中的重要作用。同时，从绝对值来看，第一产业经营性净收入净增加值仍然最大，反映出党的十八大以来我国在农业现代化方面也取得了重大成果（见表 5-7）。

表 5-7　2013—2020 年我国农民经营性收入变化情况　　单位：元

年份	经营性净收入	第一产业经营性净收入	第二产业经营性净收入	第三产业经营性净收入
2013	3 934.8	2 839.8	252.5	842.5
2014	4 237.3	2 998.6	259.1	979.6
2015	4 503.6	3 153.8	276.1	1 073.7
2016	4 741.3	3 269.6	287.9	1 183.8
2017	5 027.9	3 391.0	318.9	1 318.0
2018	5 358.4	3 489.5	378.4	1 490.5
2019	5 762.2	3 730.2	413.4	1 618.6
2020	6 077.4	3 978.1	430.6	1 668.7

资料来源：历年《中国农村统计年鉴》。

三、党的十八大以来农民财产性收入增长的重要成就

农民财产性收入状况和社会经济的协调发展有着密切的关联性，在接续推进乡村振兴的今天，增加农民财产性收入对于缩小城乡收入差距、实现共同富裕具有重要的作用。同时，增加农民财产性收入也是促进城乡居民财产权利平等的一个必要条件，有利于促进收入分配制度公平和社会经济持续、健康发展。党的十八大以来我国在促进农民财产性收入增长方面取得了重要成果。2013—2020 年，我国农民人均财产性收入由 194.7 元增加到 418.8 元，7 年间增长超过了一倍（见图 5-2）。具体来看，承包地租金是农民财产性收入的重要组成部分，截至 2018 年底，我国已基本完成全国范围内的农村承包地确权颁证工作，有力地促进了农村土地的流转，同时也促进了农业规模经营。农业农村部统计数据显示，截至 2016

年 6 月底，全国承包耕地流转面积达到 4.6 亿亩，超过承包耕地总面积的
1/3，在一些东部沿海地区，流转比例已经超过 1/2。全国经营耕地面积
在 50 亩以上的规模经营农户超过 350 万户，经营耕地面积超过 3.5 亿亩。
在承包地流转租金方面，根据历年《全国农产品成本收益资料汇编》的数
据，我国承包地租金在 2012—2020 年 8 年间增长了 101.79%。

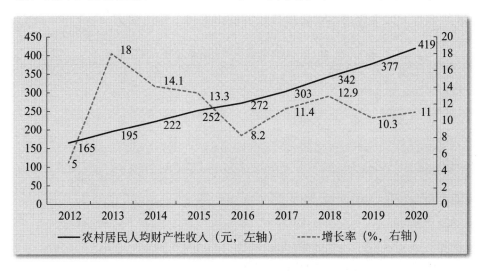

图 5-2　2013—2020 年我国农民人均财产性收入变化情况

资料来源：国家统计局网站．

　　此外，党的十八大以来我国在宅基地制度改革方面也取得了重大进
展。2015 年 1 月，中共中央办公厅、国务院办公厅联合印发了《关于农
村土地征收、集体经营性建设用地入市、宅基地制度改革试点工作的意
见》，我国农村土地制度改革进入试点阶段。2015 年 2 月，全国人民代表
大会常务委员会通过了《关于授权国务院在北京市大兴区等三十三个试点
县（市、区）行政区域暂时调整实施有关法律规定的决定》，同意在北京
大兴区等 33 个试点县（市、区）暂停实施《中华人民共和国土地管理法》
《中华人民共和国城市房地产管理法》的 6 个条款，按照重大改革于法有
据的原则推进农村土地征收、集体经营性建设用地入市、宅基地制度改革
试点。宅基地制度改革推开以来，取得了重要改革效果，在全国范围内形

成了农村宅基地换城镇住房、农村宅基地收储、农村宅基地市场化交易三大经验，有力地促进了宅基地改革的进一步深化，为广大农民财产性收入的进一步增长开辟了广阔的空间。

四、党的十八大以来农民转移性收入增长的重要成就

表5-8反映了党的十八大以来我国城乡居民转移性收入的变化情况。2012—2020年，我国农民人均转移性收入从1 441元增长到3 661元，8年间总体增长率达到154.06%，明显领先于城镇居民人均转移性收入增长率。城乡之间人均转移性收入之比也呈逐渐缩小趋势，由2012年的2.73缩小到2020年的2.22，说明党的十八大以来我国在缩小城乡转移性收入差距上取得了重大成就。

表5-8 2012—2020年我国城乡居民转移性收入变化情况及其对比

年份	农村居民人均转移性收入（元）	增长率（%）	城镇居民人均转移性收入（元）	增长率（%）	人均转移性收入之比
2012	1 441	26.9	3 934	12.2	2.73
2013	1 648	14.3	4 323	9.9	2.62
2014	1 877	13.9	4 816	11.4	2.57
2015	2 066	10.1	5 340	10.9	2.58
2016	2 328	12.7	5 910	10.7	2.54
2017	2 603	11.8	6 524	10.4	2.51
2018	2 920	12.2	6 988	7.1	2.39
2019	3 298	12.9	7 563	8.2	2.29
2020	3 661	11.0	8 116	7.3	2.22

资料来源：国家统计局网站.

五、党的十八大以来全面脱贫的重要成就

党的十八大以来，在中国共产党的领导下，中国的反贫困事业取得了巨大成就，绝对贫困人口全部脱贫，脱贫地区社会经济实现较大发展，脱贫群众精神风貌焕然一新。2013年11月，国家主席习近平提出关于精准

扶贫方面的重要论述，把脱贫攻坚摆到了党中央治国理政的重要位置，吹响了全面脱贫攻坚的嘹亮号角。国家统计局数据显示，从 2013 年到 2020 年，精准扶贫政策让我国 832 个贫困县、12.8 万个贫困村、9 899 万农村贫困人口成功实现了脱贫。2020 年，我国成功实现了现行标准（即以 2010 年不变价计算每人每年 2 300 元）下的贫困人口全面脱贫。2020 年，我国贫困地区农村居民人均可支配收入由 2013 年的 6 079 元提高到 12 588 元，达到了全国农村平均水平的 73.5%[①]，与全国农村平均水平的差距进一步缩小，大大加速了我国全面建成小康社会的进程，这 8 年时间也是中国在扶贫开发道路上成就最辉煌的时刻（见表 5-9）。

表 5-9 2012—2020 年我国贫困状况（以现行农村贫困标准计）

年份	贫困人口（万人）	贫困发生率（%）
2012	9 899	10.2
2013	8 249	8.5
2014	7 017	7.2
2015	5 575	5.7
2016	4 335	4.5
2017	3 046	3.1
2018	1 660	1.7
2019	551	0.6
2020	0	0

资料来源：历年《中国统计年鉴》。

同时，党的十八大以来我国的脱贫成就也为世界反贫困事业作出了重要贡献。联合国《千年发展目标 2015 年报告》显示，2015 年，全球"仍有约 8 亿人生活在极端贫困中"，虽然当今世界物质财富取得极大发展，但贫困问题始终困扰着许多发展中国家和某些资本主义发达国家。中国的反贫困事业不仅为本国人民带来了福祉，也为世界范围内的反贫困事业作出了贡献，为全球减贫提供了中国方案与中国经验，为消除全球贫困问题

---

① 周长城，王妙. 十八大以来我国农民主观生活质量变化及影响因素研究——基于 CSS2013 和 CSS2019 数据的实证分析. 宏观质量研究，2022，10（2）：1-14.

增强了信心。[①] "按照世界银行国际贫困标准，我国减贫人口占同期全球减贫人口70％以上。"[②] 特别是2020年以来，新冠肺炎疫情在全球大流行的形势下，中国仍能如期完成消除绝对贫困与全面建成小康社会的目标，提前十年完成《联合国2030年可持续发展议程》减贫目标，赢得了国际社会的肯定，具有重大国际影响力。

第三节　党的十八大以来农民增收领域的理论创新

习近平总书记在党的十九大报告中指出："时代是思想之母，实践是理论之源。"[③] 理论来源于实践，同样，新的实践呼唤新的思想、新的观点和新的理论来指导。党的十八大以来，党在进一步推动农民增收领域经历了从试点到全面推进、从实践到经验总结的过程，这些重要实践不仅促进了我国农民增收辉煌成就的形成，同时也催生了大量农民增收领域重要的理论创新成果，为消解城乡二元结构、实现共同富裕提供了坚实的实践根基和不竭的智慧源泉。

一、就业方面的理论创新

就业是民生之本，充分就业是全面建成小康社会的坚强基石。回望中国人民奔向小康的发展路径，回望党的十八大以来农民收入不断提高的历程，就业在其中发挥的作用至关重要。70年来，我国的就业总量不断提升，截至2018年，就业总量比1949年扩大了3.3倍。[④] 劳动力市场活力的释放、服务业的蓬勃发展、非公有制经济的迅速扩张，都带来了就业结

[①]　程恩富，吕晓凤. 中国共产党反贫困的百年探索——历程、成就、经验与展望. 北京理工大学学报（社会科学版），2021，23（4）：7-16.

[②]　习近平. 在全国脱贫攻坚总结表彰大会上的讲话. 人民日报，2021-02-26（02）.

[③]　习近平. 决胜全面建成小康社会 夺取新时代中国特色社会主义伟大胜利——在中国共产党第十九次全国代表大会上的报告. 北京：人民出版社，2017：26.

[④]　就业是最大的民生：理论-人民网，2020-08-03.

构的大幅优化，农村土地制度改革和新型城镇化进程加速，带动了2.9亿农民工进城就业。党的十九大报告明确提出，"就业是最大的民生"①，这不仅是对于就业重要地位的准确判断，更是农民增收领域的重大理论创新。就业是经济发展的基础、居民收入的主渠道、社会稳定的"压舱石"。2018年7月，习近平总书记在中央政治局会议上把"稳就业"放在"六稳六保"工作的第一位，强调要做好民生保障和社会稳定工作，把稳定就业放在更加突出位置。随着经济下行压力不断加大，我国的就业形势日益严峻。针对这一情况，习近平总书记指出，"必须大力促进就业创业，一是要集中精力抓发展，二是要把就业再就业工作做实，三是劳动者要转变观念"②。为健全就业创业体制机制，党的十八届三中全会提出了实行激励高校毕业生自主创业的政策，目标是完善扶持创业的优惠政策，形成政府激励创业、社会支持创业、劳动者勇于创业的新机制。《"十四五"就业促进规划》同样开篇强调"就业是最大的民生，也是经济发展最基本的支撑"。显然，"就业是最大的民生"这一理论创新既符合我国的基本国情，也切合经济社会发展的一般规律，为未来缓解就业压力、进一步促进农民收入增长指明了出路。

二、农村土地"三权分置"的理论创新

土地制度既是产权制度安排，又是社会基本制度，构筑了整个社会结构的基础，完善农村土地制度是农民增收的关键所在。实施家庭联产承包责任制后，农村土地实现了从单一集体所有权向所有权和承包经营权分离的转变；土地流转市场建立起来后，承包经营权又实现了承包权和经营权的分离。在中央明确提出推动农村土地"三权分置"以前，学术界就关注到土地流转中承包权与经营权的分离现象，主张要从制度上保障农民土地

---

① 习近平. 决胜全面建成小康社会 夺取新时代中国特色社会主义伟大胜利——在中国共产党第十九次全国代表大会上的报告. 北京：人民出版社，2017：46.

② 习近平：就业是永恒课题. 新华网，2013-08-31.

承包权和流转双方的权益，农民土地权利的界定应从所有权和承包经营权的"两权分离"，走向所有权、承包权和经营权的"三权分离"，保留农户的土地承包权，促进转让土地经营权。党的十八大以来，农村土地制度改革的核心是在坚持土地集体所有的前提下，建立和完善承包地"三权分置"制度。习近平总书记指出，"完善农村基本经营制度，需要在理论上回答一个重大问题，就是农民土地承包权和土地经营权分离问题"[①]。2014 年印发的《关于引导农村土地经营权有序流转 发展农业适度规模经营的意见》正式提出"坚持农村土地集体所有，实现所有权、承包权、经营权三权分置，引导土地经营权有序流转，坚持家庭经营的基础性地位，积极培育新型经营主体，发展多种形式的适度规模经营，巩固和完善农村基本经营制度"，2016 年的《关于完善农村土地所有权承包权经营权分置办法的意见》则要求各地区结合当地实际落实。同时，学术界还立足于国情农情，从产权经济学、农村政策学、法学等角度，推动土地"三权分置"理论的完善与创新，探索中国特色社会主义土地公有制的实现形式。这些理论创新推进了我国土地制度的完善，直接促进了广大农民各方面收入的增长。

三、小农户与现代农业有机衔接方面的理论创新

"大国小农"是中国的基本国情，要实现农业现代化，不能忽视这个国情。中国农业现代化既不能照搬欧美大规模经营的模式，又不能采取日韩依靠高补贴、高价格维持小农户高收入的做法，必须探索具有中国特色的农业现代化道路。党的十九大明确提出"实现小农户和现代农业发展有机衔接"。围绕解答如何"实现小农户和现代农业发展有机衔接"[②]，学术界进行了理论解释，并深入探讨了其实现路径。小农户在农业生产领域具有无可比拟的优势、并未过时，中国农业现代化不能抛弃小农经济，必须

---

① 孔祥智 . 贯彻落实好新时代党的"三农"政策 . 红旗文稿，2022（9）：37 - 39.

② 习近平 . 决胜全面建成小康社会 夺取新时代中国特色社会主义伟大胜利——在中国共产党第十九次全国代表大会上的报告 . 北京：人民出版社，2017：32.

跳出经典理论中"小农消亡论"的预设框架，认识到小农户存在的合理性和长期性，激活以小农户为主体的中国特色农业现代化之路。小农户衔接现代农业的核心是获得发展现代农业的能力素质，所面临的困难主要是分散生产经营难题、服务体系建设滞后等。中国小农户具有明显的分化特征，匹配的衔接现代农业路径将是多元多样的。如针对农业不同产业和不同类型农户特征，完善多种组织形态的农业社会化服务，构建全程覆盖、区域集成、配套完备的新型农业社会化服务体系；以小农户为来源，培育家庭农场或公司农场、种养大户、农业服务专业户及其他规模化、专业化农业经营主体等等。

（一）推进新型农业社会化服务体系建设

事实上，自 1983 年中央一号文件首次提出社会化服务的概念以来，我国农业社会化服务体系经历了 20 世纪 80 年代的服务内涵拓展期、20 世纪 90 年代的服务体制机制调整期和 21 世纪头十年的战略地位全面提升期等发展阶段，初步形成了覆盖全程、综合配套、便捷高效的服务体系，形成了多层次、多形式、多主体、多样化的农业社会化服务格局。而党的十八大以来，新型农业社会化服务体系建设被提到了一个新的高度，它不仅是促进农业适应经济新常态的必然选择，更是促进农业经营体制机制改革、实现中国特色农业现代化的关键举措。[①] 党的十八大以来，历年中央一号文件均强调农业社会化服务的重要作用。如 2012 年中央一号文件聚焦农业科技服务，特别是提出了通过政府购买服务的方式支持新型农业社会化服务组织发展；2013 年中央一号文件从培育发展多元服务主体的角度作出具体安排；2014 年中央一号文件对进一步健全农业社会化服务的体制机制提出了要求；2015 年中央一号文件从如何帮助农民降成本、控风险、促进增收的角度对农机服务、保险服务等方面作出了重点部署；2022 年中央一号文件更是明确强调"加快发展农业社会化服务，支持农

---

① 钟真，孔祥智."十三五"中国农业改革发展的起点与展望. 教学与研究，2016（2）：5-13.

业服务公司、农民合作社、农村集体经济组织、基层供销合作社等各类主体大力发展单环节、多环节、全程生产托管服务"。经过十年来对社会化服务有关理论的不断完善，我国已经基本建立起了较为全面的新型社会化服务理论体系与实践体系。

（二）培育新型农业经营主体

新型农业经营主体是发展现代农业的引领者，是引导传统小农户与现代农业接轨的中坚力量，能够以多种形式和路径带领小农户接收信息、运用机械、学习技术、科学生产以及对接市场等。党的十八大以来，我国在实践中形成了多种以新型农业经营主体促进小农户与现代农业有机衔接的模式。一是"社会化服务组织＋小农户"服务带动模式。在我国人多地少的农情下一味地扩大土地规模显然是不可能的事情，因此就需要农户加入社会化分工中，发展纵向规模经济。二是"种植大户/家庭农场＋小农户"示范带动模式。我国的农业经营是以家庭经营为基础的，种植大户和家庭农场显然是家庭经营中经营规模较大、集约化水平较高的一类经营主体，在一定程度上起到了示范带动小农户生产的作用。三是"农民专业合作社＋小农户"参与带动模式。合作社可集中小农户手中的农业生产资源，通过技术培训或让小农户以土地、劳动力入股等方式来带动小农户，农户则相应通过社内就业或入股、分红等来增加工资性收入和财产性收入，促进其收入多元化。四是"龙头企业＋小农户"指导带动模式。农业产业化龙头企业是新型农业经营主体当中相对经济实力强、生产效率高的主体，采用先进的科学技术和现代化的经营管理模式，能够更迅速地掌握市场信息、更准确地定位消费者需求，对小农户的农业生产经营进行科学高效的指导并带领小农户进入市场，作为中间媒介帮助小农户实现与市场的有效对接。

四、中国特色减贫理论的创新

我国在脱贫攻坚过程中形成的中国特色减贫理论是对马克思主义反贫困理论的重大创新。马克思主义反贫困理论关注的是无产阶级贫困现象，提出了消除无产阶级贫困的科学构想。相比而言，中国共产党人从中国发展实际出发，科学阐述了中国农村贫困问题的根源，是对马克思无产阶级贫困思想的突破和创新。党的十九大报告指出，"经过长期努力，中国特色社会主义进入了新时代"①。进入新时代，党中央基于马克思主义"促进人的全面发展"思想，将"以人民为中心"作为扶贫、脱贫的最高准则和根本目标，最大限度地凝聚中国力量。习近平关于新时代精准扶贫方面的重要论述推进了马克思主义反贫困理论中国化，实现了新的历史性飞跃。以广大人民对美好生活的向往为归宿，"以百姓之心为心"，体现了全心全意为人民服务的根本宗旨，突出了贫困主体参与脱贫的积极性，强调了发挥贫困群众主体作用，增强贫困群众参与发展、共享发展、自主发展的能力，创新采用了生产奖补、劳动补助、公益岗位等多元化减贫方式，激励贫困群众依靠劳动创造幸福，绘出了新时代脱贫攻坚的新篇章。

习近平关于新时代精准扶贫方面的重要论述创新发展了"志智双扶"的精神扶贫、文化扶贫、教育扶贫等多种减贫模式②，除了强调对贫困人口的物质与经济帮扶，还强调了扶贫与扶志、扶智相结合。在保障贫困人口基本生活需求的基础上，送温暖、送信心，有效激励了贫困居民的志气，开创了培育脱贫人口可持续能力的"志智双扶"减贫模式。摆脱贫困需要智慧，精准扶贫提出了贫困地区发展教育要先行的思想，提出了发展乡村教育，绝不能让乡村孩子输在起跑线上的教育扶贫战略。教育扶贫使贫困家庭孩子接受到了更好的教育，改变了贫困家庭的贫困思想，有效阻断了贫困的代际传递，这是马克思主义反贫困理论中关于实现每个人的自由发展、关心人的利益和促进人的全面发展思想的中国化与实践的创新。

习近平关于新时代精准扶贫方面的重要论述的创新之处还体现在习近平在长期实践工作中对农村贫困问题的深入思考。习近平关于新时代精准

---

① 习近平. 决胜全面建成小康社会 夺取新时代中国特色社会主义伟大胜利——在中国共产党第十九次全国代表大会上的报告. 北京：人民出版社，2017：10.

② 杨灿明. 中国战胜农村贫困的百年实践探索与理论创新. 管理世界，2021，37（11）：1-15.

扶贫方面的重要论述将政府和官员减贫成效作为考核标准，开启了"以党建促脱贫"的全新模式，把脱贫攻坚与基层治理体系相融合，发挥了极强的行政动员能力与高效统筹作用，创新构建了党组织统一领导、各类社会团体和贫困主体积极参与的脱贫攻坚合力，且在政府、市场和社会多方资源整合、协调和使用等方面进行了突破性变革，有效解决了农村现代化进程中基础治理的政府失灵、市场失灵和社会失灵，使社会的再分配资源被高效地运用于扶贫发展的领域之中，进而增强了经济发展的减贫效应[①]，探索出了最符合中国农村现实的减贫模式。可见，习近平关于新时代精准扶贫方面的重要论述体现了马克思主义政党的人民立场，是对马克思主义反贫困理论的继承与创新，并将其构建成一整套行之有效的政策体系、制度体系，形成了内涵丰富、思想深刻、体系完整的中国特色减贫理论。

参考文献

[1] 陈晓华. 突出扶持重点，切实增强新型农业经营主体发展带动能力. 农业经济问题，2020（11）：4 - 7.

[2] 陈雪娟，胡怀国. 中国现代化进程透视下的城乡关系演变. 经济纵横，2021（5）：9 - 17.

[3] 程恩富，吕晓凤. 中国共产党反贫困的百年探索——历程、成就、经验与展望. 北京理工大学学报（社会科学版），2021，23（4）：7 - 16.

[4] 郭军，张效榕，孔祥智. 农村一二三产业融合与农民增收——基于河南省农村一二三产业融合案例. 农业经济问题，2019（3）：135 - 144.

[5] 何茜. 中国城乡居民收入差距来源的结构分解. 统计与决策，2020，36（20）：76 - 79.

[6] 孔祥智，谢东东. 缩小差距、城乡融合与共同富裕. 南京农业大学学报（社会科学版），2022，22（1）：12 - 22.

---

① 王雨磊，苏杨. 中国的脱贫奇迹何以造就？——中国扶贫的精准行政模式及其国家治理体制基础. 管理世界，2020，36（4）：195 - 209.

[7] 刘淑清．关于农民财产性收入问题的思考．经济问题，2014（7）：90-93.

[8] 穆娜娜，孔祥智，钟真．农业社会化服务模式创新与农民增收的长效机制——基于多个案例的实证分析．江海学刊，2016（1）：65-71.

[9] 王雨磊，苏杨．中国的脱贫奇迹何以造就？——中国扶贫的精准行政模式及其国家治理体制基础．管理世界，2020，36（4）：195-209.

[10] 习近平．在全国脱贫攻坚总结表彰大会上的讲话．人民日报，2021-02-26（02）.

[11] 杨灿明．中国战胜农村贫困的百年实践探索与理论创新．管理世界，2021，37（11）：1-15.

[12] 杨灿明，郭慧芳，孙群力．我国农民收入来源构成的实证分析——兼论增加农民收入的对策．财贸经济，2007（2）：74-78+129.

[13] 于晓华，黄莹莹，王汉杰．国内大循环新格局下农业农村发展的目标再定位与战略选择．华中农业大学学报（社会科学版），2021（3）：10-18+182-183.

[14] 张红宇．新常态下的农民收入问题．农业经济问题，2015，36（5）：4-11.

[15] 中共中央党史和文献研究院．习近平关于"三农"工作论述摘编．北京：中央文献出版社，2019：146，150-151.

[16] 钟真，孔祥智．"十三五"中国农业改革发展的起点与展望．教学与研究，2016（2）：5-13.

[17] 周长城，王妙．十八大以来我国农民主观生活质量变化及影响因素研究——基于CSS2013和CSS2019数据的实证分析．宏观质量研究，2022，10（2）：1-14.

中　篇

城乡融合与"三农"政策体系

第六章 农业政策：打造农业强国根基①

第一节 引 言

"洪范八政，食为政首"。我国又是个人口众多的大国，解决好吃饭问题始终是治国理政的头等大事。农业的基础性地位，重点体现在它是保障粮食安全和国家安全的根本，农产品过度依赖国际市场十分危险。② 简而言之，"农业基础稳固"的核心在于保障粮食安全和重要农产品供给。党的十八大以来，以习近平同志为核心的党中央明确提出了"确保谷物基本自给、口粮绝对安全"的新的粮食安全观，并确立了"以我为主、立足国内、确保产能、适度进口、科技支撑的国家粮食安全战略"。在党中央的正确领导下，2012年至今，我国粮食生产和重要农产品的产量也跃上了新台阶。如图6-1所示，我国粮食产量基本呈现稳步上涨趋势，并于2015年突破了1.3万亿斤大关，一直保持至今；人均占有量稳定在470千克以上，远高于国际公认的400千克安全线。③ 棉花产量近些年略有下降，但整体保持稳定（见图6-2）；油料产量近些年上涨幅度较大，与2012年相比，2021年的油料产量增长了近10%（见图6-3）。我国农业生产取得骄人成绩的根本原因是什么？党的十八大以来中央制定的系列农业政策是如何打造我国农业强国根基的？

---

① 执笔人：穆娜娜。
② 朱信凯，张晨，杨晓婷. 习近平农业思想及十八大以来的实践. 经济社会体制比较，2017（5）：1-12.
③ 农业农村部. "十三五"时期农业现代化发展情况报告.

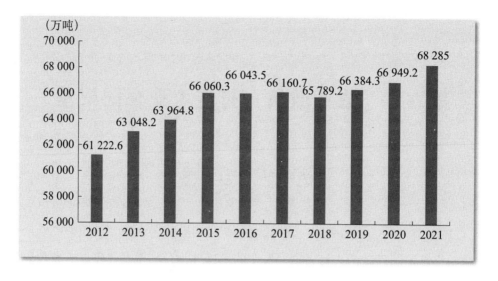

图 6-1 2012—2021 年我国粮食产量

资料来源：2012—2020 年数据来自《中国统计年鉴（2021）》（北京：中国统计出版社，2021）；2021 年数据来自《中华人民共和国 2021 年国民经济和社会发展统计公报》.

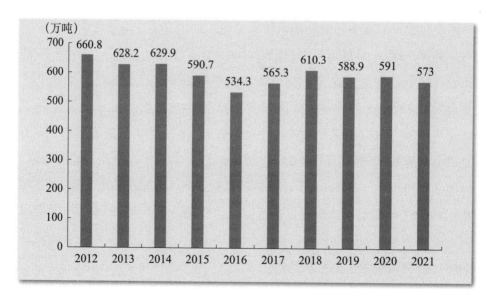

图 6-2 2012—2021 年我国棉花产量

资料来源：2012—2020 年数据来自《中国统计年鉴（2021）》（北京：中国统计出版社，2021）；2021 年数据来自《中华人民共和国 2021 年国民经济和社会发展统计公报》.

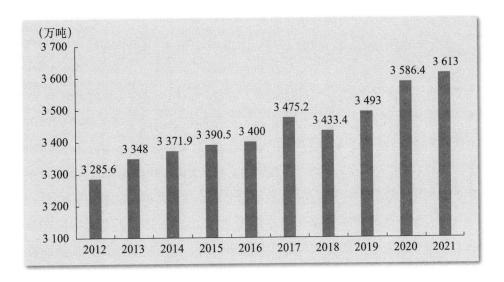

图 6 - 3 2012—2021 年我国油料产量

资料来源：2012—2020 年数据来自《中国统计年鉴（2021）》（北京：中国统计出版社，2021）；2021 年数据来自《中华人民共和国 2021 年国民经济和社会发展统计公报》.

　　针对上述问题，本章拟以马克思主义政治经济学关于生产关系和生产力之间关系的辩证分析为思想指引，讨论党的十八大以来中央出台的主要农业政策对保障国家粮食安全和重要农产品供给的作用效果和理论逻辑。在此基础上，深入探讨党的十八大以来构建的农业政策体系对于丰富马克思主义政治经济学理论体系的突出贡献，分析习近平新时代中国特色社会主义思想如何实现了马克思主义中国化新的历史飞跃。

第二节　马克思主义政治经济学视角下的农政改革逻辑

　　长期以来关于生产力与生产关系之间的辩证关系基本已达成共识，即生产力决定生产关系，生产关系反作用于生产力。而生产方式却在一定程度上被学术界忽视了。关于生产力、生产关系和生产方式之间的关系，马克思曾讲道："随着新的生产力的获得，人们便改变自己的生产方式，而随着生产方式的改变，他们便改变所有不过是这特定生产方式的必然关系的经济关系"。① 从中可以总结得出的一点是,生产方式作为一定历史发展阶段上的生产组织形式,既是组织劳动过程的特定形式,同时也是一定的生产关系的载体和实现形式。② 马文保和刘曦（2021）则指出,生产力的发展和生产关系的变革说到底是生产方式的变革,是生产要素的结合方式的变革。③ 生产力与生产关系相互作用、相互影响、相互制约,由适合到不适合,再由不适合到新的适合,如此循环往复,以至无穷,推动着生产方式的变化。④ 从马克思主义政治经济学基本原理来看,农业现代化从根本上讲是一个农业生产力与农业生产关系矛盾运动推动农业生产方式变革的过程。⑤

以上述政治经济学理论为根本遵循,2015 年 3 月习近平总书记在参加十二届全国人大三次会议吉林代表团审议时,要求"突出抓好加快建设现代农业产业体系、现代农业生产体系、现代农业经营体系 3 个重点"⑥。之后,习近平总书记 2016 年 5 月在黑龙江、2016 年 7 月在宁夏、2017 年 4 月在广西以及 2017 年 6 月在山西考察时,都反复强调要以构建现代农业产业体系、生产体系、经营体系为抓手,加快推进农业现代化。⑦ 到 2017 年 10 月,党的十九大报告正式提出了"构建现代农业产业体系、生产体系、经营体系"⑧。从党的十九大报告的政策表述——"完善农业支持保护制度,发展多种形式适度规模经营,培育新型农业经营主体,健全农业社会化服务体系,实现小农户和现代农业发展有机衔接"⑨ 可以看

---

① 马克思恩格斯全集:第 27 卷. 北京:人民出版社,1972:479.
② 鲁保林,梁永坚."生产力、生产方式、生产关系"辩证关系的再思考. 当代经济研究,2021(7):74-82.
③ 马文保,刘曦. 生产方式在何种意义上是生产力和生产关系的统一. 现代哲学,2021(6):41-47.
④ 马文保,刘曦. 生产方式在何种意义上是生产力和生产关系的统一. 现代哲学,2021(6):41-47.
⑤ 宋冬林,谢文帅. 实现小农户和现代农业发展有机衔接的政治经济学分析. 经济学动态,2020(12):3-14.
⑥ 习近平参加吉林代表团审议. 中国日报网,2015-03-10.
⑦ 习近平. 论"三农"工作. 北京:中央文献出版社,2022:46,127,207.
⑧ 习近平. 决胜全面建成小康社会 夺取新时代中国特色社会主义伟大胜利——在中国共产党第十九次全国代表大会上的报告. 北京:人民出版社,2017:32.
⑨ 习近平. 决胜全面建成小康社会 夺取新时代中国特色社会主义伟大胜利——在中国共产党第十九次全国代表大会上的报告. 北京:人民出版社,2017:32.

出，现阶段构建现代农业产业体系、生产体系、经营体系的最终目的是把小农户引入现代农业的发展轨道。这一点也得到了法律层面的确认，如《中华人民共和国乡村振兴促进法》第二章第十二条规定："各级人民政府应当坚持以农民为主体，以乡村优势特色资源为依托，支持、促进农村一二三产业融合发展，推动建立现代农业产业体系、生产体系和经营体系，推进数字乡村建设，培育新产业、新业态、新模式和新型农业经营主体，促进小农户和现代农业发展有机衔接。"

总之，现代农业产业体系、生产体系、经营体系共同构成了习近平新时代中国特色现代农业政策体系，也实现了对马克思主义政治经济学的理论创新。如图6-4所示，经营体系属于生产关系的范畴，强调农业生产中的组织创新，要求培育壮大新型农业经营主体、健全农业社会化服务体系，重点解决"谁来种地、怎么种地"的问题；生产体系属于生产力的范畴，根据卫兴华（2019）的观点，生产要素就是生产力要素[①]，所以，现代农业生产体系强调农业生产经营过程中的生产力要素创新，要求改善农业基础设施设备和提高农业科技水平，最终实现"藏粮于地、藏粮于技"

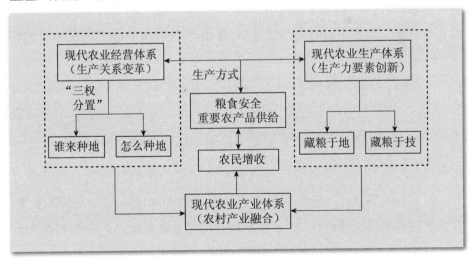

图6-4 习近平新时代中国特色现代农业政策体系框架

---

① 卫兴华. 马克思的财富论及其当代意义. 经济问题，2019（2）：1-4+75.

的战略目标；通过现代农业经营体系和生产体系的构建，将生产关系变革和生产力要素创新统一于农业生产方式演变过程，由此实现保障粮食安全和重要农产品供给的目的。现代农业产业体系则是中央支持构建现代农业生产体系和经营体系的落脚点和出发点，侧重于通过农村一二三产业融合发展解决"农业效益低"的问题，以此实现农业增值增效、助力农民持续增收，促进小农户和现代农业发展有机衔接。简言之，构建上述三个体系的目的在于确保中国农业"有人干、能增产、可增收"。

第三节　生产关系变革与农业经营体系创新

一、"谁来种地"成为世纪难题

进入 21 世纪以来，我国农村青壮年、高素质劳动力持续流出，农村劳动力老龄化、妇女化趋势不断加剧，"谁来种地"成为世纪难题。自 2008 年以来国家统计局每年都会开展农民工监测调查并发布《农民工监测调查报告》。表 6-1 详细列出了 2008—2021 年我国农民工的数量和结构变化情况，从中可以看出，除 2020 年由于新冠肺炎疫情的影响导致农民工外出务工数量有所下降外，2008 年以来我国农民工基本处于增长的状态，但增长幅度在逐渐放缓。从年龄分布看，31～50 岁的青壮年劳动力占比已达到一半以上；男女比例基本稳定在 1.8∶1，即男性农民工约为女性农民工的 2 倍；高中及以上文化程度农民工数量接近 30%。这说明我国农村多数青壮年、男性和高素质劳动力的多数时间在从事非农产业。同时我国农业还面临小规模农户经营的现实困境。中央农办副主任、农业农村部副部长韩俊在 2019 年 3 月 1 日国务院新闻办公室举行的新闻发布会上指出，现在全国有 2.3 亿户农户，户均经营规模 7.8 亩，经营耕地 10 亩以下的农户有 2.1 亿户，人均一亩三分地，户均不过 10 亩田，"大国小农"成为我国的基本国情。而且根据预测，到 2050 年全国经营耕

地在 50 亩以下的小农户仍将有 1 亿户左右，经营的耕地面积占全国耕地
总面积的比重仍将为一半左右。①

表 6-1　2008—2021 年我国农民工数量和结构变化

年份	农民工总量（万人）	增加速度（%）	50 岁以上占比（%）	31～50 岁占比（%）	16～30 岁占比（%）	高中及以上文化程度占比（%）
2008	22 542	—	11.40	42.60	46.00	—
2009	22 978	1.93	12.20	43.50	44.30	23.5
2010	24 223	5.42	12.90	44.70	42.40	—
2011	25 278	4.36	14.30	46.70	39.00	23.0
2012	26 261	3.89	15.10	48.10	36.80	23.7
2013	26 894	2.41	15.20	49.30	35.50	22.8
2014	27 395	1.86	17.10	49.20	33.70	23.8
2015	27 747	1.28	17.90	49.20	32.90	25.2
2016	28 171	1.53	19.20	49.00	31.90	26.4
2017	28 652	1.71	21.30	48.80	29.90	27.4
2018	28 836	0.64	22.40	50.00	27.60	27.5
2019	29 077	0.84	24.60	50.30	25.10	27.7
2020	28 560	-1.78	26.40	50.90	22.70	28.9
2021	29 251	2.42	27.30	51.50	21.20	29.6

注：30 岁以下农民工占比逐年走低可能与当下人口基数有一定关系，30 岁以下的农民工多属于
90 后，正值我国严格实行计划生育时期。

资料来源：国家统计局历年发布的《农民工监测调查报告》。

根据马克思主义政治经济学原理，生产关系一定要适应生产力的发
展。通过上述表述已知，我国农村"优秀"劳动力要素纷纷离地，现有的
老龄化、妇女化的家庭式小规模经营方式很难实现对先进生产力要素的使
用。甘路有（2020）曾指出，我国农业现代化最终要通过什么样的途径与

---

① 屈冬玉. 以信息化加快推进小农现代化. 人民日报，2017-06-05（007）.

方式来实现，首先主要取决于“谁来种地”的问题能否得到有效解决。[①] 习近平总书记在 2013 年 12 月中央农村工作会议上的讲话中指出，“谁来种地”这个问题，说到底，是愿不愿意种地、会不会种地、什么人来种地、怎样种地的问题。[②] 基于此，围绕解决“谁来种地”的问题，以习近平同志为核心的党中央创造性地提出了农村土地“三权分置”的改革思路，不仅促进了土地流转和适度规模经营，而且促进了新型农业经营主体的发展壮大和“小农户与现代农业发展有机衔接”，进而在坚持家庭承包经营基础性地位的同时实现了我国农业经营方式的创新。

二、“三权分置”拉开了新时代生产关系变革的序幕

（一）改革过程

1. 从政策构想到形成改革思路

2013 年 7 月，习近平总书记在视察武汉农村产权交易所时强调，要好好研究农村土地所有权、承包权、经营权三者之间的关系。这是土地“三权分置”构想的首次提出。随后，在 2013 年 12 月的中央农村工作会议上，习近平总书记进一步强调：土地承包经营权主体同经营权主体发生分离，这是我国农业生产关系变化的新趋势。同时习近平总书记指出，土地经营权的流转要与城镇化进程和农村劳动力转移规模相适应，与农业科技进步和生产手段改进程度相适应，与农业社会化服务水平提高相适应。可见，土地“三权分置”改革是党中央在充分考虑我国农业农村发展实际，遵循生产关系一定适应生产力发展状况客观规律的基础上作出的战略安排。在此基础上，2014 年中央一号文件便初步提出了农村土地“三权分置”的改革思路，即“在落实农村土地集体所有权的基础上，稳定农户承包权、放活土地经营权，允许承包土地的经营权向金融机构

---

① 甘路有. 马克思主义小农经济理论对我国实施乡村振兴战略的启示. 当代经济研究，2020 (2)：33－44.

② 习近平. 论“三农”工作. 北京：中央文献出版社，2022：95.

抵押融资"。

2. 从改革框架确立到立法保障

农村土地"三权分置"改革最终确定并在全国范围内进行推广，始于2016年出台的《中共中央办公厅 国务院办公厅关于完善农村土地所有权承包权经营权分置办法的意见》（以下简称《意见》）。该《意见》明确指出："将土地承包经营权分为承包权和经营权，实行所有权、承包权、经营权分置并行，着力推进农业现代化，是继家庭联产承包责任制后农村改革又一重大制度创新"；《意见》还进一步强调，"三权分置"符合生产关系适应生产力发展的客观规律。2018年《中华人民共和国农村土地承包法》修正后，明确保持农村土地承包关系稳定并长久不变；并且第九条规定："承包方承包土地后，享有土地承包经营权，可以自己经营，也可以保留土地承包权，流转其承包地的土地经营权，由他人经营"，从而为承包地"三权分置"改革提供了法律上的保障。至此，中国土地"三权分置"改革同时具备了政策、法律及理论依据。

（二）改革效果

"三权分置"政策的主要优势在于，其赋予了我国农村承包地承包权和经营权进一步改革创新的可能性。通过农业农村部的相关资料可知，由于"三权分置"及其新增权能的政策设定，上海、山东、宁夏、湖北等省（自治市、直辖区）的部分县（市、区）积极开展了农村承包地退出试点。[①] 也有研究表明，在"三权分置"的制度框架下，农地确权促进了经营权退出，但却抑制了承包权退出。[②] 根据洪银兴和王荣（2019）的观点，"三权分置"的土地制度改革是在已有的土地所有权与承包经营权相分离的基础上，在农户的承包经营权中分离出经营权，通过土地经营权流

---

① 2021年8月27日，农业农村部政策与改革司《对十三届全国人大四次会议第6672号建议的答复摘要》（农办议〔2021〕389号）.

② 高强，鞠可心. 农地确权提升了农户承包地退出意愿吗？——基于3省15县（市、区）935个农户样本的分析. 西北农林科技大学学报（社会科学版），2021，21（4）：123-131.

转来解决好谁来种地的问题。① 换句话说，"三权分置"最为重要的政策效应体现在，它催生了各种探索土地有效利用的新型组织形式和经营实体，极大地促进了农村承包地流转交易。② 并且从政策实践效果来看，2008 年中国耕地流转的面积占全国同年家庭承包耕地总面积的 8.1％③；随着"三权分置"改革的推进，自 2014 年以来耕地流转面积超过了三分之一④；到 2019 年全国家庭承包耕地流转面积已达 5.12 亿亩，占到了家庭承包经营耕地面积的 37％⑤。朱冬亮（2020）则在其调查中发现，有的村流转比例达到 50％甚至更高。⑥ 当然，经营权的流转必须同选择和培育新型农业经营主体结合起来。⑦

三、新型农业经营体系赋予双层经营体制新内涵

(一) 政策体系

1. 提出构建新型农业经营体系

早在承包地"三权分置"改革正式推出前，面对农村青壮年劳动力持续外出转移就业的现状，党的十八大就提出构建新型农业经营体系，即"培育新型经营主体，发展多种形式规模经营，构建集约化、专业化、组织化、社会化相结合的新型农业经营体系"。2014 年中央一号文件进一步明确："要以解决好地怎么种为导向加快构建新型农业经营体系"。可见，

---

① 洪银兴，王荣．农地"三权分置"背景下的土地流转研究．管理世界，2019，35（10）：113-119＋220.

② 邓朝春，辜秋琴．我国农村土地承包经营制度的演进逻辑与改革取向．改革，2022（5）：143-154.

③ 朱冬亮．农民与土地渐行渐远——土地流转与"三权分置"制度实践．中国社会科学，2020（7）：123-144＋207.

④ 魏后凯，刘同山．论中国农村全面转型——挑战及应对．政治经济学评论，2017（5）：84-116.

⑤ 2019 年 9 月 27 日，农业农村部发展规划司《对十三届全国人大二次会议第 7307 号建议的答复》（农办议〔2019〕114 号）.

⑥ 朱冬亮．农民与土地渐行渐远——土地流转与"三权分置"制度实践．中国社会科学，2020（7）：123-144＋207.

⑦ 洪银兴，王荣．农地"三权分置"背景下的土地流转研究．管理世界，2019，35（10）：113-119＋220.

相比解决"谁来种地"这一问题，新型农业经营体系的功能作用更多体现为创新农业生产经营方式、解决好"怎么种地"的问题，而种地的基础和根本仍在家庭承包户。2014 年中央一号文件还详细地指出，要从"发展多种形式规模经营""扶持发展新型农业经营主体""健全农业社会化服务体系""加快供销合作社改革发展"等四个维度"构建新型农业经营体系"。至此，新型农业经营体系的概念建构得以确立——规模经营形式创新、新型农业经营主体培育、农业社会化服务体系建立健全和供销合作社改革。

2. 突出强调农民合作社和家庭农场

为了支持新型农业经营主体的发展，2017 年中共中央办公厅、国务院办公厅专门印发了《关于加快构建政策体系 培育新型农业经营主体的意见》。该文件明确指出："在坚持家庭承包经营基础上，培育从事农业生产和服务的新型农业经营主体是关系我国农业现代化的重大战略"，并且要求从税收、基础设施、金融信贷、保险、营销、人才等方面构建新型农业经营主体政策支持体系。

值得注意的是，在各类新型农业经营主体中，习近平总书记尤为重视农民合作社和家庭农场的发展。2018 年 9 月中央政治局第八次集体学习时，习近平总书记就提出：要突出抓好农民合作社和家庭农场两类农业经营主体发展，赋予双层经营体制新的内涵，不断提高农业经营效率。2019 年中央一号文件在重申"坚持家庭经营基础性地位，赋予双层经营体制新的内涵"的基础上，作出了更加全面的工作部署，即"启动家庭农场培育计划，开展农民合作社规范提升行动，深入推进示范合作社建设，建立健全支持家庭农场、农民合作社发展的政策体系和管理制度"。根据中央一号文件的精神指示，2019 年 7 月出台的《农业农村部办公厅 财政部办公厅关于支持做好新型农业经营主体培育的通知》特别强调："支持实施农民合作社规范提升行动和家庭农场培育计划"。此外，为解决农民合作社面临的基础薄弱、运行不够规范、与成员联结不够紧密、扶持政策精准性不强、指导服务体系有待健全等问题, 2019 年 9 月中央农办等 11 个部门还联合发布了《关于开展农民合作社规范提升行动的若干意见》, 要求充分发挥合作社"服务农民、帮助农民、提高农民、富裕农民的功能作用, 赋予双层经营体制新的内涵"。中央对农民合作社、家庭农场的支持力度可见一斑。

3. 坚持农户家庭经营的基础性地位

上述分析表明, 农民合作社等新型经营主体的作用主要是服务、帮助、提高和富裕农民, 解决"怎么种地"的问题, 而不是代替农民。关于这一点, 党的十八届三中全会曾明确要求: "加快构建新型农业经营体系。坚持家庭经营在农业中的基础性地位, 推进家庭经营、集体经营、合作经营、企业经营等共同发展的农业经营方式创新"。这里特别强调"坚持家庭经营在农业中的基础性地位", 表明尽管中央支持培育发展新型经营主体, 但不代表规模主体要代替家庭经营的基础性地位。2013 年 12 月中央农村工作会议在强调"要把加快培育新型农业经营主体作为一项重大战略"时, 同样提出"也要继续重视普通农户的生产发展"。2014 年 12 月, 习近平总书记在中央经济工作会议上则进一步指出: "家庭经营在相当长的时期内仍是农业生产的基本力量, 要通过周到便利的社会化服务把农户经营引入现代农业发展轨道"[1]。习近平总书记的讲话为解决中国"怎么种地"的问题指明了方向。

随后, 2017 年党的十九大报告提出"健全农业社会化服务体系, 实现小农户和现代农业发展有机衔接"[2]。党的十九大的这一精神指示不仅确立了农业社会化服务在衔接小农户与现代农业中的桥梁作用, 也指出了新时代"种地"的手段或方式——发展农业社会化服务。2019 年 2 月出台的《中共中央办公厅 国务院办公厅关于促进小农户和现代农业发展有机衔接的意见》则详细提出了"把小农户引入现代农业发展轨道"的具体

---

① 习近平. 论"三农"工作. 北京: 中央文献出版社, 2022: 137 - 138.
② 习近平. 决胜全面建成小康社会 夺取新时代中国特色社会主义伟大胜利——在中国共产党第十九次全国代表大会上的报告. 北京: 人民出版社, 2017: 32.

途径和要求：提升小农户发展能力、提高小农户组织化程度、拓展小农户增收空间、健全面向小农户的社会化服务体系，以及完善小农户扶持政策等；而且，其中专门强调农业社会化服务体系的健全要以服务小农户为导向。不难发现，这些举措基本围绕构建新型农业经营体系而展开。《中共中央关于制定国民经济和社会发展第十四个五年规划和二〇三五年远景目标的建议》也提出："加快培育农民合作社、家庭农场等新型农业经营主体，健全农业专业化社会化服务体系，发展多种形式适度规模经营，实现小农户和现代农业有机衔接。"基于此，以小农户家庭经营为主的农业基本面加上新型农业经营体系，成为解决中国农业面临的"谁来种地、怎么种地"问题的重要手段，也是创新双层经营体制机制的必然之举。

（二）政策效果

在中央的政策支持下，我国农民合作社、家庭农场等新型经营主体实现了蓬勃发展，并取得了显著的联农带农效果。2021 年《国务院关于加快构建新型农业经营体系　推动小农户和现代农业发展有机衔接情况的报告》显示，截至 2021 年 9 月底，全国家庭农场超过 380 万个，平均经营规模达 134.3 亩；全国依法登记的农民合作社达 223 万家，带动全国近一半农户（其中，在脱贫地区培育农民合作社 72 万家，吸纳带动脱贫户630 万户）；全国农业专业服务公司等各类农业社会化服务组织已超过 95万个，服务小农户 7 800 万户。2020 年全国农业社会化服务营业收入超过1 600 亿元，服务面积达 16.7 亿亩次。据不完全统计，2022 年春耕期间，13 个粮食主产省份共有 31.2 万个服务组织开展了春耕备耕和田管服务，服务小农户近 4 600 万户，有力有效保障了春季农业生产。①

此外，新型经营主体和社会化服务组织的发展也一定程度上改变了我国农业生产经营方式，赋予了双层经营体制新的内涵。如山东的土地托

---

① 来之不易的丰收答卷. 人民日报，2022 - 06 - 24（003）.

管、江苏的联耕联种、四川的"农业共营制"、湖北的代耕代种等农业服务模式，以及江苏泰州市姜堰区的家庭农场服务联盟、安徽黟县的有农粮油生产联合体、河北省邢台市宁晋县的垄上行现代农业服务公司、陕西省榆林市榆阳区的补浪河乡集体经济组织等不同类型的服务组织。从本质上讲，这些服务模式及服务组织的服务实践都属于生产托管，并在不同程度上重塑了我国农业生产经营体制中的"统分结合"结构。关于这一点，冀名峰（2019）认为，托管模式在一些地区极大改变了中国农业生产和经营模式，已经超出了一种服务方式层面的意义。[①] 韩庆龄（2019）进一步分析指出，土地托管模式再造了农地经营中的统分结合结构："统"的一端，一方面充分实现农业服务供给侧农资产品和农机服务的资源整合，另一方面实现农业服务需求侧土地集中和农民的有效组织；"分"的一侧则充分发挥个体农户的主动性和创造性，使在村剩余劳动力可以通过农业生产获得基本保障。[②] 新型农业经营主体通过不断加强社会化服务能力建设，推动着"统分结合"的双层经营体制的持续完善，为小农经济的存续拓展了新的空间。[③]

第四节　生产力要素创新与农业生产体系优化

一、"藏粮于地、藏粮于技"是现代农业的必然

生产关系的变革一定程度上解决了中国农业面临的"谁来种地"以及"怎么种地"的问题，但是，提高农业产出才是保障粮食安全和重要农产品供给的关键所在。威廉·配第曾说过："劳动是财富之父，土地是财富

---

① 冀名峰. 社会化服务是我国农业现代化决胜阶段的重要力量. 农民日报，2019 - 12 - 09 (008).

② 韩庆龄. 小农户经营与农业社会化服务的衔接困境——以山东省 M 县土地托管为例. 南京农业大学学报（社会科学版），2019，19（2）：20 - 27＋156.

③ 赵晓峰，赵祥云. 新型农业经营主体社会化服务能力建设与小农经济的发展前景. 农业经济问题，2018（4）：99 - 107.

之母"①；马克思在《资本论》（第 1 卷）中则进一步引用配第的这句话解释物质财富的来源，即"劳动并不是它所生产的使用价值即物质财富的惟一源泉。正像威廉·配第所说，劳动是财富之父，土地是财富之母"②。尽管部分学者通过考证分析指出，配第的这句名言中的"土地"并不仅仅指土地，而是指自然界或自然物、自然资源。③ 但即便如此，土地对于财富，进一步来讲，对于保障粮食安全和重要农产品供给的决定性作用也是不容置疑的。此外，根据马克思的预言，"随着大工业的发展，现实财富的创造较少地取决于劳动时间和已耗费的劳动量，较多地取决于在劳动时间内所运用的作用物的力量，而这种作用物自身——它们的巨大效率——又和生产它们所花费的直接劳动时间不成比例，而是取决于科学的一般水平和技术进步，或者说取决于这种科学在生产上的应用"④。基于对马克思财富论的分析，卫兴华（2019）也明确表示，中国要重视科技的发展与应用、创新驱动发展、管理创新与体制创新、质量和效益的提高、经济增长方式与发展方式的转变，进而通过促进劳动生产率的提高来增加国内价值。⑤ 可见，农业产出要获得持续增长，科技是必不可缺的要素。

党的十八大以来，以习近平同志为核心的党中央通过对当前农业生产形势的科学判断，提出的"藏粮于地、藏粮于技"的发展战略，正是将马克思主义政治经济学原理加以中国化的伟大实践和理论创新。2014 年 5 月习近平总书记在河南考察时就指出："粮食生产根本在耕地，命脉在水利，出路在科技。"⑥ 2015 年 12 月中央经济工作会议上习近平总书记则明确提出落实藏粮于地、藏粮于技战略。2016 年 3 月习近平总书记在参加十二届全

① 1662 年英文版《赋税论·第 10 章——论刑罚》第 10 条（40 页）：Labour is the father and active principle of wealth, as lands are the mother.

② 马克思．资本论：第 1 卷．北京：人民出版社，2004：56-57.

③ 卫兴华．马克思的财富论及其当代意义．经济问题，2019（2）：1-4＋75；张文驹，李裕伟．威廉·配第两句名言的中译及其解读——写在马克思诞辰二百周年前后的读书笔记．中国国土资源经济，2018，31（06）：4-11.

④ 马克思恩格斯全集：第 31 卷．2 版．北京：人民出版社，1998：100.

⑤ 卫兴华．马克思的财富论及其当代意义．经济问题，2019（2）：1-4＋75.

⑥ 习近平．论"三农"工作．北京：中央文献出版社，2022：124.

国人大四次会议湖南代表团审议时的讲话中指出：要研究和完善粮食安全政策，把产能建设作为根本，实现藏粮于地、藏粮于技。2020年5月习近平在参加全国政协十三届三次会议经济界委员联组会时的讲话中进一步指出："加快推动'藏粮于地、藏粮于技'战略落实落地。"[①] 2020年12月习近平总书记在中央经济工作会议上再次强调："保障粮食安全，关键在于落实藏粮于地、藏粮于技战略，要害是种子和耕地。"[②] 2022年3月习近平总书记在参加全国政协十三届五次会议农业界、社会福利和社会保障界联组会时，又一次强调指出："实施乡村振兴战略，必须把确保重要农产品特别是粮食供给作为首要任务……把'藏粮于地、藏粮于技'真正落实到位。"[③]

可见，党的十八大以来，中央始终强调并决心通过耕地、科技等生产力要素的创新来改善农业生产条件，以达到稳定国家食物供给、推动农业产出持续增长和农业现代化的目的。具体来看，生产力要素创新涵盖了高标准农田建设、农业物质装备水平提升、种业振兴等方面。如2015年12月，习近平总书记在中央经济工作会议的讲话中指出："在保护好耕地特别是基本农田的基础上，大规模开展高标准农田建设，加大对农田水利、农机作业配套设施等建设支持力度，提高农业物质技术装备水平，推动农业从传统劳动密集型产业向多种形式适度规模经营的现代农业转变。"[④] 2021年12月，习近平总书记在中央经济工作会议上的讲话中进一步指出："要把提高农业综合生产能力放在更加突出的位置，持续推进高标准农田建设，深入实施种业振兴行动，提高农机装备水平，保障种粮农民合理收益，确保口粮绝对安全、谷物基本自给，提高油料、大豆产能和自给率。"[⑤] 《中共中央关于制定国民经济和社会发展第十四个五年规划和二〇三五年远景目标的建议》也提出要"坚持最严格的耕地保护制度，深入实

① 习近平.论"三农"工作.北京：中央文献出版社，2022：129.
② 习近平.论"三农"工作.北京：中央文献出版社，2022：305.
③ 习近平.论"三农"工作.北京：中央文献出版社，2022：330.
④ 习近平.论"三农"工作.北京：中央文献出版社，2022：126.
⑤ 习近平.论"三农"工作.北京：中央文献出版社，2022：131.

施藏粮于地、藏粮于技战略，加大农业水利设施建设力度，实施高标准农田建设工程，强化农业科技和装备支撑，提高农业良种化水平，健全动物防疫和农作物病虫害防治体系，建设智慧农业"。"藏粮于地、藏粮于技"俨然是建设现代农业的必由之路。

二、耕地要素创新与农业生产体系优化

（一）政策体系

党的十八大以来，中央对耕地的重视经历了从强调数量到数量和质量并重的过程。如党的十八大提出要"严守耕地保护红线"。2013 年中央农村工作会议进一步强调"耕地红线要严防死守，18 亿亩耕地红线仍然必须坚守，同时现有耕地面积必须保持基本稳定"。但显然当时中央主要从数量层面关注耕地问题，并没有对耕地质量给予较多关注。如 2014 年中央一号文件也只提到"支持地方开展耕地保护补偿""切实保证耕地数量不减少、质量有提高"。

但随着土地流转的加速（由上文可知，2014 年全国耕地流转面积开始超过耕地总面积的 1/3），实践中耕地"非农化、非粮化"等现象日益严峻，中央开始重视保护耕地质量。如 2014 年 11 月《中共中央办公厅 国务院办公厅关于引导农村土地经营权有序流转 发展农业适度规模经营的意见》提出："坚持最严格的耕地保护制度，切实保护基本农田。严禁借土地流转之名违规搞非农建设。"同年 12 月《国务院关于建立健全粮食安全省长责任制的若干意见》也强调："落实最严格的耕地保护制度，确保现有耕地面积基本稳定、土壤质量不下降。"随后，2015 年中央一号文件明确提出，要"全面开展永久基本农田划定工作。统筹实施全国高标准农田建设总体规划。实施耕地质量保护与提升行动"；并于 2016 年启动实施了耕地轮作休耕制度试点工作，以及耕地地力保护补贴[①]等工作。《中

---

① 2016 年中央财政全面推开农业"三项补贴"改革工作，将农作物良种补贴、种粮农民直接补贴和农资综合补贴合并为一项补贴，政策目标调整为支持耕地地力保护。

华人民共和国国民经济和社会发展第十三个五年规划纲要》则进一步提出："以粮食等大宗农产品主产区为重点，大规模推进农田水利、土地整治、中低产田改造和高标准农田建设"。中央对耕地质量的保护从被动地限制破坏开始向积极主动地进行保护和提升转变。2022年中央一号文件更是提出，要"落实'长牙齿'的耕地保护硬措施。实行耕地保护党政同责，严守18亿亩耕地红线"。

在具体的耕地质量保护与提升举措中，高标准农田建设和东北黑土地保护利用政策体系已经渐趋完善。高标准农田建设是提高农业综合生产能力、保障国家粮食安全的关键举措，所以，党的十八大以来中央十分重视高标准农田建设项目。如2014年国土资源部牵头制定了《高标准农田建设通则》，以便规范高标准农田建设。而为了切实加强高标准农田建设，提升国家粮食安全保障能力，2019年国务院办公厅印发《国务院办公厅关于切实加强高标准农田建设提升国家粮食安全保障能力的意见》，对高标准农田建设做出了系统部署，要求到2022年建成10亿亩高标准农田，以此稳定保障1万亿斤以上粮食产能。2021年《全国高标准农田建设规划（2021—2030年）》发布，要求到2025年建成10.75亿亩高标准农田，改造提升1.05亿亩高标准农田，以此稳定保障1.1万亿斤以上粮食产能。2030年建成12亿亩高标准农田，改造提升2.8亿亩高标准农田，以此稳定保障1.2万亿斤以上粮食产能。这些措施表明中央在进一步支持高标准农田建设的同时，也加大了对已建高标准农田的改造提升。2022年新修订的《高标准农田建设通则》发布。高标准农田建设还是东北黑土地保护利用的重要手段和内容。

东北黑土地是中国珍贵的土壤资源。党的十八大以来，中央连续出台了系列保护黑土地的政策举措。2017年农业部与国家发展改革委等6部门联合印发了《东北黑土地保护规划纲要（2017—2030年）》，纲要明确"保护黑土地是实施'藏粮于地、藏粮于技'战略的迫切需要"；并提出到2030年，实施黑土地保护面积2.5亿亩，基本覆盖主要黑土区耕地，同时要求东北黑土区耕地质量平均提高 1 个等级（别）以上。2020 年，农业农村部与财政部联合印发《东北黑土地保护性耕作行动计划（2020—2025 年）》，提出力争到 2025 年，实施保护性耕作面积 1.4 亿亩，占东北地区适宜区域耕地总面积的 70% 左右，形成较为完善的保护性耕作政策支持体系、技术装备体系和推广应用体系。2021 年农业农村部、国家发展改革委、财政部、水利部、科技部、中科院、国家林草局等 7 部门联合印发《国家黑土地保护工程实施方案（2021—2025 年）》，提出"十四五"期间完成 1 亿亩黑土耕地保护任务，基本构建形成持续推进黑土地保护利用的长效机制。2022 年 6 月《中华人民共和国黑土地保护法》出台，从而为保护黑土地提供了法律层面的保障，标志着我国针对耕地保护利用的法律体系在日趋建立健全。

（二）政策效果

通过上述耕地保护政策的实施，我国耕地面积一直稳定在 18 亿亩以上，耕地质量也得到了极大的改善。如第三次全国国土调查数据显示，2019 年我国的耕地面积为 12 786.19 万公顷，约计 19 亿亩；2019 年全国耕地质量平均等级则达到了 4.76，较 2014 年提升 0.35 个等级。[①] 同时统计数据显示，截至 2020 年底，全国已累计完成了 8 亿亩高标准农田建设任务，而建成后的高标准农田亩均粮食产能可增加 10%～20%，平均每亩节本增效约 500 元。[②] 从图 6-5 也可以看出，党的十八大以来我国耕地灌溉面积逐年增加，反映出我国高标准农田建设成效显著，农业生产条件在不断完善，整体耕地质量在不断提升。而图 6-6 和图 6-7 则说明在耕地质量不断提升、农业基础设施条件不断完善的背景下，我国的农业综合生产能力也在不断增强。其中，谷物单位面积产量从 2012 年的 5 833 公斤/公顷（778 斤/亩）增加到了 2020 年的 6 296 公斤/公顷（839 斤/亩）；

---

① 农业农村部"十三五"时期农业现代化发展情况报告. 搜狐网，2021-05-12.
② 全国高标准农田建设规划（2021—2030 年）. 国家发展和改革委员会官网，2021-11-02.

棉花单位面积产量从 2012 年的 1 516 公斤/公顷（202 斤/亩）增加到了 2020 年的 1 865 公斤/公顷（249 斤/亩），这也是我国棉花种植面积逐年递减情况下总产量却能保持相对稳定的重要原因。

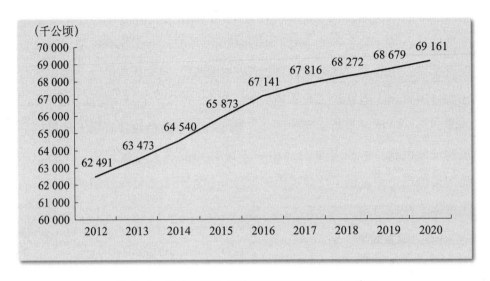

图 6-5　2012—2020 年我国耕地灌溉面积变化情况

资料来源：中国统计年鉴（2021）. 北京：中国统计出版社，2021.

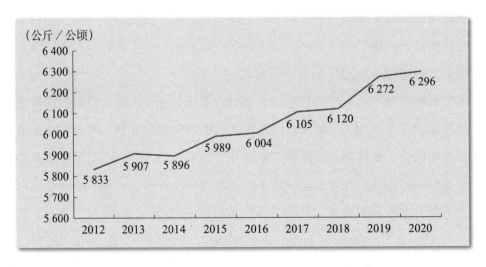

图 6-6　2012—2020 年我国谷物单位面积产量变化情况

资料来源：中国统计年鉴（2021）. 北京：中国统计出版社，2021.

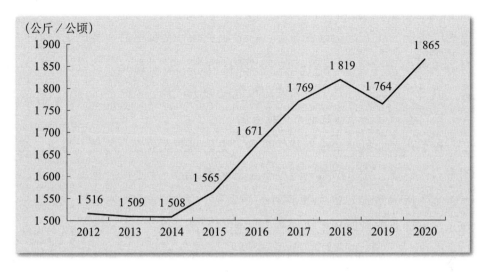

图 6 - 7 2012—2020 年我国棉花单位面积产量变化情况

资料来源：中国统计年鉴（2021）. 北京：中国统计出版社，2021.

三、科技要素创新与农业生产体系优化

（一）政策体系

自古以来农业生产都是靠天吃饭，所以农业一直都面临着较频繁且损失后果较严重的自然和经营风险。科技创新能够在尊重、运用自然规律的基础上"顺势而为"，缓解自然和经营风险等对农业生产的影响，从而在一定程度上保障农业生产。党的十八大以来，中央针对农业领域科技创新出台了诸多优惠政策，大大改善了我国农业生产物质技术装备条件，提升了我国农业生产效率。2013 年中央农村工作会议就明确提出："遵循现代化规律，依靠科技支撑和创新驱动，提高土地产出率、资源利用率、劳动生产率，努力走出一条生产技术先进、经营规模适度、市场竞争力强、生态环境可持续的中国特色新型农业现代化道路"。如今面向"十四五"，国务院印发了《"十四五"推进农业农村现代化规划》，在提出"强化农业科技和装备支撑"的同时，强调"推进种业振兴"和"提高农机装备研发应用能力"。2022 年中央一号文件进一步要求"全面实施种业振兴行动方

案""提升农机装备研发应用水平"。2022 年 3 月，习近平总书记在参加全国政协十三届五次会议农业界、社会福利和社会保障界委员联组会时也再次强调："解决吃饭问题，根本出路在科技。我国农业科技进步有目共睹，但也存在短板，其中最大的短板就是种子。"①

1. 不断强化种业科技创新支持力度

种子是农业科技要素创新的根本，也是我国农业生产的最大短板。党的十八大以来，为贯彻落实习近平总书记提出的"要下决心把民族种业搞上去"的指示精神，中央各部门积极发力，推进种业科技创新。总的来看，我国种业改革创新主要面临两方面的"硬骨头"：一是确立种子企业的主体地位。② 为此，2011 年国务院出台了《国务院关于加快推进现代农作物种业发展的意见》，明确了企业在我国种业发展中的主导地位和作用："坚持企业主体地位。以'育繁推一体化'种子企业为主体整合农作物种业资源，建立健全现代企业制度，通过政策引导带动企业和社会资金投入，充分发挥企业在商业化育种、成果转化与应用等方面的主导作用。"随后 2013 年国务院办公厅发布《国务院办公厅关于深化种业体制改革 提高创新能力的意见》，进一步要求"强化企业技术创新主体地位"，从而开启了我国种业改革发展的新阶段。二是调动科研人员的积极性。③ 为此，2014 年农业部会同财政部、科技部提出了种业科研成果权益比例的试点方案；2016 年农业部等 5 部门又联合印发了《关于扩大种业人才发展和科研成果权益改革试点的指导意见》，明确要求"到 2020 年，构建起以科研院校为主体的基础性公益性研究和以企业为主体的技术创新相对分工、相互融合、'双轮驱动'的现代种业科技创新体系"。

为了更好地推动我国种业的改革创新，为我国种业发展指明方向，党的十八大以来中央层面还制定了种业相关的系列规划。如 2012 年国务院

---

① 习近平. 论"三农"工作. 北京：中央文献出版社，2022：332.
② 我国种业在改革中振兴. 经济日报，2016 - 12 - 15（07）：42.
③ 我国种业在改革中振兴. 经济日报，2016 - 12 - 15（07）：42.

办公厅印发了《全国现代农作物种业发展规划（2012—2020 年）》，其中明确提出实施种业基础性公益性研究工程、商业化育种工程、种子生产基地建设工程和种业监管能力提升工程等四项重大工程。2015 年，农业部、国家发展改革委、财政部、国土资源部和海南省政府则联合印发了《国家南繁科研育种基地（海南）建设规划（2015—2025 年）》，专门划定了26.8 万亩适宜南繁科研育种的区域，划定为永久基本农田，实行用途管制。在中央持续不断的政策支持、鼓励和资金投入下，我国种业改革创新取得了显著成效。统计数据显示，到 2017 年，我国的水稻、小麦、大豆三大作物全部是自主选育品种，国外选育玉米品种的市场份额已降到10％，自主选育转基因棉花品种的市场份额占到了 95％以上；2016 年全国有持证（种子）企业 4 316 家，比五年前减少 50％；有国内上市种子企业 50 多家，总市值超千亿元；前 50 强企业年研发投入约占销售收入的7.4％，较五年前提高了 3 个百分点。① 企业多、小、散的状况有了明显改善，我国种子企业实力不断增强。

即便如此，与部分农业发达国家相比，我国粮食种业技术"卡脖子"问题也依然存在，每年都要从国外进口大量优质粮食种子，玉米等优质种业资源高度依赖进口。② 基于此，2018 年 4 月习近平总书记在海南考察时强调指出："良种在促进粮食增产方面具有十分关键的作用。要下决心把我国种业搞上去，抓紧培育具有自主知识产权的优良品种，从源头上保障国家粮食安全。"③ 为落实习近平总书记的重要指示精神，2018 年 5 月农业农村部办公厅联合海南省人民政府办公厅发布了《农业农村部办公厅海南省人民政府办公厅关于加快推进国家南繁科研育种基地建设规划落实的通知》，对"加快推进国家南繁规划落实"做出了具体工作部署。2019年国务院办公厅发布《国务院办公厅关于加强农业种质资源保护与利用的

---

① 农业部就十八大以来种业改革创新有关情况举行发布会．中国网，2017 - 10 - 13．
② 姜长云．怎样看待当前的粮食安全风险．山西农业大学学报（社会科学版），2022（5）．
③ 习近平．论"三农"工作．北京：中央文献出版社，2022：128．

意见》，提出"力争到2035年，建成系统完整、科学高效的农业种质资源保护与利用体系"。2021年习近平总书记在中央全面深化改革委员会第二十次会议上再次强调，"农业现代化，种子是基础，必须把民族种业搞上去，把种源安全提升到关系国家安全的战略高度，集中力量破难题、补短板、强优势、控风险，实现种业科技自立自强、种源自主可控"；① 同年，国家发展改革委和农业农村部联合印发《"十四五"现代种业提升工程建设规划》，要求按照种业振兴行动方案部署，加快改善提升现代种业基础设施条件，加紧推进种业关键共性技术和种源核心技术攻关；与此同时，十三届全国人大常委会第三十二次会议通过了《全国人大常委会关于修改〈中华人民共和国种子法〉的决定》。这是《中华人民共和国种子法》颁布实施以来第3次修正，表明中央对保护和利用种质资源的法治保障日臻完善，也标志着我国依法治种进入了新阶段。

2. 持续完善农业机械政策支持体系

农业机械化水平不仅是影响我国农业现代化进程以及规模经营的又一重要因素，也是导致我国农业产出效率低于欧美等发达国家的重要原因。先进的农机设备和发达的农业机械化水平，一方面可以大大提高农业劳动产出率；另一方面还有助于节粮减损，在土地生产率提升空间有限的条件下，减损就是增收。当前我国支持农业机械化发展的重要政策为农机购置补贴。我国的农机购置补贴始于2004年，2008年开始在全国范围内推广实施。党的十八大以来，中央累计投入农机购置补贴2 051亿元② ，推动我国农机装备水平不断向高质量发展。同时，我国农机购置补贴对象、方式、标准和补贴机具种类也不断趋于完善。如农机购置补贴兑付方式从2004年的差价购机发展到2012年的"全价购机、定额补贴、县级结算、直补到卡"。2022年6月财政部、农业农村部联合发布了2022年重点强农惠农政策。针对农机购置补贴政策，首次提出"优化补

---

① 习近平. 论"三农"工作. 北京：中央文献出版社，2022：130.
② 提升粮食综合产能 夯实大国粮仓根基. 央视网-新闻联播，2022-06-12.

贴兑付方式，把作业量作为农机购置与应用补贴分步兑付的前置条件"，这是我国农机购置补贴政策实施以来的一项新的重大调整，表明中央对农业机械化的政策支持方向开始从提高农机装备总量向提高农机利用效率转变。

尤其值得注意的是，2018 年 12 月《国务院关于加快推进农业机械化和农机装备产业转型升级的指导意见》出台，为我国农机装备产业和农业机械化发展进一步指明了方向。该意见不仅明确提出"稳定实施农机购置补贴政策，对购买国内外农机产品一视同仁，最大限度发挥政策效益"，而且对发展农业机械化的重要性、必要性及具体要求都做出了说明。具体来看，我国发展农业机械化的重要性在于"没有农业机械化，就没有农业农村现代化"；必要性是因为"农业生产已从主要依靠人力畜力转向主要依靠机械动力，进入了机械化为主导的新阶段"；具体要求为"推动农机装备产业向高质量发展转型，推动农业机械化向全程全面高质高效升级"。随后，2020 年农业部办公厅、财政部办公厅、商务部办公厅三部门联合印发了《农业机械报废更新补贴实施指导意见》，代替了 2012 年印发的《2012 年农机报废更新补贴试点工作实施指导意见》，从而开启了我国农机报废更新补贴工作的新篇章，也标志着我国农机报废更新补贴工作由试点进入了全面实施的新阶段。2022 年农业农村部发布《"十四五"全国农业机械化发展规划》，该规划在与《国务院关于加快推进农业机械化和农机装备产业转型升级的指导意见》衔接的基础上再次明确，到 2025 年，全国农机总动力稳定在 11 亿千瓦左右，农作物耕种收综合机械化率达到 75%。

（二）政策效果

党的十八大以来，以习近平同志为核心的党中央对农业科技改革创新的政策支持和资金投入，大大改善了我国农业生产技术条件，提高了农业生产的良种覆盖率。相关统计数据显示，2015 年我国的农业科技进步贡献率为 56%，2020 年则增至 60%，年均提升 0.8 个百分点（见图 6-8）；

同时，2020 年全国农作物良种覆盖率稳定在了 96% 以上[①]，实现了中国粮主要用中国种。此外，根据 2021 年 5 月农业农村部发布的《"十三五"时期农业现代化发展情况报告》，我国种质资源收集与保护体系初步形成，长期保存农作物种质资源达到 51 万份，国家级家畜基因库收集保存国内外各类畜禽遗传材料 90 万份；海南、甘肃、四川三大国家级育制种基地和 52 个制种大县及 100 个区域性基地，构成了我国种子基地"国家队"，保证了全国 70% 以上的农作物用种需求。

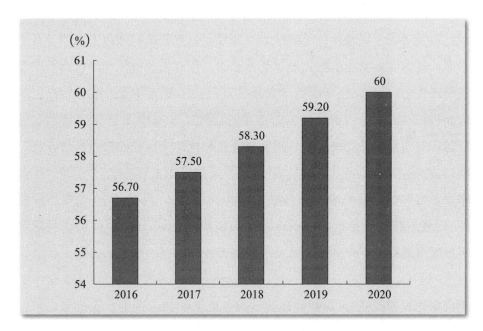

图 6-8　"十三五"时期我国农业科技进步贡献率变化情况

资料来源：农业农村部.《"十三五"时期农业现代化发展情况报告》.

　　党的十八大以来，我国农业机械化更是取得了长足的发展。"十三五"时期我国农业机械总动力基本呈现稳步上涨的态势（见图 6-9），在此背景下，我国农作物综合机械化率相较于"十二五"时期也实现了大幅上

_____

　　① 2021 年国务院关于加快构建新型农业经营体系 推动小农户和现代农业发展有机衔接情况的报告.

升。《2020 年全国农业机械化发展统计公报》的统计数据显示，2020 年我国农作物耕种收综合机械化率为 71.25%，较"十二五"时期末提高了 7.43 个百分点；其中，机耕率、机播率、机收率分别达到了 85.49%、58.98%、64.56%；部分粮食作物的综合机械化率甚至接近 100%，基本实现了全程机械化，如小麦 2020 年的耕种收综合机械化率已经高达 97.19%（见表 6‐2）。当然，马铃薯等农作物的机械化率仍然相对较低，还有较大的提升空间。但整体而言，根据 2021 年 5 月农业农村部发布的《"十三五"时期农业现代化发展情况报告》可知，我国的农业机械化正在从主要作物耕种收环节向植保、秸秆处理、烘干等全程延伸，正由种植业加速向畜牧业、渔业、设施农业、农产品初加工业拓展。并且数字化、智能化技术正广泛应用到农业机械作业过程，助力农业机械化生产。如截至"十三五"时期末，我国已经有超过 60 万台拖拉机、联合收割机配置基于北斗定位的作业监测和智能控制终端；植保无人机驾驶航空器保有量突破 7 万台，作业面积近 2.2 亿亩，并且建设应用了国内首个作物育种云平台。①

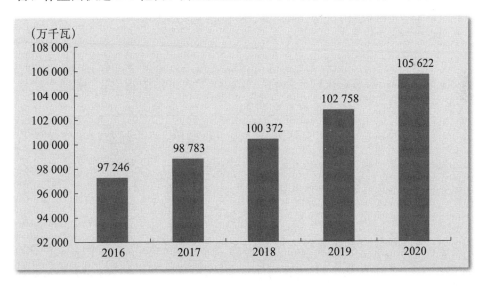

图 6‐9 "十三五"时期中国农业机械总动力变化情况

资料来源：中国统计年鉴（2021）. 北京：中国统计出版社，2021.

---

① 农业农村部《"十四五"全国农业农村信息化发展规划》.

表6-2　主要农作物耕种收综合机械化率（%）

作物	2020年耕种收综合机械化率	较"十二五"时期末提高
小麦	97.19	3.53
水稻	84.35	6.23
玉米	89.76	8.55
大豆	86.70	20.85
油菜	59.91	13.06
马铃薯	48.07	8.11
花生	63.96	12.74
棉花	83.98	17.17

资料来源：2020年全国农业机械化发展统计公报.

第五节　农村产业融合与农业产业体系构建

一、农民增收是构建农业产业体系的内在要求

"三农"问题的核心是农民问题，农民问题的核心是增收问题。2013年12月习近平总书记在中央农村工作会议上的讲话中指出："稳定发展粮食生产，一定要让农民种粮有利可图、让主产区抓粮有积极性。"[1] 2015年7月，习近平总书记在吉林调研时进一步指出："检验农村工作成效的一个重要尺度，就是看农民的钱袋子鼓起来没有。"[2] 2018年6月，习近平总书记在山东考察时再次强调："农业农村工作，说一千、道一万，增加农民收入是关键。"[3] 所以，保障粮食安全和重要农产品供给、改革创新农业经营体系和农业生产力要素，关键是要让农民种地种粮有积极性，能够增加收入。从图6-10可以看出，近些年我国农村居民人均收入逐渐

---

[1] 习近平. 论"三农"工作. 北京：中央文献出版社，2022：77.

[2] 习近平. 论"三农"工作. 北京：中央文献出版社，2022：45.

[3] 习近平. 论"三农"工作. 北京：中央文献出版社，2022：46.

上升，但 2013 年以来的整体上涨幅度几乎呈现逐年放缓的趋势，说明我国农村居民增收已到达了一个瓶颈期。值得注意的是，在农村居民人均可支配收入构成中经营净收入占比逐年降低、工资性收入逐年上升，这从侧面反映出当前我国农村居民增收来源于农业的比重不断下降，农民从农业生产经营中实现增收面临较大困难；而工资性收入在总收入中的占比自 2015 年开始已超过经营净收入，成为农民收入的主要来源，这也在一定程度上印证了前面所得出的结论：大量青壮年农村劳动力选择外出务工，"谁来种地"成为世纪难题。

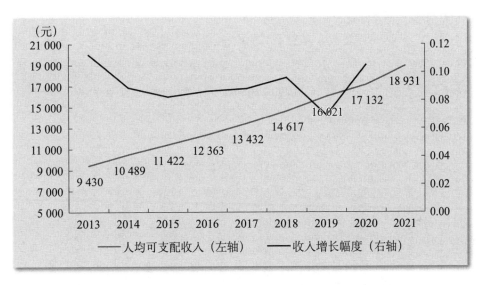

图 6 - 10　2013—2021 年我国农村居民人均可支配收入变化情况

资料来源：历年《中国统计年鉴》。

　　然而，"谷贱伤农""米贵伤民"。如何让种地种粮农民增收的同时，又让老百姓的餐桌有保证，一直是中央"三农"政策致力于解决的矛盾。党的十八大以来，中央不断加大强农惠农富农政策力度，以便能够在保障粮食安全及重要农产品供给的同时促进农民持续增收。如玉米和大豆生产者补贴、稻谷和小麦最低收购价政策、棉花目标价格补贴、耕地地力保护补贴、农机购置补贴等。但财政补贴终究不能从根本上解决农民增收问题。从图 6-11 也可以看出,转移性净收入在农民人均可支配总收入中的比重基本稳定在 20% 左右。产业兴旺是乡村振兴的重要基础,是解决农村一切问题的前提。[①] 农民增收归根结底还是需要依靠农业产业本身的增值增效,也就是要不断拓展农业的多功能性、促进一二三产业融合发展,通过构建现代农业产业体系来拓宽农民的增收渠道。2015 年中央一号文件首次正式提出"推进农村一二三产业融合发展",由此确立了农村产业融合发展的政策导向;而且该文件明确指出:"增加农民收入,必须延长农业产业链、提高农业附加值"。同年 12 月国务院办公厅发布《国务院办公厅关于推进农村一二三产业融合发展的指导意见》,再次强调:"推进农村一二三产业融合发展,是拓宽农民增收渠道、构建现代农业产业体系的重要举措"。2016 年中央一号文件进一步提出"推进农村产业融合,促进农民收入持续较快增长"。从政策视角来看,农村产业融合发展显然是实现农民增收的关键举措。

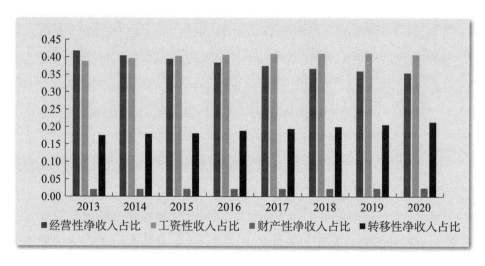

图 6-11 2013—2020 年我国农村居民人均可支配收入结构变化

资料来源:历年《中国统计年鉴》。

---

① 国务院关于促进乡村产业振兴的指导意见.中国政府网,2019-06-28.

二、农业的多功能性与农村一二三产业融合

(一) 政策体系

农村产业的融合发展在多数情况下就是农业多种功能的拓展过程。农业的多功能性是农村一二三产业融合发展的重要前提和基础。有研究认为，根据发达国家的实践，尽管农业在国民经济中的份额呈下降趋势，但农业在国民经济中的作用不但没有削弱，反而不断提出了农业功能拓展的新要求。[①] 李俊岭（2009）还曾经分析了产业融合对农业多功能的影响，例如：生态农业使农业的生态环境保护功能得以强化，观光农业使农业的文化功能得以拓展，生物质农业使农业的经济、生态等综合功能得以延伸。[②]

2015 年中央一号文件提出促进产业融合发展的政策时，就提出要以开发农业多种功能的方式促进产业融合。随后《国务院办公厅关于推进农村一二三产业融合发展的指导意见》再次要求"拓展农业多种功能"。2016 年中央一号文件则明确提出："必须充分发挥农村的独特优势，深度挖掘农业的多种功能，培育壮大农村新产业新业态，推动产业融合发展成为农民增收的重要支撑"；并且要求从推动农产品加工业转型升级、加强农产品流通设施和市场建设、大力发展休闲农业和乡村旅游、完善农业产业链与农民的利益联结机制等方面推进农村产业融合。随后，农业部便于2016 年 11 月发布了《全国农产品加工业与农村一二三产业融合发展规划(2016—2020 年)》，该规划提出要"认真组织实施专用原料基地建设、农产品加工业转型升级、休闲农业和乡村旅游提升、产业融合试点示范等重大工程"，同一时间国务院办公厅出台了《国务院办公厅关于支持返乡下乡人员创业创新 促进农村一二三产业融合发展的意见》，以支持农村产业

---

① L. 阿兰・温斯特. 工业化国家农业政策的政治经济学. 北京：中国税务出版社，2000：98.

② 李俊岭. 我国多功能农业发展研究——基于产业融合的研究. 农业经济问题，2009（3）：4-7+110.

融合发展；2016 年 12 月国务院办公厅专门出台了《国务院办公厅关于进一步促进农产品加工业发展的意见》，强调我国农产品加工业"已成为农业现代化的支撑力量和国民经济的重要产业，对促进农业提质增效、农民就业增收和农村一二三产业融合发展……发挥了十分重要的作用"。可见，在拓展农业多功能方面，当时中央还是倾向于以农产品加工业来促进农村产业融合发展。

党的十九大之后，中央逐渐明确了从农产品加工业、乡村休闲旅游和农村电商等三个方面促进农村产业融合。最初 2017 年中央一号文件提出通过大力发展乡村休闲旅游产业、推进农村电商发展、加快发展现代食品产业、培育宜居宜业特色村镇等途径"壮大新产业新业态，拓展农业产业链价值链"；同年农业农村部会同财政部启动创建国家现代农业产业园。2018 年中央一号文件提出"构建农村一二三产业融合发展体系"，并要求"大力开发农业多种功能"，实施"农产品加工业提升行动""休闲农业和乡村旅游精品工程"。自此中央对农村产业融合的政策支持进入了一个崭新阶段。如 2018 年农业农村部会同财政部启动建设农业产业强镇、2020 年两部门又启动建设优势特色产业集群①；2020 年农业农村部组织实施"互联网＋"农产品出村进城工程。各农村产业融合工程的开展为我国农业多种功能拓展赋予了强大动能。在此背景下农业农村部于 2021 年印发《农业农村部关于拓展农业多种功能 促进乡村产业高质量发展的指导意见》，要求形成以农产品加工业为"干"贯通产加销、以乡村休闲旅游业为"径"融合农文旅、以新农村电商为"网"对接科工贸的现代乡村产业体系。2022 年中央一号文件则在强调"持续推进农村一二三产业融合发展"的同时，进一步明确"鼓励各地拓展农业多种功能、挖掘乡村多元价值，重点发展农产品加工、乡村休闲旅游、农村电商等产业"，并提出实施乡村休闲旅游提升计划、"数商兴农"工程。

---

① 2022 年国家强农惠农富农政策措施选编．农业农村部官网，2022 - 06 - 15.

(二) 政策效果

根据 2021 年 5 月农业农村部发布的《"十三五"时期农业现代化发展情况报告》，"十三五"期间，我国累计创建特色优势产业集群 50 个、国家级现代农业产业园 151 个、农村产业融合示范园 228 个、农业产业强镇 811 个。首先就农产品加工业来看，截至 2020 年年底全国已建成超过 17 万座农产品初加工设施，规模以上农产品加工企业超过 8.1 万家，从业人员 3 000 多万人，营业收入超过 23.5 万亿元，辐射带动小农户 1 亿多，加工转化率提升到 68%；农产品加工产值与农业总产值之比，也由 2015 年的 2.16 上升至 2020 年的 2.4（见图 6 - 12）。

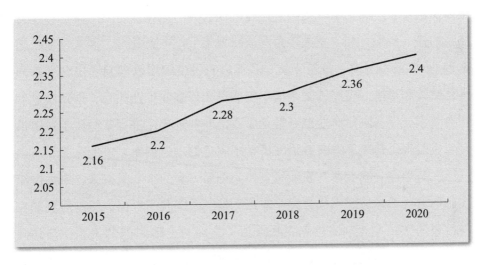

图 6 - 12 2015—2020 年我国农产品加工业发展情况

注：表示农产品加工产值与农业总产值之比。

其次是乡村休闲旅游。相关统计数据显示，"十三五"时期我国通过实施休闲农业和乡村旅游精品工程，创建了 388 个全国休闲农业重点县，认定了 1 216 个"一村一景"美丽休闲乡村。[1] 2019 年，全国休闲农业和乡村旅游营业收入超过 8 500 亿元，年均增速 9.8%，直接带动 1 200 万农村劳动力

---

① 农业农村部．"十三五"时期农业现代化发展情况报告．搜狐网，2021 - 05 - 12.

就业增收，成为拓展农业功能、提升乡村价值的重要实现形式。①

最后，就农村电商来看，截至 2019 年底，全国注册在县及县域以下的农村电商数量超过 800 万家，全国农村网络零售额达到 1.7 万亿元，农产品电商零售总额达到 3 975 亿元。② 2020 年全国农产品网络零售额达 5 758.8 亿元，比 2015 年增长 2.8 倍。③

第六节　本章小结

党的十八大以来，以习近平同志为核心的党中央围绕保障国家粮食安全以及重要农产品供给，提出了构建现代农业产业体系、生产体系和经营体系的伟大构想。在"三大体系"战略框架下，中央针对"谁来种地、怎么种地""藏粮于地、藏粮于技"及促进农民持续增收等问题出台了系列具体政策和举措。这些政策举措不仅通过变革农业生产关系、创新农业生产力要素、促进农村产业融合推动了我国农业现代化进程，稳住了强国根基，也实现了马克思主义政治经济学中国化的理论创新。

一是生产关系变革与农业经营体系创新。党的十八大以来，中央组织实施的农村承包地"三权分置"改革，是继家庭联产承包责任制后我国农村改革的又一重大制度创新，其重塑了农户与土地之间的关系；与此同时，中央提出构建新型经营体系，从而改变了我国农业生产经营方式及其生产关系，赋予了双层经营体制新的内涵。自此，我国农业双层经营体制中"统"的主体由村集体拓展到了农民合作社等新型经营主体；"分"的内容也由传统家庭承包经营拓展到了家庭农场等多种多样的规模经营形式。最终科学回答了新时代"谁来种地、怎么种地"的问题，也为我国现代农业生产体系优化和产业体系构建奠定了制度基础。

---

① 农业农村部"十三五"时期农业现代化发展情况报告. 搜狐网，2021-05-12.
② 农业农村部"十三五"时期农业现代化发展情况报告. 搜狐网，2021-05-12.
③ 农业农村部《"十四五"全国农业农村信息化发展规划》.

　　根据马克思主义政治经济学的观点，小农必然灭亡。马克思说："在这个时代里，不单是科学的农业，而且还有那新发明的农业机械，日益使小规模的经营变成一种过时的、不再有生命力的经营方式。正同机械的纺织业排斥了手纺车与手织机一样，这种新式的农业生产方法，一定会无法挽救地摧毁小土地经济，而代之以大土地所有制"①，即"小农经济必趋向衰亡"。党的十八大以来，我国不仅进一步强调坚持小农户在农业生产中的基础性地位，同时也探索出了小农户与现代农业有机衔接的路径。实际上党的十九大提出的"小农户"概念，与马克思主义政治经济学中的"小农"概念存在明显差异。在马克思主义阶级关系的分析框架中，"小农"概念具有鲜明的意识形态和政治性内涵，"小农"概念下的小农经济被视为一种落后的生产方式。② 然而，在现代市场经济条件下，小农户的家庭生产经营不再是以自给自足为主要特征的封闭式经营，而是一个与市场紧密联系的开放系统③，突出强调"小农户与现代农业发展有机衔接"是在清晰认识当前我国农业生产经营基本面后的理性判断。党中央立足我国小农户经营的基本农情，积极探索小农户与现代农业发展有机衔接的中国道路，实现了对马克思主义政治经济学的中国化创新。

　　二是生产力要素创新与农业生产体系优化。党的十八大以来，以习近平同志为核心的党中央通过对当前农业生产形势的科学判断，提出"藏粮于地、藏粮于技"的发展战略。在"藏粮于地"方面，中央全面开展永久基本农田划定工作，启动实施耕地轮作休耕制度试点工作及耕地地力保护补贴；并且完善修订《高标准农田建设通则》，不断规范和提高高标准农田建设质量，同时出台了一系列东北黑土地保护政策法规。在"藏粮于技"方面，一是大力推进种业改革创新，明确和强化种子企业的创新主体地位，组织开展种业科研成果权益比例试点，调动科研人员的积极性，以

　　① 马克思恩格斯全集：第19卷．北京：人民出版社，1963：368.
　　② 叶敬忠，张明皓．"小农户"与"小农"之辩——基于"小农户"的生产力振兴和"小农"的生产关系振兴．南京农业大学学报（社会科学版），2019（1）：1-12.
　　③ 宋建平．推动小农户与现代农业衔接的理论与政策分析．生产力研究，2019（10）：53-60.

及组织实施种业振兴行动，推动依法治种进入新阶段。二是进一步完善农机购置补贴政策，推进农业机械化和农机装备产业转型升级。一系列"藏粮于地、藏粮于技"政策的贯彻落实，使得"十三五"期间我国农业科技贡献率逐年上升，耕地质量及农作物单产水平、农作物耕种收综合机械化率也得以不断提高。耕地等生产力要素创新与前述生产关系的变革相互促进，例如"农业机械化的发展—产生规模经营的需求—要求土地流转—倒逼'三权分置'改革—要求生产关系变革—反作用于生产力"，共同作用于农业生产过程，从而为我国农村产业融合和农业产业体系构建提供了良好的发展基础。

三是农村产业融合与农业产业体系构建。农业的多功能性是农村产业融合发展的重要前提和基础。党的十八大以来，面对农民持续增收存在的困境，中央提出"推进农村一二三产业融合发展"的政策导向，要求开发农业多种功能、促进产业融合。为此，中央启动创建国家现代农业产业园、农业产业强镇、优势特色产业集群，并组织实施了"农产品加工业提升行动""休闲农业和乡村旅游精品工程""互联网＋""农产品出村进城工程"等农村产业融合工程。最终在"十三五"期间，使得我国农产品加工产值与农业总产值之比逐年攀升、全国休闲农业和乡村旅游营业收入年均增速接近10%、农村电商数量和电商零售总额也实现逐年增加。面向"十四五"规划，中央强调"持续推进农村一二三产业融合发展"，并提出实施乡村休闲旅游提升计划、"数商兴农"工程。本质上讲，一二三产业融合是农村产业发展的客观规律，由农业所具有的多功能性决定。新时代我国农民增收出现了瓶颈，党中央及时提出农村产业融合发展的政策导向，一方面是遵循产业发展规律的必然，另一方面则体现了中国共产党为人民谋幸福和实现共同富裕的初心和使命担当。

第七章　农村政策：留住乡愁①

党的十八大以来，以习近平同志为核心的党中央，团结带领全国人民，坚持完善和发展中国特色社会主义制度，推进国家治理体系和治理能力现代化，推动中国特色社会主义进入新时代。农业综合生产能力迈上了大台阶，农村民生显著改善，乡村面貌焕然一新。2015年习近平总书记在云南考察工作时强调："新农村建设一定要走符合农村实际的路子，遵循乡村自身发展规律，充分体现农村特点，注意乡土味道，保留乡村风貌，留得住青山绿水，记得住乡愁。"② 此后，习近平总书记在多个重要场合都强调了"乡愁"，并对农村建设提出了具体要求。如2016年习近平总书记在安徽凤阳县小岗村主持召开农村改革座谈会时指出："建设社会主义新农村，要规划先行，遵循乡村自身发展规律，补农村短板，扬农村长处，注意乡土味道，保留乡村风貌，留住田园乡愁。"③ 如何让居民望得见山、看得见水、记得住乡愁，成为农村发展的重中之重。

第一节　农村建设的重要性与留住乡愁难点

一、农村建设的重要性

1. 农村建设是城乡融合发展的内在要求

习近平总书记曾指出："推进城镇化是解决农业、农村、农民问题的重要途径，是推动区域协调发展的有力支撑……城镇建设要体现尊重自

---

① 执笔人：张效榕。
② 一个民族也不能少 习近平牵挂着各族群众的小康路. 人民网，2020-09-09.
③ 美丽乡村建设的三个重要着力点. 人民论坛网，2016-09-30.

然、顺应自然、天人合一的理念，依托现有山水脉络等独特风光，让城市融入大自然，让居民望得见山、看得见水、记得住乡愁"①。实践证明，城和乡是联动的共同体，城市化离不开农业农村的现代化，农村现代化也离不开城市化，建设美丽乡村是实现城乡融合发展的内在要求。

2. 农村建设是乡村振兴战略的关键环节

乡村振兴，生态宜居是关键。良好生态环境是农村的最大优势和宝贵财富。必须尊重自然、顺应自然、保护自然，推动乡村自然资本加快增值，实现百姓富、生态美的统一。改善农村人居环境，建设美丽宜居乡村，是实施乡村振兴战略的一项重要任务，关乎农民群众的钱袋子，关乎农村社会的发展。建设生态宜居的美丽乡村，把建设美丽乡村与经营美丽乡村统一起来，着力培育农村新型业态，激发农村内生动力，实施乡村生态宜居是实现乡村振兴战略的关键抓手。

3. 农村建设是农村生态保护的现实需要

《全国农村环境综合整治"十三五"规划》的数据显示，我国农村环保基础设施仍严重不足，仍有40%的建制村没有垃圾收集处理设施，78%的建制村未建设污水处理设施，40%的畜禽养殖废弃物未得到资源化利用或无害化处理。农村环境"脏乱差"问题依然突出，38%的农村饮用水水源地未划定保护区（或保护范围），49%未规范设置警示标志，一些地方农村饮用水水源存在安全隐患；农村每年产生超过90亿吨生活污水和2.8亿吨生活垃圾，很多没有经过有效处理就随意排放和乱扔乱排。因此，建设生态宜居的美丽乡村对改造农村环保基础设施、提高农民的环保意识、解决突出的环境问题、逐步建立农村的环保体制机制、提升农村环境监管能力都将发挥重要作用，取得积极成效。

二、留住乡愁所面临的问题

改革开放以来，我国经济快速发展，1979—2004年中国GDP年均增

① 《习近平总书记系列重要讲话读本》全文. 人民日报，2014-10-13.

长率曾一度达到 9.6%，2005 年后 GDP 年均增长率也保持较高水平，取得了举世瞩目的成就。然而，伴随着人口急剧膨胀，高速发展消耗了大量资源，环境污染加剧，自然生态系统破坏殆尽。

1. 农村基础设施薄弱

作为农村公共产品的重要组成部分，农村基础设施薄弱制约了农村经济社会的发展，也掣肘着美丽乡村的建设。我国乡村自来水普及率和污水处理率均低于城市，同时，乡村人居环境管理水平落后于城镇化发展水平，大多数乡村环保基础设施不足。

2. 农村生态环境问题严重

当前农村的突出环境问题主要体现在农业环境污染。我国农业面源污染问题较为严重，主要原因是化肥、农药的大量投入以及畜禽养殖粪便乱排放。此外，农村还面临土壤重金属含量超标、土壤有机质下降以及酸碱性趋势加剧问题。

3. 农村生活环境问题突出

农村生活环境问题包括农村厕所粪污、农村生活垃圾和污水等方面。随着经济水平的不断提高，农村居民产生的垃圾数量不断增加，农村地区仍存在着大量生活垃圾无法得到有效处理，农民居民生活用水未经净化处理而无序排放，造成了农村环境污染。原有农村厕所是造成农村地区传染病高发的重要原因，已无法适应发展需求。

第二节　乡村建设政策沿革

党的十八大以来，国家出台了一系列实施意见，促进美丽乡村建设，开展乡村建设行动，不断向实现农业农村现代化、建设富强民主文明和谐美丽的社会主义现代化强国迈进。

一、美丽乡村建设

2012 年 10 月，党的十八大报告提出建设美丽中国的治国理念。2013

年中央一号文件提出："加强农村生态建设、环境保护和综合整治，努力建设美丽乡村。"从美丽中国与美丽乡村的表述的转变看，"美丽乡村"建设是"美丽中国"建设的基础。2015 年，习近平总书记在考察美丽浙江建设成果时，做出了"美丽中国要靠美丽乡村打基础"的重要论断。2015年中央一号文件指出："中国要美，农村必须美""鼓励各地从实际出发开展美丽乡村创建示范"。如何建设美丽乡村成为农村建设的重中之重。

2013 年，农业农村部出台《关于开展"美丽乡村"创建活动的意见》，文件要求从农村经济发展、农业功能拓展、农民素质提升、农业技术推广、乡村建设布局、资源开发利用、生态环境保护、乡村文化建设等方面设置美丽乡村建设的目标体系，可见美丽乡村建设政策已经将农村的全面发展涵盖其中。2013 年 11 月，农业农村部在全国范围内确定了 1 000个美丽乡村建设的试点村，全国各地都积极推进美丽乡村建设，涌现出一批国家级试点村庄、省级试点村庄等成功案例。

（一）美丽乡村建设的内涵

美丽乡村建设蕴含经济、政治、文化、社会、生态的和谐可持续发展理念，形象概括为"既要金山银山，又要绿水青山"，强调推进农村生态建设、环境保护和综合整治。[①] 美丽乡村建设以"美丽"为其目标，以"乡村"为其主体，以"建设"为其实现方式。

对于"美丽"目标，农业农村部"美丽乡村"创建目标体系描绘了"产业发展、生活舒适、民生和谐、文化传承、支撑保障"的建设蓝图，提出了"环境美""生活美""产业美""人文美"的基本表征，体现了生产、生活、生态"三生"和谐发展的内在要求。

对于"乡村"主体，习近平总书记曾指出，即使将来城镇化达到 70% 以上，还有四五亿人在农村。这一群体是参与并感受乡村生态文明建设的主力军；同时，从行政意义上讲，乡村是推进美丽乡村建设的最小单元和具体工作承担者，国家、省、市层面不直接参与具体工作，更多的是支持和指导。

---

① 唐珂. 美丽乡村建设理论与实践. 北京：中国环境出版社，2015：3.

对于"建设"的实现方式，习近平总书记强调："不要把钱花在不必要的事情上，比如说'涂脂抹粉'，房子外面刷层白灰，一白遮百丑。不能大拆大建"①，"农村绝不能成为荒芜的农村、留守的农村、记忆中的故园"，"要推进城乡一体化发展"②，通过对文明新风的培育、生态文化的传承、农业生产的发展和人居环境的改善，形成与自然资源环境相协调的农村生产生活方式。

（二）美丽乡村的典型模式

《关于开展"美丽乡村"创建活动的意见》明确了"美丽乡村"创建的目标，即"建设一批天蓝、地绿、水净，安居、乐业、增收的'美丽乡村'，树立不同类型、不同特点、不同发展水平的标杆模式，推动形成农业产业结构、农民生产生活方式与农业资源环境相互协调的发展模式"。2013年，全国开展美丽乡村创建活动以来，各地积极开展美丽乡村建设的探索和实践，涌现出一大批各具特色的典型模式，积累了丰富的经验和范例。2014年，农业农村部总结归纳了中国"美丽乡村"十大创建模式，分别为：产业发展型、生态保护型、城郊集约型、社会综治型、文化传承型、渔业开发型、草原牧场型、环境整治型、休闲旅游型、高效农业型。

这十大创建模式是在对全国各地"美丽乡村"基本特征和建设规律高度总结凝练的基础上形成的，分别代表了基于某一类型乡村特点的成功路径，涵盖不同乡村自然资源禀赋、社会经济发展水平、产业发展结构以及民俗文化传承等比较优势因素，为美丽乡村建设提供了有益启示与范本借鉴（见表7-1）。

表7-1 中国"美丽乡村"十大创建模式

序号	模式	内容	典型乡村
1	产业发展型模式	主要在东部沿海等经济相对发达地区，其特点是产业优势和特色明显，农民专业合作社、龙头企业发展基础好，产业化水平高，初步形成了"一村一品""一乡一业"，实现了农业生产聚集、农业规模经营，农业产业链条不断延伸，产业带动效果明显。	江苏省张家港市南丰镇永联村

① 习近平：建设美丽乡村不是"涂脂抹粉". 新华网，2013-07-23.
② 习近平在湖北调研：实实在在接地气. 人民网，2013-07-24.

续表

序号	模式	内容	典型乡村
2	生态保护型模式	主要是在生态优美、环境污染少的地区，其特点是自然条件优越，水资源和森林资源丰富，具有传统的田园风光和乡村特色，生态环境优势明显，把生态环境优势变为经济优势的潜力大，适宜发展生态旅游。	浙江省安吉县山川乡高家堂村
3	城郊集约型模式	主要是在大中城市郊区，其特点是经济条件较好，公共设施和基础设施较为完善，交通便捷，农业集约化、规模化经营水平高，土地产出率高，农民收入水平相对较高，是大中城市重要的"菜篮子"基地。	上海市松江区泖港镇
4	社会综治型模式	主要在人数较多、规模较大、居住较集中的村镇，其特点是区位条件好，经济基础强，带动作用大，基础设施相对完善。	吉林省松原市扶余市弓棚子镇广发村
5	文化传承型模式	主要是在具有特殊人文景观，包括古村落、古建筑、古民居以及传统文化的地区，其特点是乡村文化资源丰富，具有优秀民俗文化以及非物质文化，文化展示和传承的潜力大。	河南省洛阳市孟津县平乐镇平乐村
6	渔业开发型模式	主要是在沿海和水网地区的传统渔区，其特点是产业以渔业为主，通过发展渔业促进就业，增加渔民收入，繁荣农村经济，渔业在农业产业中占主导地位。	广东省广州市南沙区横沥镇冯马三村
7	草原牧场型模式	主要是在我国牧区半牧区县（旗、市），占全国国土面积的40%以上。其特点是草原畜牧业是牧区经济发展的基础产业，是牧民收入的主要来源。	内蒙古锡林郭勒盟西乌珠穆沁旗浩勒图高勒镇脑干哈达嘎查
8	环境整治型模式	主要是在农村脏乱差问题突出的地区，其特点是农村环境基础设施建设滞后，环境污染问题严重，当地农民群众对环境整治的呼声高、反映强烈。	广西壮族自治区恭城瑶族自治县莲花镇红岩村
9	休闲旅游型模式	主要是在适宜发展乡村旅游的地区，其特点是旅游资源丰富，住宿、餐饮、休闲娱乐设施完善齐备，交通便捷，距离城市较近，适合休闲度假，发展乡村旅游潜力大。	江西省婺源县江湾镇
10	高效农业型模式	主要是在我国的农业主产区，其特点是以发展农业作物生产为主，农田水利等农业基础设施相对完善，农产品商品化率和农业机械化水平高，人均耕地资源丰富，农作物秸秆产量大。	福建省漳州市平和县三坪村

资料来源：笔者根据相关文件整理。

　　党的十八大以来，美丽乡村建设快速推进，取得了明显成效，但同时存在一些问题，农村政策仍需继续深入实施。一是美丽乡村建设的主体产生了偏离，聚力美丽乡村建设实践主体多为各级政府及职能部门，农村群众主体作用发挥不足；二是美丽乡村建设的内容缺乏系统考量，不同于美丽乡村建设的"多位一体"系统化架构，在实际操作中，其建设偏重于对道路等硬件基础设施的投入，缺乏对产业、文化、制度等内容的关注；三是美丽乡村建设的模式相对单一，如对于农村住房等相关环境改造，过度关注外观的统一，而更多忽视了民居环境的多样性。

二、生态宜居的美丽乡村建设

2017 年 10 月，党的十九大报告提出实施乡村振兴战略。报告指出："农业农村农民问题是关系国计民生的根本性问题，必须始终把解决好'三农'问题作为全党工作重中之重。"① 2018 年《中共中央 国务院关于实施乡村振兴战略的意见》将"三农"问题提升到前所未有的高度，为新时代乡村文明发展演进指明了方向和路径。从"美丽乡村建设"到"乡村振兴战略"，既有党对乡村生态环境建设基本思路的再延续，更内含党对新时代条件下乡村全面统筹发展战略目标的深化与拓展，是对乡村建设理论与实践认知的进一步深化，也是对以往政策的总结与提升。

建设生态宜居的美丽乡村是实施乡村建设行动、全面推进乡村振兴的重点任务，也是推动农业高质量发展的现实需求。2018 年 4 月 24 日，习近平总书记作出重要指示："结合实施农村人居环境整治三年行动计划和乡村振兴战略，进一步推广浙江好的经验做法，建设好生态宜居的美丽乡村。"② 实现生态宜居，是对习近平总书记提出的"绿水青山就是金山银山"关系重要论断的现实部署，充分体现出以人为本，全面、协调、可持续的发展理念，最终实现人与自然和谐相处的目标。

生态宜居与美丽乡村二者是相互联系的，生态宜居是美丽乡村的重要

---

① 习近平. 决胜全面建成小康社会 夺取新时代中国特色社会主义伟大胜利——在中国共产党第十九次全国代表大会上的报告. 北京：人民出版社，2017：32.
② 习近平近日作出重要指示强调建设好生态宜居的美丽乡村 让广大农民有更多获得感幸福感. 新华网，2018-04-23.

特征，美丽乡村是生态宜居的现实写照。因此，亟须加快美丽乡村建设，久久为功，因地制宜，以达到全面实现乡村生态宜居的目标。表7-2梳理了2012年以来美丽乡村建设的相关政策。

表7-2　2012年以来有关乡村生态宜居的政策

发布日期	政策文件名称	主要内容
2012年11月	《坚定不移沿着中国特色社会主义道路前进 为全面建成小康社会而奋斗》	大力推进生态文明建设，努力建设美丽中国，实现中华民族永续发展。
2012年12月	《关于加快发展现代农业 进一步增强农村发展活力的若干意见》	推进农村生态文明建设。加强农村生态建设、环境保护和综合整治，努力建设美丽乡村。
2015年2月	《关于加大改革创新力度加快农业现代化建设的若干意见》	鼓励各地从实际出发开展美丽乡村创建示范。有序推进村庄整治，切实防止违背农民意愿大规模撤并村庄、大拆大建。
2017年10月	《决胜全面建成小康社会 夺取新时代中国特色社会主义伟大胜利——在中国共产党第十九次全国代表大会上的报告》	必须树立和践行绿水青山就是金山银山的理念，坚持节约资源和保护环境的基本国策，像对待生命一样对待生态环境，统筹山水林田湖草系统治理，实行最严格的生态环境保护制度，形成绿色发展方式和生活方式，坚定走生产发展、生活富裕、生态良好的文明发展道路，建设美丽中国。
2018年1月	《关于实施乡村振兴战略的意见》	乡村振兴，生态宜居是关键。正确处理开发与保护的关系，运用现代科技和管理手段，将乡村生态优势转化为发展生态经济的优势，提供更多更好的绿色生态产品和服务，促进生态和经济良性循环。实施乡村绿化行动，全面保护古树名木。持续推进宜居宜业的美丽乡村建设。
2020年1月	《关于抓好"三农"领域重点工作 确保如期实现全面小康的意见》	支持农民群众开展村庄清洁和绿化行动，推进"美丽家园"建设。鼓励有条件的地方对农村人居环境公共设施维修养护进行补助。
2021年2月	《关于全面推进乡村振兴 加快农业农村现代化的意见》	开展美丽宜居村庄和美丽庭院示范创建活动。

资料来源：笔者根据相关文件整理。

三、乡村建设行动

乡村建设是实施乡村振兴战略的重要任务，也是美丽乡村建设政策的深化，更是国家现代化建设的重要内容。

2020 年，《中共中央关于制定国民经济和社会发展第十四个五年规划和二〇三五年远景目标的建议》指出，"把乡村建设摆在社会主义现代化建设的重要位置"，强调"因地制宜推进农村改厕、生活垃圾处理和污水治理，实施河湖水系综合整治，改善农村人居环境"。2021 年 3 月，习近平总书记在福建考察时强调："要以实施乡村建设行动为抓手，改善农村人居环境，建设宜居宜业美丽乡村。"①

2022 年 5 月，中共中央办公厅、国务院办公厅印发的《乡村建设行动实施方案》指出："到 2025 年，乡村建设取得实质性进展，农村人居环境持续改善，农村公共基础设施往村覆盖、往户延伸取得积极进展，农村基本公共服务水平稳步提升，农村精神文明建设显著加强，农民获得感、幸福感、安全感进一步增强。"该方案进一步明确了乡村建设建什么、怎么建、建成什么样，对扎实稳妥推进乡村建设行动，持续提升乡村宜居宜业水平具有重要指导意义。

从党的十九届五中全会提出乡村建设行动，到 2021 年、2022 年中央一号文件对实施乡村建设行动作出具体部署，再到《乡村建设行动实施方案》明确了乡村建设行动的任务书、路线图，一系列部署安排充分体现了以习近平同志为核心的党中央对乡村建设工作的高度重视，传递出我国重农强农的坚定决心和坚强信心。

第三节　乡村建设的各项具体措施

一、改善农村人居环境

农村居民生活环境直接影响米袋子、菜篮子、水缸子、城镇后花园。需要打好农业农村污染治理攻坚战，深入开展农村人居环境整治，重点做

---

① 奋力谱写全面建设社会主义现代化国家福建篇章. 人民网-人民日报，2021 - 03 - 27.

好垃圾污水治理、厕所革命、村容村貌提升，因地制宜、实事求是，把农村建设得更加美丽宜居，留得住青山绿水，记得住乡愁。2013 年 12 月，习近平总书记在中央农村工作会议上强调，要继续推进社会主义新农村建设，为农民建设幸福家园和美丽乡村。实施改善农村人居环境政策，是实施乡村振兴战略的重点任务，事关广大农民根本福祉，事关农民群众健康，事关美丽乡村建设，是美丽乡村建设的重要组成部分。

（一）改善农村人居环境

2014 年，国务院办公厅出台《关于改善农村人居环境的指导意见》，该意见肯定了我国农村人居环境取得的成绩，但也指出农村人居环境的水平仍然较低，与全面建成小康社会要求的标准还有很大的差距，需要全面整治农村环境。2015 年中央一号文件要求，坚持不懈推进社会主义新农村建设，让农村成为农民安居乐业的美丽家园。2015 年党的十八届五中全会提出"开展农村人居环境综合行动，坚持城乡环境整治并重"，2016 年中央一号文件再次强调"开展农村人居环境综合整治行动，建设美丽宜居乡村"。

此外，2014 年 12 月，《美丽乡村建设指南》（GB/T 32000-2015）国家标准起草工作启动，并于 2015 年 6 月 1 日正式实施，这是关于美丽乡村的首个国家标准，标志着中国更加关注美丽乡村建设与人居环境建设。

党的十八大以来，国家对农村人居环境越来越重视，并不断在法律法规、制度体系、政策措施等方面加强保障，确保农村人居环境治理取得明显成效，真正改变农村地区积存已久的"脏乱差"问题，逐步缩小农村与城市的人居环境差异。

（二）农村人居环境整治三年行动

党的十九大以来，我国继续出台各项改善农村人居环境的政策。2018 年中央一号文件对乡村振兴战略的实施进行了全面部署，提出了三个阶段的目标：一是"到 2020 年，乡村振兴取得重要进展，制度框架和政策体系基本形成……农村基础设施建设深入推进，农村人居环境明显改善，美丽宜居乡村建设扎实推进"；二是"到 2035 年，乡村振兴取得决定性进展，农业农村现代化基本实现。……农村生态环境根本好转，美丽宜居乡村基本实现"；三是"到 2050 年，乡村全面振兴，农业强、农村美、农民富全面实现"。2018 年 2 月，《农村人居环境整治三年行动方案》确定了农村人居环境整治的目标和任务，要求各县市根据自己的实际情况制订具体的整治方案。

2019 年 2 月，《中共中央　国务院关于坚持农业农村优先发展　做好"三农"工作的若干意见》发布，提出了整治目标，要求到 2020 年实现农村人居环境阶段性明显改善，村庄环境干净有序，村民环境意识普遍提高。2020 年 2 月，中央出台《中共中央　国务院关于抓好"三农"领域重点工作　确保如期实现全面小康的意见》，要求扎实搞好农村人居环境整治，提出要"支持农民群众开展村庄清洁和绿化行动，推进'美丽家园'建设"。2020 年 3 月，中央农办、农业农村部印发《2020 年农村人居环境整治工作要点》，具体涉及 11 个方面 50 项举措，要求确保全国都能够按时完成农村人居环境整治三年行动任务。

根据农业农村部 2020 年底提供的信息，三年行动方案目标任务基本完成，扭转了农村长期存在的脏乱差局面，基本实现了干净整洁有序。全国农村卫生厕所普及率超过 65%，2018 年以来累计新改造农村户厕超过 3 500 万户，农村生活垃圾收运处置体系已覆盖全国 90% 以上的行政村，农村生活污水治理水平有了新的提高，95% 以上的村庄开展了清洁行动，村容村貌明显改善。

（三）农村人居环境整治五年提升行动

2018 年农村人居环境整治三年行动实施以来，各地区各部门全面扎实推进农村人居环境整治，扭转了农村长期以来存在的脏乱差局面。但是，农村人居环境总体质量水平不高，还存在区域发展不平衡、基本生活设施不完善、管护机制不健全等问题，与农业农村现代化要求和农民群众对美好生活的向往还有差距，仍需加快农村人居环境整治提升。

2021 年中央一号文件提出要实施"农村人居环境整治五年提升行动"，继续推进农村人居环境整治工作。2021 年，中共中央办公厅、国务院办公厅印发了《农村人居环境整治提升五年行动方案（2021—2025年)》。文件提出，到 2025 年，农村人居环境显著改善，生态宜居美丽乡村建设取得新进步。农村卫生厕所普及率稳步提高，厕所粪污基本得到有效处理；农村生活污水治理率不断提升，乱倒乱排行为受到管控；农村生活垃圾无害化处理水平明显提升，有条件的村庄实现生活垃圾分类、源头减量；农村人居环境治理水平显著提升，长效管护机制基本建立。

具体而言，东部地区、中西部城市近郊区等有基础、有条件的地区，全面提升农村人居环境基础设施建设水平，农村卫生厕所基本普及，农村生活污水治理率明显提升，农村生活垃圾基本实现无害化处理并推动分类处理试点示范，长效管护机制全面建立。中西部有较好基础、基本具备条件的地区，农村人居环境基础设施持续完善，农村户用厕所愿改尽改，农村生活污水治理率有效提升，农村生活垃圾收运处置体系基本实现全覆盖，长效管护机制基本建立。此外，地处偏远、经济欠发达的地区，农村人居环境基础设施明显改善，农村卫生厕所普及率逐步提高，农村生活污水垃圾治理水平有新提升，村容村貌持续改善。表 7-3 梳理了我国关于农村人居环境整治的相关政策文件。

表 7-3　农村人居环境整治行动方案

发布日期	政策文件名称	主要内容
2014 年 5 月	《关于改善农村人居环境的指导意见》	到 2020 年，全国农村居民住房、饮水和出行等基本生活条件明显改善，人居环境基本实现干净、整洁、便捷，建成一批各具特色的美丽宜居村庄。
2017 年 4 月	《全国农村环境综合整治"十三五"规划》	着力解决群众反映强烈的农村突出环境问题，改善农村人居环境，提升农村生态文明建设水平。

续表

发布日期	政策文件名称	主要内容
2018年2月	《农村人居环境整治三年行动方案》	到2020年，实现农村人居环境明显改善，村庄环境基本干净整洁有序，村民环境与健康意识普遍增强。
2021年12月	《农村人居环境整治提升五年行动方案（2021—2025年)》	到2025年，农村人居环境显著改善，生态宜居美丽乡村建设取得新进步。农村卫生厕所普及率稳步提高，厕所粪污基本得到有效处理；农村生活污水治理率不断提升，乱倒乱排得到管控；农村生活垃圾无害化处理水平明显提升，有条件的村庄实现生活垃圾分类、源头减量；农村人居环境治理水平显著提升，长效管护机制基本建立。

资料来源：笔者根据相关文件整理。

在农村人居环境整治中，扎实推进农村厕所革命是整治的重要组成部分。习近平总书记指出，抓厕所革命，从小处着眼、从实处入手，是提升旅游品质的务实之举。2014年12月，习近平总书记在江苏省镇江市调研时指出，厕所改造是改善农村卫生条件、提高群众生活质量的一项重要工作，在新农村建设中具有标志性。2015年7月16日，习近平总书记在视察吉林延边时指出，农村也要来场厕所革命。习近平总书记作出重要指示强调，坚持不懈推进"厕所革命"，努力补齐影响群众生活品质的短板。表7-4梳理了我国厕所粪污治理的相关政策。

表7-4 厕所粪污治理的相关政策

时间	政策文件名称或重要指示	主要内容
2015年4月	《习近平总书记专门就厕所革命作出重要批示》	2015年7月16日，习近平在延边州光东村了解到一些村民还在使用传统的旱厕。他指出，基本公共服务要更多向农村倾斜，向老少边穷地区倾斜。调研期间再次提出厕所革命有关要求。
2016年12月	《国务院关于印发"十三五"脱贫攻坚规划的通知》（国发〔2016〕64号）	加快农村卫生厕所建设进程，坚持因地制宜、集中连片、整体推进农村改厕工作，力争到2020年农村卫生厕所普及率达到85%以上。

续表

时间	政策文件名称或重要指示	主要内容
2017 年 3 月	《国务院关于印发"十三五"推进基本公共服务均等化规划的通知》（国发〔2017〕9 号）	深入开展爱国卫生运动，继续推进卫生城镇创建工作，开展健康城市、健康村镇建设，实施全国城乡环境卫生整洁行动，加快农村改厕，农村卫生厕所普及率提高到 85%。
2017 年 11 月	习近平总书记作出重要指示强调	坚持不懈推进"厕所革命"，努力补齐影响群众生活品质短板。
2018 年 5 月	《关于进一步推进农村户厕建设的通知》	制定农村户厕建设规范。
2018 年 12 月	《关于推进农村"厕所革命"专项行动的指导意见》	提出了科学编制改厕方案、合理选择改厕标准和模式等 7 个方面的重点任务。
2019 年 7 月	《关于切实提高农村改厕工作质量的通知》	明确需要严把的改厕"十关"。
2020 年 6 月	《关于进一步提高农村改厕工作实效的通知》	针对 2019 年国务院农村人居环境大检查，进一步明确工作推进中需要注意的问题。
2020 年 7 月	《关于印发〈农村厕所粪污无害化处理与资源化利用指南〉和〈农村厕所粪污处理及资源化利用典型模式〉的通知》	遴选出 9 种农村厕所粪污处理及资源化利用典型模式，促进农村厕所粪污无害化处理和利用。
2021 年 7 月	习近平总书记对深入推进农村厕所革命作出重要指示	求好不求快，坚决反对劳民伤财、搞形式摆样子，并且要求一年接着一年干，真正把这件好事办好、实事办实。有人说，中国的城乡差距，有时就在于一个厕所。前些年，城镇孩子不愿去农村，城里媳妇不愿回乡，其中很大的原因是"方便"的事情不方便。
2022 年 4 月	《关于推介农村厕所革命典型范例的通知》	遴选了 6 个农村厕所革命典型范例。

资料来源：笔者根据习近平总书记指示精神及相关文件指示整理。

二、治理农村生态环境

2012—2022 年历年中央一号文件均提出了农村环境污染治理方面的相关意见或要求。加强农村环境治理，不仅是建设生态文明的必然要求，也是建设美丽乡村的重要任务，更是统筹城乡发展的重要举措。

2012 年中央一号文件指出："把农村环境整治作为环保工作的重点，完善以奖促治政策，逐步推行城乡同治。推进农业清洁生产，引导农民合理使用化肥农药，加强农村沼气工程建设，加快农业面源污染治理和农村污水、垃圾处理，改善农村人居环境。"2013 年中央一号文件提出，农村面源污染问题要得到解决，要对农村水环境进行系统整治。

自 2017 年起，国家对农村环境问题的重视又上升到了一个新的高度。2017 年 2 月，环保部、财政部联合印发的《全国农村环境整治"十三五"规划》显示，我国目前仍有一部分农村没有垃圾收集处理设施，环境问题依然存在，并且较为严重。2018 年中央一号文件提出"发展绿色乡村，美丽乡村"，推进乡村绿色发展，打造人与自然和谐共生发展新格局，并提出了环境整治的目标以及综合措施。

2021 年，生态环境部等七部门联合印发《"十四五"土壤、地下水和农村生态环境保护规划》，资料显示，农村环境整治力度稳步提升。中央财政专项资金 258 亿元用于支持 15 万个行政村开展环境整治，要求农村生活污水治理率达到 25.5%，10 省（自治区、直辖市）34 个县（区）开展农村生活污水（黑臭水体）治理试点，超过 90% 的行政村的农村生活垃圾进行收运处理。秸秆综合利用率、农膜回收率分别达到 86.7% 和 80%，规模养殖场粪污处理设施装备配套率达到 97%。

此外，党和国家出台了一系列政策文件，改善农村生态环境。中共中央、国务院印发了《乡村振兴战略规划（2018—2022 年）》；国务院印发了《"十三五"生态环境保护规划》和《"十四五"生态保护监管规划》；中共中央办公厅、国务院办公厅印发了《关于创新体制机制推进农业绿色发展的意见》《农村人居环境整治提升五年行动方案（2021—2025年）》；生态环境部等五部门联合印发了《农业农村污染治理攻坚战行动方案（2021—2025年）》；生态环境部等七部门联合印发了《"十四五"土壤、地下水和农村生态环境保护规划》等政策文件。表7-5梳理了2012年以来中央一号文件关于农村环境治理的相关内容。

表7-5　农村生态环境治理相关政策的梳理

时间	政策文件名称	主要内容
2012年2月	《关于加快推进农业科技创新 持续增强农产品供给保障能力的若干意见》	把农村环境整治作为环保工作的重点，完善以奖促治政策，逐步推行城乡同治。推进农业清洁生产，引导农民合理使用化肥农药，加强农村沼气工程建设，加快农业面源污染治理和农村污水、垃圾处理，改善农村人居环境。
2013年1月	《关于加快发展现代农业 进一步增强农村发展活力的若干意见》	强化农业生产过程环境监测，严格农业投入品生产经营使用管理，积极开展农业面源污染和畜禽养殖污染防治。加强农作物秸秆综合利用。搞好农村垃圾、污水处理和土壤环境治理，实施乡村清洁工程，加快农村河道、水环境综合整治。
2014年1月	《关于全面深化农村改革 加快推进农业现代化的若干意见》	加大农业面源污染防治力度，支持高效肥和低残留农药使用、规模养殖场畜禽粪便资源化利用、新型农业经营主体使用有机肥、推广高标准农膜和残膜回收等试点。
2015年2月	《关于加大改革创新力度 加快农业现代化建设的若干意见》	实施农业环境突出问题治理总体规划和农业可持续发展规划。建立健全农业生态环境保护责任制，加强问责监管，依法依规严肃查处各种破坏生态环境的行为。
2016年1月	《关于落实发展新理念 加快农业现代化 实现全面小康目标的若干意见》	深入开展农村人居环境治理和美丽宜居乡村建设。推进农村生活垃圾治理专项行动，促进垃圾分类和资源化利用，选择适宜模式开展农村生活污水治理，加大力度支持农村环境集中连片综合治理和改厕。

续表

时间	政策文件名称	主要内容
2017 年 2 月	《关于深入推进农业供给侧结构性改革 加快培育农业农村发展新动能的若干意见》	集中治理农业环境突出问题。扩大农业面源污染综合治理试点范围。深入开展农村人居环境治理和美丽宜居乡村建设。推进农村生活垃圾治理专项行动，促进垃圾分类和资源化利用，选择适宜模式开展农村生活污水治理，加大力度支持农村环境集中连片综合治理和改厕。
2018 年 2 月	《关于实施乡村振兴战略的意见》	加强农村突出环境问题综合治理。加强农村水环境治理和农村饮用水水源保护，实施农村生态清洁小流域建设。加强农村环境监管能力建设，落实县乡两级农村环境保护主体责任。
2019 年 1 月	《关于坚持农业农村优先发展 做好"三农"工作的若干意见》	加强农村污染治理和生态环境保护。统筹推进山水林田湖草系统治理，推动农业农村绿色发展。加大农业面源污染治理力度，开展农业节肥节药行动，实现化肥农药使用量负增长。
2020 年 1 月	《关于抓好"三农"领域重点工作 确保如期实现全面小康的意见》	治理农村生态环境突出问题。大力推进畜禽粪污资源化利用，基本完成大规模养殖场粪污治理设施建设。深入开展农药化肥减量行动，加强农膜污染治理，推进秸秆综合利用。在长江流域重点水域实行常年禁捕，做好渔民退捕工作。推广黑土地保护有效治理模式，推进侵蚀沟治理，启动实施东北黑土地保护性耕作行动计划。稳步推进农用地土壤污染管控和修复利用。继续实施华北地区地下水超采综合治理。启动农村水系综合整治试点。
2021 年 1 月	《关于全面推进乡村振兴 加快农业农村现代化的意见》	推进农业绿色发展。完善草原生态保护补助奖励政策，全面推进草原禁牧轮牧休牧，加强草原鼠害防治，稳步恢复草原生态环境。
2022 年 1 月	《关于做好 2022 年全面推进乡村振兴重点工作的意见》	开展水系连通及水美乡村建设。实施生态保护修复重大工程，复苏河湖生态环境，加强天然林保护修复、草原休养生息。

资料来源：2012—2022 年历年中央一号文件。

三、乡村旅游留住乡愁

充分发挥农业多功能性，通过一二三产业融合发展，提升农民收入水平，是农业现代化的重要内容。优美的生产、生活环境是乡村振兴战略的题中之义，也是乡村建设的应有之义。

建设美丽乡村需要依托田园风光、绿水青山、村落建筑、乡土文化、民俗风情等资源优势。2015年，《关于积极开发农业多种功能 大力促进休闲农业发展的通知》提出，要按照生态文明建设的要求，遵循开发与保护并举、生产与生态并重的理念，统筹考虑资源和环境承载能力，加大生态环境保护力度，实现经济、生态、社会效益全面可持续发展。2016年《关于大力发展休闲农业的指导意见》指出，遵循开发与保护并举、生产与生态并重的观念，统筹考虑资源和环境承载能力，加大生态环境保护力度，走生产发展、生活富裕、生态良好的文明发展道路。

2017年，习近平总书记在中央农村工作会议上指出，随着时代发展，乡村价值要重新审视。现如今，乡村不再是单一从事农业的地方，还有重要的生态涵养功能，令人向往的休闲观光功能，独具魅力的文化体验功能……乡村越来越成为人们养生养老、创新创业、生活居住的新空间。

2022年，文化和旅游部、教育部、自然资源部、农业农村部、国家乡村振兴局、国家开发银行等6部门印发的《关于推动文化产业赋能乡村振兴的意见》提出，"实施乡村旅游艺术提升计划行动，设计开发具有文化特色的乡村旅游产品，提升乡村旅游体验性和互动性。推动非物质文化遗产融入乡村旅游各环节，支持利用非遗工坊、传承体验中心等场所，培育一批乡村非物质文化遗产旅游体验基地"，以乡村旅游留住乡愁、记住乡愁。

第四节　农村建设取得的成就

改善农村人居环境是实施乡村振兴战略的重要任务。党的十八大以来，党中央、国务院连续部署实施多个农村人居环境改善政策，各地全面开展乡村建设，将改善农村生活环境和生态环境作为建设的重要内容，推动乡村水、电、路等基础设施建设和城乡基本公共服务均等化，农村人居环境明显改善，农民群众获得感、幸福感不断提升。

本节基于第三次全国农业普查数据、历年《中国城乡建设统计年鉴》、《中国农村人居环境发展报告（2021）》等资料，展现我国乡村建设的各项成绩。

一、村容村貌明显改善

2018年底，中央农办、农业农村部等18个部门共同启动实施村庄清洁行动，在全国范围内集中组织开展以"三清一改"（清理农村生活垃圾、清理村内塘沟、清理畜禽养殖粪污等农业生产废弃物，改变影响农村人居环境的不良习惯）为主要内容的村庄清洁行动。截至2020年，部分地区因地制宜拓展了"三清一改"内容，4亿多人次参与到这场集中整治农村环境脏乱差的行动中，激发了农民群众"自己的事自己办"的自觉性，村庄环境基本实现了干净整洁。截至2021年底，全国95%以上的村庄开展了清洁行动，农村基本实现了干净整洁有序，各地区立足实际打造了5万多个美丽宜居典型示范村庄。

二、农村饮用水改造成效显著

第三次全国农业普查对23 027万户农户的生活条件进行了调查，其中10 995万户农户的饮用水为经过净化处理的自来水，占47.7%；9 572万户农户的饮用水为受保护的井水和泉水，占41.6%（见表7-6）。在第三次全国农业普查的时间节点，农户饮用净化或者受保护的水源的比例近90%。

表7-6 按饮用水来源划分的住户构成（%）

	全国	东部地区	中部地区	西部地区	东北地区
经过净化处理的自来水	47.7	62.3	43.9	38.2	36.1
受保护的井水和泉水	41.6	33.5	42.8	45.8	58.5
不受保护的井水和泉水	8.7	3.5	11.9	11.8	5.3

续表

	全国	东部地区	中部地区	西部地区	东北地区
江河湖泊水	0.6	0.1	0.4	1.3	0.0
收集雨水	0.7	0.0	0.4	1.7	0.0
桶装水	0.3	0.2	0.4	0.4	0.0
其他水源	0.4	0.3	0.3	0.8	0.1

资料来源：第三次全国农业普查公报．北京：中国统计出版社，2018．

根据住房和城乡建设部出版的历年《中国城乡建设统计年鉴》可以看到，中国村庄人均日生活用水量不断提升，而我国村庄供水普及率也在逐年提高。截至 2020 年底，我国村庄供水普及率达到 83.85%，较 2012 年增加了 17.15%（见表 7-7）。

表 7-7　2012—2020 年村庄人均生活用水量以及供水普及率

年份	人均日生活用水量（升）	供水普及率（%）
2012	83.90	66.70
2013	82.81	68.24
2014	83.08	69.26
2015	84.32	70.37
2016	85.33	71.90
2017	104.27	78.78
2018	91.88	79.23
2019	93.29	80.50
2020	97.02	83.85

资料来源：历年《中国城乡建设统计年鉴》。

三、农村污水与垃圾治理不断改善

农村污水与生活垃圾得到集中处理，生态环境不断改善。第三次全国农业普查对全国 596 450 个村的基础设施建设和基本社会服务进行了调查，在农村环境卫生方面，2016 年末，73.9% 的村生活垃圾实现了集中处理或部分集中处理，17.4％的村生活污水实现了集中处理或部分集中处理，53.5％的村完成或部分完成了改厕（见表 7 - 8）。而在第二次全国农业普查中，仅有 24.5％的村饮用水经过集中净化处理，15.8％的村实施了垃圾集中处理，33.5％的村有沼气池，20.6％的村完成了改厕。

表 7 - 8　乡镇、村卫生处理设施（％）

	全国	东部地区	中部地区	西部地区	东北地区
集中或部分集中供水的乡镇	91.3	96.1	93.1	87.1	93.6
生活垃圾集中处理或部分集中处理的乡镇	90.8	94.6	92.8	89.0	82.3
生活垃圾集中处理或部分集中处理的村	73.9	90.9	69.7	60.3	53.1
生活污水集中处理或部分集中处理的村	17.4	27.1	12.5	11.6	7.8
完成或部分完成改厕的村	53.5	64.5	49.1	49.1	23.7

资料来源：第三次全国农业普查公报. 北京：中国统计出版社，2018.

（一）农村垃圾处理

各地采取"户分类、村收集、镇转运、县处理"等处理方式，全面推进农村生活垃圾收运处置体系建设，积极推动农村生活垃圾分类。部分条件较好的地区已推行城乡环卫一体化，农村生活环境明显改善。截至 2020 年底，农村生活垃圾收运处置体系已覆盖 90％以上的行政村。

以农村生活垃圾处理为例，通过对比历年《中国城乡建设统计年鉴》数据可以发现，2020 年我国乡生活垃圾处理率达到 78.60％，其中无害化处理率达到 48.46％，农村生活垃圾治理发展状况成效显著，具体数据如表 7 - 9 所示。

表 7 - 9　乡生活垃圾处理率

年份	生活垃圾处理率（％）	其中：无害化处理率（％）	生活垃圾中转站（座）
2012	—	—	10 655
2013			15 045

续表

年份	生活垃圾处理率（%）	其中：无害化处理率（%）	生活垃圾中转站（座）
2014	—	—	11 568
2015	63.95	15.82	10 536
2016	70.37	17.03	9 678
2017	72.99	23.62	10 433
2018	73.18	32.18	9 423
2019	73.87	38.27	9 917
2020	78.60	48.46	8 947

资料来源：历年《中国城乡建设统计年鉴》。

（二）农村生活污水治理

实行县域农村生活污水治理统一规划、统一建设、统一运行、统一管理，加强农村黑臭水体治理，累计建成农村污水治理设施 50 余万套。"十三五"期间共计完成 15 万余个建制村的环境整治，农村生活污水处理率达到 25.5%。表 7 - 10 展示了 2012—2020 年乡污水处理情况。

表 7 - 10　2012—2020 年乡污水处理情况

年份	对生活污水进行处理的乡		污水处理厂		污水处理装置处理能力	排水管道长度	排水暗渠长度
	（个）	比例（%）	（个）	处理能力（万立方米/日）	（公里）	（公里）	（公里）
2012	—	—	276	49.7	15.49	15 134	10 151
2013	624	5.1	220	54.12	19	15 624	10 696
2014	726	6.1	389	28.69	25.48	16 484	11 216
2015	815	7.1	361	19.3	33.46	17 383	11 858
2016	984	9.04	441	25.7	38.11	17 912.38	12 512.72
2017	2 592	25.13	874	49.47	51.72	19 077.55	14 423.98
2018	3 117	30.53	1 678	102.39	112.37	24 071.63	18 196.73

续表

年份	对生活污水进行处理的乡		污水处理厂		污水处理装置处理能力	排水管道长度	排水暗渠长度
	（个）	比例（%）	（个）	处理能力（万立方米/日）	（公里）	（公里）	（公里）
2019	3 156	33.30	1 830	108.57	80.11	24 941.86	21 707.36
2020	3 095	34.87	2 170	104.8	98.8	23 536.98	20 770.38

资料来源：历年《中国城乡建设统计年鉴》。

四、农村厕所革命成效显著

我国的厕所革命自开展以来，成效显著。第三次全国农业普查对 23 027 万户农户进行了调查，其中使用水冲式卫生厕所的 8 339 万户，占 36.2%；使用水冲式非卫生厕所的 721 万户，占 3.1%；使用卫生旱厕的 2 859 万户，占 12.4%；使用普通旱厕的 10 639 万户，占 46.2%；无厕所的 469 万户，占 2.0%。与 2008 年公布的第二次全国农业普查数据相比，农村厕所革命成效显著。第二次全国农业普查对 22 108 万户农户进行了调查，其中使用水冲式卫生厕所的 2 838 万户，占 12.8%；使用卫生旱厕的 9 796 万户，占 44.3%；使用简易厕所或无厕所的 9 474 万户，占 42.9%。

截至 2021 年底，全国农村卫生厕所普及率超过 70%。其中，东部地区、中西部城市近郊区等有基础、有条件的地区农村卫生厕所普及率超过 90%。全国范围内农村生活垃圾进行收运处理的自然村比例稳定保持在 90% 以上。此外，农村公共厕所在 2020 年达到 38 802 座（见表 7-11）。

除以上数据表明的显性成绩外，农业农村部办公厅、国家卫生健康委办公厅、生态环境部办公厅印发了《农村厕所粪污无害化处理与资源化利用指南》，并挑选了 9 种典型模式，作为各地区可参照、行之有效的厕所粪污治理方案。此外，2020 年，农业农村部农村社会事业促进司指导出版了《农村厕所粪污处理与资源化利用》，对厕所粪污处理与资源化利用进行了介绍，促进解决农村厕所粪污处理利用难题。

五、绿化面积不断扩大

2012 年以来，我国乡园林绿化覆盖面积呈现先降后增的趋势，这与我国农村政策有着密切关系，尤其是绿水青山就是金山银山政策实施后，乡绿化水平不断提升。根据《中国城乡建设统计年鉴》，2020 年，我国乡园林绿化覆盖面积达到 92 785 公顷，绿地面积达到 52 364 公顷，公园绿地面积超过 4 000 公顷（见表 7 - 11）。

表 7 - 11　2012—2020 年我国乡园林绿化情况

年份	园林绿化（公顷）			环境卫生	
	绿化覆盖面积	绿地面积	公园绿地面积	环卫专用车辆设备（辆）	公共厕所（座）
2012	95 478	37 519	3 214	18 495	30 800
2013	93 734	38 798	3 562	25 561	39 380
2014	93 738	39 730	3 427	23 652	31 891
2015	95 234	40 884	3 403	24 149	30 402
2016	92 449	39 772	3 333	25 020	29 934
2017	83 547	47 474	3 958	27 589	31 807
2018	87 833	49 291	3 737	27 987	35 479
2019	92 611	51 100	3 828	29 272	39 061
2020	92 785	52 364	4 045	28 560	38 802

资料来源：历年《中国城乡建设统计年鉴》。

六、农村道路建设取得显著成效

第三次全国农业普查数据显示，截至 2016 年末，在乡镇地域范围内，有火车站的乡镇占全部乡镇的 8.6%，有码头的占 7.7%，有高速公路出入口的占 21.5%，99.3% 的村实现了通公路，61.9% 的村内主要道路有路灯。村委会到最远自然村、居民定居点距离以不超过 5 公里为主。全国各地区乡镇、村交通设施指标情况如表 7 - 12 所示。第二次全国农业普查数据显示，截至 2006 年末，在乡镇地域内有火车站的乡镇占全部乡镇的 9.6%，有码头的占 8.9%，有二级以上公路通过的占 46.1%。乡镇政府所在地距县城在一小时车程内的占 78.1%，距一级公路或高速公路出入口在 50 公里之内的占 61.3%。由此可见，我国农村道路建设取得了显著成效。表 7-12 根据国家统计局公布的官方数据，对我国按照地区进行了统计。

表 7-12　2016 年底乡镇、村交通指标数据统计（%）

指标	全国	东部地区	中部地区	西部地区	东北地区
有火车站的乡镇	8.6	7.6	8.3	7.7	18.0
有码头的乡镇	7.7	10.0	8.5	6.7	3.3
有高速公路出入口的乡镇	21.5	28.9	22.6	17.0	19.9
通公路的村	99.3	99.9	99.5	98.3	99.7
按通村主要道路路面类型分的村					
水泥路面	76.4	76.4	86.1	70.2	59.3
柏油路面	20.2	22.2	12.3	22.5	35.1
沙石路面	2.3	0.6	1.0	5.3	3.5
按村内主要道路路面类型分的村					
水泥路面	80.9	84.0	89.7	72.7	60.0
柏油路面	8.6	11.1	3.4	9.0	15.9
沙石路面	6.7	2.4	4.7	11.7	18.9
村内主要道路有路灯的村	61.9	85.9	59.8	35.5	54.1
村委会到最远自然村或居民定居点距离					
5 公里以内	90.8	97.1	93.0	80.7	90.9
6～10 公里	6.6	2.3	5.5	13.0	7.1
11～20 公里	2.0	0.5	1.3	4.6	1.6
20 公里以上	0.6	0.1	0.2	1.7	0.4

资料来源：第三次全国农业普查公报．北京：中国统计出版社，2018．

根据历年《中国城乡建设统计年鉴》，我国乡道路建设相较 2012 年呈现大幅度的改善。2020 年乡道路长度达到 88 979 公里，其中路灯覆盖的公里数达到 22 640.3 公里，道路面积达到 49 124 万平方米，农村道路建设取得显著成效（见表 7-13）。

表 7-13 我国乡燃气、供热、道路桥梁情况

年份	用气人口（万人）	集中供热（万平方米）	道路长度（公里）	道路面积（万平方米）	道路照明灯盏数（盏）	安装路灯的道路长度（公里）	桥梁座数（座）
2012	653.6	1 218	67 133	39 848	589 395	—	26 010
2013	642.5	3 164	67 805	39 915	716 338	—	26 482
2014	650.1	1 889	70 098	40 392	808 988	—	26 924
2015	661.5	1 817	71 202	40 561	878 854	—	27 155
2016	658.8	1 969	72 531	40 614	957 479	—	26 012
2017	598.3	1 846	65 743	37 537	—	20 756.5	19 362
2018	637.6	2 121	80 891	44 890	—	18 928.6	18 923
2019	643.5	2 631	87 166	48 398	—	19 884.1	18 217
2020	707.7	3 040	88 979	49 124	—	22 640.3	17 220

资料来源：历年《中国城乡建设统计年鉴》。

第五节 政策建议

一、将农村人居环境改善放在突出位置

一是要压实属地责任。农村人居环境整治要作为乡村振兴的重要组成部分，纳入地方"一把手"工程。各级政府在绩效考评、监督考核、目标责任制等方面都要有所体现，落实到位。二是要加强资金保障。农村人居环境整治在硬件和软件上都需要花费大量资金，很多村目前已将大量村财用于人居环境整治，"十四五"期间要破解乡村道路、公共场所、基础设

施等深层次公共产品供给问题，需要比较充足的资金来源，建议除了加大财政资金投入外，还要引进社会资本，动员社会各界参与农村基础设施建设。三是要营造浓厚氛围。随着基础设施的提升和改善，农村群众长期形成的生活习惯亟须改变，这需要宣传和引导，社会宣传、媒体报道、网络造势需全面推进，在全社会形成农村人居环境整治的良好氛围。

二、进一步明确乡村建设的发展模式

第一，明确乡村建设发展模式由"短期"向"长远"发展。乡村建设不是一次性战役，应该是拉锯战。换句话说，乡村建设发展模式不是"短期"发展模式，而应该是"长远"发展模式。由于生态环境的恢复本身需要时间，因此，生态宜居并不是一朝一夕所能实现的，乡村建设后仍需要笃定久久为功。第二，明确乡村建设发展模式由"外延式"发展模式转向"内源式"发展模式。乡村建设的发展需要激发乡村内生动力，不能一味采用"输血"的方式，而应该以"造血"的方式实现乡村建设。第三，明确乡村建设发展模式的客观条件。乡村建设的发展模式不能"一刀切"，不同地区资源禀赋存在差异，不同地区的生态环境也存在差异，因此，在乡村建设过程中需要认清农村地域广阔、村情千差万别的现实情况，通过分类指导、分别规划，因地制宜，明确各个区域的客观条件，做到对症下药，探索出各具特色的美丽乡村建设模式。第四，明确乡村建设发展模式应以人为本。坚持以人为本，遵循农民意愿，是实现乡村建设的基本保障。以人为本的发展理念通过尊重农民的意愿，树立农民群众对乡村生态宜居的高度负责态度，充分调动农民的积极性，发挥农民的主人翁优势，让乡村建设的成果惠及每一位农民，做到"农民参与、农民受益"，增强农民的获得感和幸福感。

三、提高村庄经济与村集体经济水平

一是以发展村庄经济为基础，持续推进强村富民。农村人居环境质量提升，归根结底要依靠村庄经济能力和村民的支付能力。因此，大力提升村庄经济水平，千方百计拓宽乡村产业，大力发展农村新产业、新业态，依托产业兴旺实现村庄经济发展水平迈上新台阶，是提升农村人居环境质量的基础和前提。二是以村庄规划为导向，久久为功推进乡村人居环境整治。发挥村庄的规划战略引导作用，将规划内容落到实处，能更有效率地利用好乡村土地空间，而且能够科学地、有计划地推动农村人居环境质量提升。三是以村集体经济组织为抓手，建立健全农村人居环境建设的主体。发展村集体经济组织不仅有助于巩固社会主义公有制和完善农村基本经营制度，也是实现乡村生态宜居的重要抓手。目前的当务之急是提高村集体经济组织的营运能力，降低税费和解决村集体经济的债务，提升村集体经济组织的偿债能力。

四、创新乡村基础设施建设投入机制

建设生态宜居的美丽乡村，不仅要改善乡村落后的村容村貌，更要注重乡村污水治理、垃圾处理、河道治理等基础设施建设，应健全基础设施建设分类投入机制。一方面，以水电路气房网为突破口，加强村庄用水、通信、交通和用电基础设施建设。加大村庄基础设施建设，对重点领域重点建设，满足农民群众用水、用电、交通、通信的需求。另一方面，对于没有收益的项目建设，如乡村道路铺设，应由政府主导，并鼓励社会资本参与；对于有一定收益的项目建设，如乡村污水处理设施，应由政府和社会资本作为主要投入主体，并鼓励农民参与；对于以经营性为主的项目建设，如乡村电网等，应由企业作为投入主体，地方政府对贫困地区给予适当补助。

五、创新乡村建设长效管护运行机制

农村基础设施是生态宜居的"必要条件"，由于一些基础设施往往分布在村民的房前屋后、田间地头，要确保其一次建设、长久使用、持续发挥效用，不仅要靠政府推动监管，更离不开村民参与维护和监督。长效的管护运行体系是对农村人居环境整治成果最好的巩固，为确保已建成的农村人居环境整治项目及配套设施正常运行并长期发挥作用，一方面，应明确农村人居环境整治提升工程产权和管护责任主体。按照《关于深化农村公共基础设施管护体制改革的指导意见》的要求，依法明晰工程产权，核发产权证书；按照"谁受益、谁管护，谁使用、谁管护"的原则进行工程建后管护，明确工程管护责任主体。针对农村生活污水集中处理设施，从县级层面对责任主体的运行能力进行评估，统筹解决因运行经费等导致的设备闲置问题；针对农村户厕，明确农户对户厕管护的主体责任，引导农户正确使用厕所。另一方面，应建立专业管护队伍。在生活垃圾治理方面，继续完善现有保洁制度，通过资源回收、积分制度等多种渠道对村庄保洁队伍进行补贴；在农村户厕管护方面，鼓励农户、农业合作社、家庭农场、种粮大户成立专业社会化服务队伍，具体负责改后厕所维修维护、定期收运粪液粪渣并进行资源化无害化处理。此外，在推进生态宜居乡村建设过程中，应充分发挥村两委的监督管理作用，创新基础设施建设长效运维管理机制。

参考文献

［1］包晓斌．生态宜居乡村建设的策略研究．中南林业科技大学学报（社会科学版），2021，15（3）：1-7.

［2］孔祥智，卢洋啸．建设生态宜居美丽乡村的五大模式及对策建议——来自5省20村调研的启示．经济纵横，2019（1）：19-28.

［3］孔祥智．乡村振兴的实质及发展趋势．中国财政，2020（8）：9-12.

［4］李艳菲，张双双．百年乡村建设行动：回溯、机理与进路．中共成都市委党校学报，2021（3）：24-29.

［5］刘少杰，林傲耸．中国乡村建设行动的路径演化与经验总结．社

会发展研究, 2021, 8 (2): 13 - 22.

　　[6] 彭超, 张琛. 农村人居环境质量及其影响因素研究. 宏观质量研究, 2019, 7 (3): 66 - 78.

　　[7] 王登山, 李韶民, 张鸣鸣. 中国农村人居环境发展报告 (2021). 北京: 社会科学文献出版社, 2021.

　　[8] 于法稳. 乡村振兴战略下农村人居环境整治. 中国特色社会主义研究, 2019 (2): 80 - 85.

第八章 农民政策：从身份到职业的转变[①]

亿万农民的获得感和幸福感，不仅决定着乡村振兴战略的成色，而且也决定着社会主义现代化的质量。习近平总书记指出："中国要富，农民必须富"[②]。农民是乡村振兴战略的主体，只有让广大农民生活富裕、让亿万农民在共同富裕的道路上赶上来，乡村振兴战略的目标才能得以真正实现，共同富裕的根本目标才能得以最终实现。

第一节 党的十八大以来有关农民的政策

党的十八大以来，党和政府高度重视农民生产生活，出台了一系列制度文件，旨在更好地加快实现农业农村现代化。这一节将从农村劳动力转移、新型职业农民以及返乡创业主体等方面对党的十八大以来有关农民的政策进行梳理。

一、农村劳动力转移：从农业生产者向非农生产者转变

加快推进农业转移人口市民化，是加快推进新型城镇化建设的题中应有之义。为此，党的十八大、十八届三中全会和中央城镇化工作会议均明确提出了要深化户籍制度改革。其中，2013 年中央城镇化工作会议明确指出要推进以人为核心的城镇化。2014 年 7 月，国务院出台《关于进一步推进户籍制度改革的意见》，指出要调整户口迁移政策、创新人口管理制度和切实保障农业转移人口合法权益。随后，2014 年 9 月国务院印发

---

① 执笔人：张琛。
② 习近平的"黄土情结"：中国要富，农民必须富. 人民网-理论频道，2014 - 12 - 24.

了《关于进一步做好为农民工服务工作的意见》，部署了在新形势下做好农民工的服务工作，切实解决农民工面临的突出问题，有序推进农民工市民化。同年，《国家新型城镇化规划（2014—2020年）》提出，统筹推进户籍制度改革，不断缩小农民工和城市户籍人口在就业、医疗、教育等基本公共服务方面的基础差距。2019年，中共中央、国务院颁布的《关于建立健全城乡融合发展体制机制和政策体系的意见》为重塑新型城乡关系、走城乡融合发展之路指明了方向。此外，历年中央一号文件等一系列政策文件和法规的出台为深化户籍制度改革、有序推进农业转移人口市民化作出了科学部署，在农民工城镇落户、就业创业、劳动权益保障、子女教育、房屋租住和社会保障等方面进行了顶层设计，旨在不断完善进城农民工的各项权益，践行了"发展为了人民、发展依靠人民、发展成果由人民共享"的执政理念。例如，2013年中央一号文件提出"加快改革户籍制度，落实放宽中小城市和小城镇落户条件的政策"；2014年中央一号文件要求"建立城乡统一的户口登记制度、全面实行流动人口居住证制度"；2015年中央一号文件要求"实施农民工职业技能提升计划"；2016年中央一号文件要求"健全农村劳动力转移就业服务体系，大力促进就地就近转移就业创业，稳定并扩大外出农民工规模"；2017年中央一号文件提出"完善城乡劳动者平等就业制度，健全农业劳动力转移就业服务体系"；2018年中央一号文件提出"健全覆盖城乡的公共就业服务体系，大规模开展职业技能培训，促进农民工多渠道转移就业，提高就业质量"；2019年中央一号文件提出"加强就业服务和职业技能培训，促进农村劳动力多渠道转移就业和增收"；2020年中央一号文件要求提高农民工技能提升补贴标准、出台并落实《保障农民工工资支付条例》；2021年中央一号文件提出"深入实施新生代农民工职业技能提升计划"；2022年中央一号文件提出"实施县域农民工市民化质量提升行动"。

总的来看，一系列政策文件的出台为广大农业转移人口市民化开辟了通道，逐步消除了体制机制障碍（见表8-1）。

表 8 - 1　党的十八大以来农村劳动力的相关政策文件梳理

年份	政策文件名称	主要内容
2013	《中共中央　国务院关于加快发展现代农业　进一步增强农村发展活力的若干意见》	把推进人口城镇化特别是农民工在城镇落户作为城镇化的重要任务。加快改革户籍制度，落实放宽中小城市和小城镇落户条件的政策。
2014	《中共中央　国务院关于全面深化农村改革　加快推进农业现代化的若干意见》	积极推进户籍制度改革，建立城乡统一的户口登记制度，促进有能力在城镇合法稳定就业和生活的常住人口有序实现市民化。全面实行流动人口居住证制度。
2014	《中共中央　国务院关于进一步推进户籍制度改革的意见》	全面放开建制镇和小城市落户限制。建立城乡统一的户口登记制度。切实保障农业转移人口及其他常住人口合法权益。
2014	《中共中央　国务院关于进一步做好为农民工服务工作的意见》	着力稳定和扩大农民工就业创业，着力维护农民工的劳动保障权益，着力推动农民工逐步实现平等享受城镇基本公共服务和在城镇落户，着力促进农民工社会融合。
2014	《国家新型城镇化规划（2014—2020 年)》	统筹推进户籍制度改革和基本公共服务均等化，推进符合条件农业转移人口落户城镇，建立健全农业转移人口市民化推进机制。
2015	《中共中央　国务院关于加大改革创新力度　加快农业现代化建设的若干意见》	实施农民工职业技能提升计划。依法保障农民工劳动报酬权益，建立农民工工资正常支付的长效机制。扩大城镇社会保险对农民工的覆盖面。
2016	《中共中央　国务院关于落实发展新理念　加快农业现代化　实现全面小康目标的若干意见》	健全农村劳动力转移就业服务体系，大力促进就地就近转移就业创业，稳定并扩大外出农民工规模，支持农民工返乡创业。落实 1 亿左右农民工和其他常住人口在城镇定居落户的目标。
2017	《决胜全面建成小康社会　夺取新时代中国特色社会主义伟大胜利——在中国共产党第十九次全国代表大会上的报告》	促进农民工多渠道就业创业。加快农业转移人口市民化。
2017	《中共中央　国务院关于深入推进农业供给侧结构性改革　加快培育农业农村发展新动能的若干意见》	完善城乡劳动者平等就业制度，健全农业劳动力转移就业服务体系，鼓励多渠道就业，切实保障农民工合法权益，着力解决新生代、身患职业病等农民工群体面临的突出问题。

续表

年份	政策文件名称	主要内容
2018	《中共中央 国务院关于实施乡村振兴战略的意见》	健全覆盖城乡的公共就业服务体系，大规模开展职业技能培训，促进农民工多渠道转移就业，提高就业质量。深化户籍制度改革，促进有条件、有意愿、在城镇有稳定就业和住所的农业转移人口在城镇有序落户，依法平等享受城镇公共服务。
2019	《中共中央 国务院关于坚持农业农村优先发展 做好"三农"工作的若干意见》	落实更加积极的就业政策，加强就业服务和职业技能培训，促进农村劳动力多渠道转移就业和增收。稳定农民工就业，保障工资及时足额发放。
2019	《中共中央 国务院关于建立健全城乡融合发展体制机制和政策体系的意见》	有力有序有效深化户籍制度改革，放开放宽除个别超大城市外的城市落户限制。加快实现城镇基本公共服务常住人口全覆盖。提升城市包容性，推动农民工特别是新生代农民工融入城市。
2020	《中共中央 国务院关于抓好"三农"领域重点工作 确保如期实现全面小康的意见》	提高农民工技能提升补贴标准。农民工失业后，可在常住地进行失业登记，享受均等化公共就业服务。出台并落实《保障农民工工资支付条例》。开展农民工工资支付情况排查整顿，执行拖欠农民工工资"黑名单"制度。
2021	《中共中央 国务院关于全面推进乡村振兴 加快农业农村现代化的意见》	深入实施新生代农民工职业技能提升计划。推动在县域就业的农民工就地市民化，增加适应进城农民刚性需求的住房供给。
2022	《中共中央 国务院关于做好2022年全面推进乡村振兴重点工作的意见》	落实各类农民工稳岗就业政策。实施县域农民工市民化质量提升行动。鼓励发展共享用工、多渠道灵活就业，规范发展新就业形态，培育发展家政服务、物流配送、养老托育等生活性服务业。

资料来源：笔者根据相关文件整理。

二、职业农民与高素质农民：从低人力资本生产者向高人力资本生产者转变

将农民培育成新型职业农民，是将广大农村的人力资源转化为人力资

本优势。自 2012 年起，新型职业农民首次出现于政策文件之中。2012 年中央一号文件指出，要大力培育新型职业农民以及加快中等职业教育免费进程，落实职业技能培训补贴政策，鼓励涉农行业兴办职业教育，让每一个农村后备劳动力都掌握一门技能。2013 年，农业部印发了《关于新型职业农民培育试点工作的指导意见》，明确了新型职业农民的定义及类型，即以农业为职业、具有一定的专业技能、收入主要来自农业的现代农业从业者，包括生产经营型职业农民、专业技能型职业农民和社会服务型职业农民三类。具体来说，生产经营型职业农民的特征是占有一定资源、具有一定专业技能、有一定资金投入能力、收入主要来自农业，以家庭农场主、农民专业合作社理事长、农业企业创办人等为代表；专业技能型职业农民指的是具有一定专业技能且能较为稳定地在农民合作社、家庭农场、专业大户、农业企业等新型农业经营主体中从事农业生产且主要收入来源是农业生产，以农业工人、农业雇员为主；社会服务型职业农民指的是以从事农业产前、产中、产后服务为主要收入来源的农民，以农村信息员、农村经纪人、农机手及农机专业修理人员、统防统治植保员、村级动物防疫员、农资经销人员为主。2013 年、2014 年和 2015 年中央一号文件分别指出，"大力培育新型农民和农村实用人才，着力加强农业职业教育和职业培训""加大对新型职业农民和新型农业经营主体领办人的教育培训力度""积极发展农业职业教育，大力培养新型职业农民"。2016 年中央一号文件进一步对如何加快新型职业农民培训进行了部署，要求将职业农民培训纳入国家教育培训发展规划，办好农业职业教育，鼓励农民通过"半农半读"等方式就地就近接受职业教育，开展新型农业经营主体带头人培育行动。2017 年中央一号文件明确了新型职业农民培育机制，即建立政府主导、部门协作、统筹安排、产业带动的培训机制。2018 年中央一号文件要求全面建立职业农民制度，实施新型职业农民培育工程，鼓励各地开展职业农民职称评定试点。2019 年中央一号文件要求"实施新型职业农民培育工程。大力发展面向乡村需求的职业教育，加强高等学校涉农专业建设"。同年，《中共中央 国务院关于建立健全城乡融合发展体制机制和政策体系的意见》也指出要"加强职业农民培训"。2019 年 8 月，《中国共产党农村工作条例》正式颁布出台，指出要"培养一支有文化、懂技术、善经营、会管理的高素质农民队伍，造就更多乡土人才"。"职业农民"一词被"高素质农民"所替代。2019 年，农业农村部办公厅、教育部办公厅印发的《关于做好高职扩招 培养高素质农民有关工作的通知》指出，"全面完成 2019 年高职扩招培养高素质农民任务，在此基础上经过 5 年的努力，培养 100 万名接受学历职业教育、具备市场开拓意识、能推动农业农村发展、带领农民增收致富的高素质农民"。2020—2022 年中央一号文件都对如何培育高素质农民提出了具体要求（见表8－2）。

表 8－2　党的十八大以来职业农民与高素质农民的相关政策文件梳理

年份	政策文件名称	主要内容
2012	《中共中央 国务院关于加快推进农业科技创新持续 增强农产品供给保障能力的若干意见》	大力培育新型职业农民，对未升学的农村高初中毕业生免费提供农业技能培训。加快中等职业教育免费进程，落实职业技能培训补贴政策，鼓励涉农行业兴办职业教育，努力使每一个农村后备劳动力都掌握一门技能。
2013	《农业部办公厅关于新型职业农民培育试点工作的指导意见》	积极探索构建新型职业农民教育培训制度。加强新型职业农民的认定管理。制定和落实新型职业农民扶持政策。加快推进新型职业农民培育试点各项工作。
2013	《中共中央 国务院关于加快发展现代农业 进一步增强农村发展活力的若干意见》	大力培育新型农民和农村实用人才，着力加强农业职业教育和职业培训。充分利用各类培训资源，加大专业大户、家庭农场经营者培训力度，提高他们的生产技能和经营管理水平。
2014	《中共中央 国务院关于全面深化农村改革 加快推进农业现代化的若干意见》	加大对新型职业农民和新型农业经营主体领办人的教育培训力度。加强农村职业教育和技能培训。

续表

年份	政策文件名称	主要内容
2015	《中共中央 国务院关于加大改革创新力度 加快农业现代化建设的若干意见》	积极发展农业职业教育，大力培养新型职业农民。
2016	《中共中央 国务院关于落实发展新理念 加快农业现代化 实现全面小康目标的若干意见》	将职业农民培育纳入国家教育培训发展规划，基本形成职业农民教育培训体系。办好农业职业教育，将全日制农业中等职业教育纳入国家资助政策范围。鼓励农民通过"半农半读"等方式就地就近接受职业教育。开展新型农业经营主体带头人培育行动。
2017	《中共中央 国务院关于深入推进农业供给侧结构性改革 加快培育农业农村发展新动能的若干意见》	重点围绕新型职业农民培育、农民工职业技能提升，整合各渠道培训资金资源，建立政府主导、部门协作、统筹安排、产业带动的培训机制。探索培育农业职业经理人，培养适应现代农业发展需要的新农民。
2018	《中共中央 国务院关于实施乡村振兴战略的意见》	全面建立职业农民制度，完善配套政策体系。实施新型职业农民培育工程。鼓励各地开展职业农民职称评定试点。
2019	《中共中央 国务院关于坚持农业农村优先发展 做好"三农"工作的若干意见》	实施新型职业农民培育工程。大力发展面向乡村需求的职业教育，加强高等学校涉农专业建设。
2019	《中共中央 国务院关于建立健全城乡融合发展体制机制和政策体系的意见》	加强职业农民培训。
2019	《中国共产党农村工作条例》	培养一支有文化、懂技术、善经营、会管理的高素质农民队伍，造就更多乡土人才。
2019	《农业农村部办公厅 教育部办公厅关于做好高职扩招 培养高素质农民有关工作的通知》	经过5年的努力，培养100万名接受学历职业教育、具备市场开拓意识、能推动农业农村发展、能带领农民增收致富的高素质农民，形成一支留得住、用得上、干得好、带得动的"永久牌"乡村振兴带头人队伍。
2020	《中共中央 国务院关于抓好"三农"领域重点工作 确保如期实现全面小康的意见》	加快构建高素质农民教育培训体系。扩大职业教育学校在农村招生规模，提高职业教育质量。

续表

年份	政策文件名称	主要内容
2021	《中共中央 国务院关于全面推进乡村振兴 加快农业农村现代化的意见》	培育高素质农民，组织参加技能评价、学历教育，设立专门面向农民的技能大赛。
2022	《中共中央 国务院关于做好2022年全面推进乡村振兴重点工作的意见》	实施高素质农民培育计划。支持办好涉农高等学校和职业教育。

资料来源：笔者根据相关文件整理。

三、返乡创新创业：从非农生产者向农业生产者转变

2014年，"大众创业、万众创新"的口号正式提出。创新是全面推进乡村振兴战略的重要支撑，人才是乡村振兴的关键因素。2018年，农业农村部发布了《关于大力实施乡村就业创业促进行动的通知》；2019年，《中共中央 国务院关于建立健全城乡融合发展体制机制和政策体系的意见》要求"吸引各类人才返乡入乡创业"；2020年农业农村部、国家发展改革委等9部门联合发布《关于深入实施农村创新创业带头人培育行动的意见》，明确加大财政、金融、用地、人才等政策力度，支持农村创业创新带头人兴办企业、做大产业；2021年中央一号文件也提出"吸引城市各方面人才到农村创业创新，参与乡村振兴和现代农业建设"；2021年9月，退役军人事务部、农业农村部等16部门联合印发《关于促进退役军人投身乡村振兴的指导意见》，鼓励退役军人投身乡村振兴战略，充分发挥退役军人的人才资源作用。历年中央一号文件也对加快推进乡村创新创业工作作出了部署。例如，2012年和2013年中央一号文件均指出，要从资金约束方面完善对返乡创新创业的支持力度；2015年中央一号文件要求，农民工返乡创业工作要重点引导有技能、资金和管理经验的返乡人才，要在减税降费方面下功夫，降低创业成本和企业负担；2016年中央一号文件要求农村青年、返乡农民工、农技推广人员、农村大中专毕业生和退役军人等群体返乡投身现代农业建设、加入职业农民队伍；2017年

中央一号文件明确要求鼓励返乡创业园、创业孵化基地、创客服务平台建设，为返乡创新创业人员开设开放式服务窗口、提供一站式服务；2018年中央一号文件提出了"实施乡村就业创业促进行动"的口号；2019年中央一号文件要求"支持建立多种形式的创业支撑服务平台，完善乡村创新创业支持服务体系"；2020年中央一号文件也提出要深入实施农村创新创业带头人培育行动；2021年中央一号文件要求，既要加快吸引城市各方面人才到农村创业创新的步伐，又要加快建设返乡入乡创业园和孵化实训基地；2022年中央一号文件也提出"推进返乡入乡创业园建设，落实各项扶持政策"。总的来说，自"大众创业、万众创新"的口号提出以来，乡村创新创业始终是政策层面关注的重点内容。一系列政策文件的出台为返乡创新创业群体既提供了创新创业信心，又提供了制度保障（见表8-3）。

表 8-3　党的十八大以来返乡创新创业的相关政策文件梳理

年份	政策文件名称	主要内容
2012	《中共中央　国务院关于加快推进农业科技创新　持续增强农产品供给保障能力的若干意见》	对符合条件的农村青年务农创业和农民工返乡创业项目给予补助和贷款支持。
2013	《中共中央　国务院关于加快发展现代农业　进一步增强农村发展活力的若干意见》	对符合条件的中高等学校毕业生、退役军人、返乡农民工务农创业给予补助和贷款支持。
2015	《中共中央　国务院关于加大改革创新力度　加快农业现代化建设的若干意见》	引导有技能、资金和管理经验的农民工返乡创业，落实定向减税和普遍性降费政策，降低创业成本和企业负担。
2016	《中共中央　国务院关于落实发展新理念　加快农业现代化　实现全面小康目标的若干意见》	引导有志投身现代农业建设的农村青年、返乡农民工、农技推广人员、农村大中专毕业生和退役军人等加入职业农民队伍。
2017	《中共中央　国务院关于深入推进农业供给侧结构性改革　加快培育农业农村发展新动能的若干意见》	支持进城农民工返乡创业，带动现代农业和农村新产业新业态发展。鼓励各地建立返乡创业园、创业孵化基地、创客服务平台，开设开放式服务窗口，提供一站式服务。
2018	《中共中央　国务院关于实施乡村振兴战略的意见》	加强扶持引导服务，实施乡村就业创业促进行动。

续表

年份	政策文件名称	主要内容
2018	《农业农村部关于大力实施乡村就业创业促进行动的通知》	实施乡村就业创业促进行动，围绕培育主体促进就业创业、围绕打造园区促进就业创业、围绕发展特色产业促进就业创业、围绕推动产业融合促进就业创业。
2019	《中共中央 国务院关于坚持农业农村优先发展 做好"三农"工作的若干意见》	鼓励外出农民工、高校毕业生、退伍军人、城市各类人才返乡下乡创新创业，支持建立多种形式的创业支撑服务平台，完善乡村创新创业支持服务体系。
2019	《中共中央 国务院关于建立健全城乡融合发展体制机制和政策体系的意见》	吸引各类人才返乡入乡创业。鼓励原籍普通高校和职业院校毕业生、外出农民工及经商人员回乡创业兴业。
2019	《人力资源社会保障部 财政部 农业农村部关于进一步推动返乡入乡创业工作的意见》	落实创业扶持政策，落实创业担保贷款政策，扩大培训规模，提升培训质量，落实培训补贴，提升服务能力，强化载体服务，健全社会保险和社会救助机制，做好用工服务，深化招才引智。
2020	《中共中央 国务院关于抓好"三农"领域重点工作 确保如期实现全面小康的意见》	深入实施农村创新创业带头人培育行动，将符合条件的返乡创业农民工纳入一次性创业补贴范围。
2020	《关于深入实施农村创新创业带头人培育行动的意见》	扶持返乡创业农民工，鼓励入乡创业人员，发掘在乡创业能人，强化政策扶持，加强创业培训，优化创业服务。
2021	《中共中央 国务院关于全面推进乡村振兴 加快农业农村现代化的意见》	吸引城市各方面人才到农村创业创新，参与乡村振兴和现代农业建设。鼓励地方建设返乡入乡创业园和孵化实训基地。
2021	《关于促进退役军人投身乡村振兴的指导意见》	鼓励退役军人到乡村重点产业创业就业，支持退役军人领办新型农业经营主体。引导退役军人参加学历教育。加强退役军人涉农类职业技能培训。做好退役军人农业创业培训。
2022	《中共中央 国务院关于做好2022年全面推进乡村振兴重点工作的意见》	推进返乡入乡创业园建设，落实各项扶持政策。

资料来源：笔者根据相关文件整理。

第二节 党的十八大以来农民政策取得的成就

一、农民工市民化进程加快

党的十八大以来，随着户籍制度改革的不断深化，农民工市民化进程不断加快。图8-1给出了党的十八大以来农村劳动力转移人员数和外出务工农民工数量的变化情况。其中，农村劳动力转移人员数等于乡村就业人员数与第一产业就业人员数的差值，可以看作广义上的农村劳动力转移数。具体来说，图8-1中，农村劳动力转移人员数从2012年的13 432万人下降到2020年的11 078万人。外出务工农民工数量始终呈现稳中有升的态势。受制于新冠肺炎疫情等不利因素的影响，2020年外出务工农民工总量有所下降，从2019年的17 425万人减少到2020年的16 959万人。由于外出务工农民工的判断标准为在本乡镇外从事非农就业的农民工，下面进一步分析外出务工农民工中的进城务工农民工的基本情况。考虑到国家统计局于2015年起开始在《农民工监测调查报告》中公布进城务工农民工数量，图8-1报告了2015年以来进城务工农民工数量的变化情况。具体来说，进城务工农民工数量从2015年的13 742万人下降到2016年的13 585万人后增加到2017年的13 710万人，以后逐年下降。2020年，进城务工农民工数量为13 101万人。由此可见，目前进城务工农民工的数量正步入下行阶段。

根据国家统计局的资料，2020年底实现14亿人户口性质城乡统一，1.1亿流动人口领到居住证，1.2亿农业转移人口落户城镇。2021年，常住人口城镇化率达到64.72%，户籍人口城镇化率达到45.4%。表8-4报告了党的十八大以来我国户籍人口城镇化率和常住人口城镇化率情况。

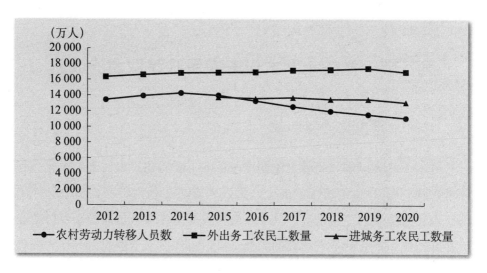

图 8-1　党的十八大以来农村劳动力转移人员数和外出务工农民工

数量及进城务工农民工数量变化情况

表 8-4　党的十八大以来我国常住人口城镇化率与户籍人口城镇化率的变化情况（%）

年份	常住人口城镇化率	户籍人口城镇化率	差值
2012	52.57	35.30	17.27
2013	53.70	35.70	18.00
2014	54.77	35.90	18.87
2015	56.10	39.90	16.20
2016	57.35	41.20	16.15
2017	58.52	42.35	16.17
2018	59.58	43.37	16.21
2019	60.60	44.38	16.22
2020	63.89	45.40	18.49
2021	64.72	46.70	18.02

资料来源：国家统计局和国家发展和改革委员会各年度计划报告汇总。

　　从表 8-4 中可以发现，我国常住人口城镇化率从 2012 年的 52.57%
增加到 2021 年的 64.72%，户籍人口城镇化率也从 2012 年的 35.30%增
加到 2021 年的 46.70%，城镇化水平稳中有升，农业转移人口市民化程
度不断加快。

二、高素质农民数量快速增加

随着职业农民培育和高素质农民培育政策的不断深入，农民人力资本水平不断提升，高素质农民人才队伍不断壮大。"十三五"时期，农业农村部每年培训农民 100 万人。2021 年由农业农村部和财政部联合实施的"高素质农民培育计划"已经完全覆盖全国所有的农业县（市、区），积极探索出一条"农学结合、送教下乡、弹性学制"的面向乡村振兴需要的农民职业教育方式。2020 年国家高素质农民培育计划共培养高素质农民 80 万人，全国农民手机应用技能培训辐射超 4 000 万人次。根据农业农村部发布的历年《全国高素质农民发展报告》，高素质农民发展指数从 2018 年的 0.45 提高到 2021 年的 0.51（见图 8 - 2）。分区域看，中部和东部地区的发展指数领先，西部地区居中，东北地区相对滞后。分年龄结构看，高素质农民的年龄主要集中在 36～54 岁，高素质农民受教育程度以高中及以上文化程度为主，超过九成的高素质农民接受了农业生产经营的相关技术培训。以大中专毕业生、外出务工返乡人员、退役军人、科技人员、大学生村官等为主的新生力量加入高素质农民队伍，占比接近五成。高素质农民的收入水平较高，2020 年人均纯收入达到 3.69 万元，是农村居民人均可支配收入的 2 倍以上。高素质农民的农业产业化水平较高，超过六成的高素质农民成为规模农业经营农户，平均土地经营面积为 172 亩。

以农村实用人才为例，2020 年全国登记农村可用的"实用型"人才数量达 2 254 万，较 2015 年的 1 272 万人增长了 77.2%。从年龄结构和学历上看，55 岁以下青壮年比例从 2015 年的 88.2% 增加到 2018 年的 88.9%，高中及以上学历比例从 2015 年的 30.5% 增加到 2018 年的 31.1%。[1]

---

[1]　彭超. 高素质农民培育政策的演变、效果与完善思路. 理论探索，2021（1）：22 - 30.

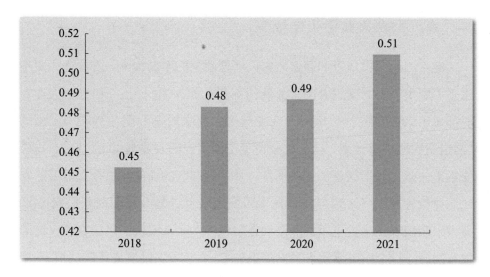

图 8-2　高素质农民发展指数变化情况

三、返乡创新创业主体快速增加

随着返乡创新创业的制度环境不断优化，乡村创新创业呈现出如火如荼的发展。根据 2017 年农业部出台的《关于公布全国农村创业创新园区（基地）目录的通知》，全国确定了 1 096 个农村创业创新园区（基地）。各地区乡村创新创业的"绿色通道"、人才扶持奖励以及对进入创业园区的创新创业人才的各项服务落地，加快了返乡创新创业进程。根据农业农村部的数据，2008 年乡村创新创业的主体比例仅为 5.8%，到 2018 年，乡村新成立的创业主体已占总量的 54.1%。从乡村创新创业人数上看，乡村创新创业人数呈现快速增加趋势。图 8-3 报告了 2015 年以来乡村创新创业人员数的变化情况。乡村创新创业人员数从 2015 年的 450 万人增加到 2021 年的 1 120 万人，六年间累计增加了 670 万人。从乡村创新创业人员结构上看，返乡创新创业主体多是以农村能人、农村青年为主，受教育程度普遍较高。

此外，笔者调研的河南省荥阳市新田地种植专业合作社理事长李杰是返乡创新创业人员的代表。李杰从食品加工企业职业经理人岗位辞职返

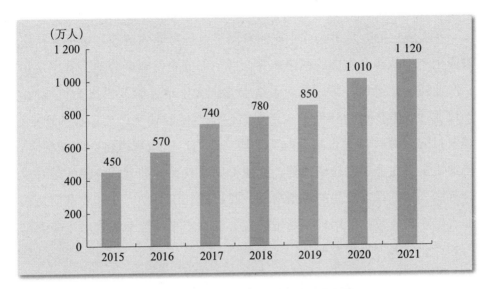

图 8 - 3 2015 年以来乡村创新创业人员数

乡，回到荥阳领办农民专业合作社，实现了服务面积和经营利润的"双重提升"，服务面积超过 5 万亩，带动农民增收效果明显，为乡村产业兴旺作出了突出贡献。① 中国人民大学硕士毕业生邹子龙返乡创办了珠海绿手指有机农场，在社区支持农业领域开展创业创新活动，目前已打造集农业一二三产业于一体的珠海绿手指有机农园，同时开展食物教育活动，向乡村传播绿色生态的食物理念，产生了良好的社会绩效。

第三节　党的十八大以来农民政策的理论创新

党的十八大以来，户籍制度改革的深入、高素质农民培育工作的推进以及返乡创新创业工作的开展，为广大农民的发展提供了多条路径。党和国家正是从实际出发，为在乡农民和不在乡农民的发展提供了多样化途径，既可以从事农业也可以从事非农就业，充分赋予不同类型农民各种

---

① 张琛，孔祥智. 农民专业合作社成长演化机制分析——基于组织生态学视角. 中国农村观察，2018（3）：128-144.

权益。

在实践层面，从事农业生产的农民可以选择非农就业，也可以从事农业生产。从在乡农民的视角来看，当一部分农村剩余劳动力有序从第一产业转移到第二、第三产业，使农业扩大土地经营规模成为可能时，不仅通过规模化经营降低了生产成本，也促使农业生产逐渐成为职业。当农村劳动力数量逐步减少时，人均（劳均）土地规模将会不断扩大，将加快实现农业适度规模经营，这使得职业农民和高素质农民的培育成为可能。从不在乡农民的视角来看，农村青壮年劳动力在非农部门从事非农生产，通过技能培训不断增强人力资本水平，逐渐成为城市非农部门的产业工人（见图8-4）。

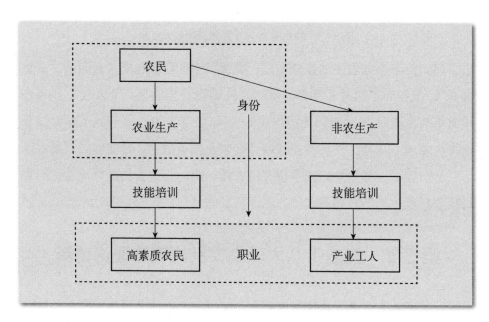

图8-4　理论创新：从身份到职业

总的来说，随着党和政府一系列针对农民发展的政策的不断出台，农民逐渐实现了从原先的"身份"向"职业"的转变。具体来说，党的十八大以来农民从"身份"向"职业"的转变具有以下四个方面的理论创新。

一、展示了马克思主义的强大生命力

　　《中共中央关于党的百年奋斗重大成就和历史经验的决议》指出："党的百年奋斗展示了马克思主义的强大生命力。"农村劳动力从农村向城市流动、将在乡农民培育成高素质农民以及支持返乡创新创业正是马克思主义在中国的实践表现。马克思主义的立场就是人民的立场。农村劳动力双向流动、培育高素质农民正是中国共产党坚持实事求是、从中国实际出发，为亿万农民谋幸福的现实写照，将马克思主义基本原理同中国具体实际相结合并指导中国实践的历史产物，展示了马克思主义的强大生命力。改革开放以来，农村家庭联产承包责任制的实行以及 20 世纪 80 年代乡镇企业的异军突起，为农民提供了就地就近从事非农就业的机会。中国共产党从实际出发，先后允许农民在集镇和小城镇落户。21 世纪以来，我国迎来了新一轮高速增长和就业创造，劳动力市场供求形势发生了巨大转变，中国共产党从实际出发，破除制约劳动力转移的制度障碍，鼓励和支持农村劳动力向城市转移。党的十八大以来，随着我国经济步入新常态，为了保持经济运行的平稳增长，党和政府不断深化户籍制度改革，完善进城农民的各项权益，让农村劳动力既可以安心留在城里工作，也可以返乡创新创业加入乡村振兴的队伍中。让在农村从事农业生产的劳动力既可进入城市就业，又可在乡安心务农，让在城市劳动力市场就业的农村劳动力既可在城市稳定就业，又可返乡创新创业，这种城乡间进退有据、工农间自由切换的制度设计正是中国共产党坚持实事求是、从实际出发的现实写照。

二、彰显了中国特色社会主义制度的优越性

　　农村劳动力在农村与城市间双向流动以及培育高素质农民凸显了中国特色社会主义制度的优越性。一方面，中国特色社会主义制度实现了人的全面发展，这也是不同于资本主义制度的所在。从 20 世纪 80 年代的"贫

穷不是社会主义"至今，中国特色社会主义制度始终将为人民谋幸福作为奋斗目标，将共同富裕作为社会主义的本质要求。农村劳动力离开农村进入第二、第三产业部门就业，得到了较高的劳动报酬，提升了农民收入水平，顺应了农村劳动力流动的客观规律，部分农民工群体更是成为中等收入群体，成为城市消费市场的主力。同时，农村劳动力返乡创新创业也顺应了一部分在城市就业的农村劳动力心系乡村、回报家乡的主观愿望。另一方面，农民政策的渐进式改革也是中国特色社会主义制度的表现形式。渐进式改革是一种从部分到整体、从局部到全局、从浅层到深层的改革，有利于处理改革、发展与稳定的关系和降低改革风险。① 实现农民从身份向职业的转变正是遵循了渐进式改革的思路，保证了经济社会的稳定发展，这也是中国特色社会主义制度优越性的重要表现。

三、回答了城乡关系如何共处的道路命题

城乡关系如何共处长期以来都是中国共产党关注的核心命题。马克思以辩证唯物主义和历史唯物主义的方法，揭示了城乡关系的演进变化规律。农村劳动力作为城乡间最为重要的要素，70 多年来的流动历程对应着城乡关系的深刻演变，农民从不让进城到允许进城体现的是城乡关系从分割走向协调，从允许进城到加强服务保障体现的是城乡关系从协调走向融合共富。只有劳动力要素"动"起来，城乡之间的要素流动才能"活"起来。尤其是党的十八大以来，新型工农城乡关系从"以工促农、以城带乡、工农互惠、城乡一体"转变为"工农互促、城乡互补、协调发展、共同繁荣"，更加反映出中国共产党对新型工农城乡关系的定位转变。亿万农民在城乡之间有序流动，可以避免出现类似于拉美国家因快速将农村劳动力转移到城市而衍生出的一系列社会性问题。这从根本上回答了城乡关系如何共处的重大道路命题。

---

① 郭威.中国渐进式改革的实践演进、逻辑机理与借鉴意义.科学社会主义，2019（5）：121 - 127.

四、避免了掉入中等收入陷阱

中等收入陷阱通常指的是一个国家长期徘徊在中等收入阶段，始终不能进入高收入国家的行列，陷入了经济增长的停滞期。2021年，我国人均GDP达到12 551美元，已经跨越了12 535美元这个进入高收入国家行列的门槛。从国际经验来看，二战结束以后真正跨越中等收入陷阱、稳定成为高收入国家的只有日本、韩国等几个少数国家。跨越中等收入陷阱的主要方式是通过产业结构优化升级等提高全要素生产率，实现增长方式由要素驱动向创新驱动转变。目前，我国第二产业正加快向资本和技术密集型产业转型，第二产业的就业弹性①近年来由正转负，意味着第二产业吸纳就业的能力在下降；第三产业的就业弹性长期为正，表明服务业吸纳就业的能力在增强。而农村常住人口在城镇就业多为第二产业（如建筑业、制造业等），第二产业的就业弹性为负将会减少就业岗位。同时，产业升级面临诸多不确定性，甚至可能出现短期的摇摆反复，城镇劳动力市场对传统劳动密集型产业对应的低端劳动力的需求增长开始放缓，产业升级也增加了对具有更高受教育水平的技能劳动力的需求，进而造成产业间劳动力需求的大幅波动。对此，实现农民从"身份"向"职业"的转变，为有效应对产业结构升级的不确定性提供了举措，能够更加有效地适应产业结构变动所带来的劳动力需求变化。此外，我国的人口态势已发生重大转变，已经形成劳动年龄人口逐步减少的长期趋势，也客观要求加强人力资本培训，实现由人力资源强国向人力资本强国转变的目标。2013年劳动年龄人口数约为9.2亿，随后每年以几百万的数目下降，2020年中国16～59岁劳动年龄人口规模已下降为8.8亿人。提升人力资本水平是跨越中等收入陷阱不可或缺的关键一环。农民作为占比最大的群体，加快提

---

① 就业弹性是指产值增长一个百分点所带来的就业增长的百分点，体现了增长对就业的拉动效果。笔者对近年来第二产业和第三产业就业弹性进行了测算：第二产业就业弹性2012年为0.37，2013年由正转负，为－0.04，之后年份均小于0；第三产业就业弹性均大于0。

升人力资本水平对于跨越中等收入陷阱意义巨大。

第四节　未来展望

一、顺应农村劳动力转移的客观规律

首先，顺应农村劳动力转移的客观规律。农村劳动力从农村向城市转移的这一过程是全社会劳动生产率不断提升的过程。从长期来看，这一过程在短时间内是难以逆转的。因此，要顺应农村劳动力转移的客观规律，既要持续做好引导农村劳动力向非农产业和城镇有序转移的工作，也要对返乡创新创业劳动力给予鼓励和支持。一方面，要做好外出农民工就业服务工作。建立健全具有包容性的城乡一体化劳动力市场，千方百计拓宽农村劳动力转移就业渠道，营造安全的就业环境，逐步消除对进城农民的就业歧视。高度重视外出务工农民工的就业技能与岗位的匹配度，解决产业需求与人力资本不匹配的难题，加强就业技能培训的服务质量。做好就业信息服务，定期举办就业帮扶招聘会，充分发挥数字化就业帮扶效能。另一方面，打好返乡创新创业"组合拳"服务。做好返乡创新创业农村劳动力的政策支持和保障体系工作，引导农村承包地有序流动，完善设施农用地政策以及向经济效益强、就业带动优的主体适当倾斜建设用地指标，依托返乡入乡创业园建设为返乡创新创业主体提供经营场所。加快农村金融系统性改革，强化金融服务，加大支持返乡创新创业主体的再贷款、再贴现支持力度，满足返乡创新创业主体的融资贷款需求，加快区域性农村产权交易市场建设。

其次，户籍制度改革要继续坚持渐进式改革的思路。户籍制度改革是一项复杂的系统性工程，涉及多达几亿的农村家庭人口。渐进式改革是中国经济社会改革开放的主要方式。长期以来，我国户籍制度改革始终坚持渐进式改革的思路，先后出台了《国务院关于进一步推进户籍制度改革的意见》《国务院办公厅关于印发推动 1 亿非户籍人口在城市落户方案的通知》以及国家发展改革委印发的《新型城镇化建设重点任务》等多项政策文件，避免出现大规模人口集聚等一系列经济社会不稳定因素。大城市落户限制也呈现渐进式改革的特征，国家发展改革委印发的《2019 年新型城镇化建设重点任务》要求放开城区常住人口在 100 万到 300 万的城市的落户限制。《2021 年新型城镇化和城乡融合发展重点任务》提出"城区常住人口 300 万以下城市落实全面取消落户限制政策"。针对城区常住人口 300 万以上的 I 型大城市以及特大城市、超大城市的落户问题将是下一步改革的重点领域。2020 年 3 月，中共中央、国务院发布《关于构建更加完善的要素市场化配置体制机制的意见》，明确了超大、特大城市要不断完善积分落户政策，在长三角、珠三角等城市群率先探索户籍准入年限同城化累计互认。2022 年 3 月，国家发改委印发了《2022 年新型城镇化和城乡融合发展重点任务》，再次强调"城区常住人口 300 万以下城市落实全面取消落户限制政策"。可以预见，除个别超大城市外，常住人口 1 000 万以下的城市落户限制将会被逐步取消。未来，户籍制度改革仍需要坚持渐进式改革的方针，按照"稳中求进"的总基调，保持足够的历史耐心，最终破除城乡二元分割体制机制。

最后，加大对农村劳动力的人力资本投资，以应对劳动力供给减少。农村总和生育率和人口老龄化程度的"一降一升"深刻影响着农村人口结构的变化。未来，我国农村地区的总人口数量将会持续减少，人口老龄化程度将会进一步加剧，这将导致农村地区劳动年龄人口的供给数量下降。此外，农村劳动年龄人口数量减少也将对农业规模化经营、农业机械化水平发展和数字化发展提供机遇与调整。因此，需要通过提升农村劳动力人力资本的方式削弱劳动力数量不足的负面影响。人力资本是经济增长的重要源泉，无论是农村劳动力进城务工还是返乡创新创业，高质量的人力资本存量既是农村劳动力获得稳定劳动报酬的关键，也是应对新时期产业结构升级和生产率提升的新要求。加快构建县乡村一体化的教育公共服务供给体系，推动农村地区优质教育资源均衡发展，补齐针对广大农民群体的学前教育、职业教育和继续教育服务短板，实施农村地区儿童早期人力资本投资计划。加快推进县域内义务教育学校校长教师交流轮岗制度落地实施，提升农村教师队伍质量水平。大规模、多层次开展农村劳动力职业技能培训，依托订单式、套餐制培训模式提升农村劳动力职业技能培训质量。

二、支持农村劳动力返乡创新创业

加快解决好农村劳动力返乡创新创业面临的人、地、钱以及公共服务供给不足的问题，要从以下两个方面加快推进改革力度。

一是要加快推进要素市场化配置，系统性改革集体经营性建设用地入市政策，加快落实农村建设用地改革，保障入市集体经营性建设用地同权同价。鼓励各地探索农村宅基地所有权、资格权、使用权"三权分置"的实施细则和管理办法，允许村集体经济组织开发利用本村闲置宅基地。扩大涉农项目的国有建设用地供给数量，各级地方政府要在每年建设用地计划中单列出一定比例专门用于满足乡村创新创业主体用地需求。引导地方政府出台相关制度规定，在充分尊重农民意愿的基础上充分发挥市场的力量；系统性推进设施农用地改革。细化设施农用地范围，明确不同类型设施农用地的规划安排、选址要求和使用周期，重点解决设施农用地执行范围和标准不明晰的问题。对产业效益优、就业带动强、农民增收快的产业项目，要创新设施农用地供给模式，集中设施农用地指标向产业发展项目予以倾斜，以适应产业发展的用地需要；推进土地制度与农村金融协同性改革。地方政府要加快推进农村集体产权制度改革，不断扩大农村抵押担保物范围，尤其是要解决设施农用地、农村居民房屋及林权等难以实现抵押融资的问题，完善农村资产资源价值评价体系，加快各区域间农村产权交易市场的互联互通，逐步实现区域性、全国性农村产权交易市场落地。让优质要素资源进入农业农村，是乡村振兴的关键。为下乡的工商资本提供人才培训、财税扶持、土地供给等方面的保障，引导工商资本进入乡村适宜的领域，吸取部分工商资本下乡失败的案例教训。鼓励城市人才下乡助力乡村发展。要加快推进人才下乡、能人返乡。积极引导城市人才下乡为乡村产业发展、乡村公共服务添砖加瓦。鼓励支持城市下乡人才成为农村创新创业带头人，指导本地乡土人才。

二是加快构建全覆盖的基本公共服务体系。在农村地区实现七个"有所"，即幼有所育、学有所教、劳有所得、病有所医、弱有所扶、老有所养、住有所居。其中，幼有所育、学有所教是重点，劳有所得是关键，病有所医、弱有所扶是基础，老有所养、住有所居是保障。幼有所育、学有所教、劳有所得对应的是从供给侧保持潜在的增长能力，病有所医、弱有所扶、老有所养、住有所居对应的则是从需求侧兜底社会福利均等化。加快推进城乡基本公共服务均等化建设、加快推进县乡村公共服务一体化发展，重点解决基本公共服务"乡村弱"这一突出短板，在农村基础设施建设、农村社会保障体系等方面编织公共服务之"网"。首先，加快补齐乡村基础设施的短板，做好水电路气网等硬件公共服务建设。在农村供水方面，加快建立从源头到龙头的农村供水工程体系，在人口聚集的乡镇、行政村提高供水管网的适配能力，保障城乡居民供水"同网同价同质同服务"。在农村电力方面，要加快建立高质量的现代农村电网，全面推进新一轮农村电网改造提升工程，提升户均配变容量。在经济发达地区可推行智能电网改造。在农村道路方面，要加快实施农村公路升级改造提升工程，建设以乡镇为基本单元的农村公路网络，推进城乡客运一体化发展，全面建立农村公路"路长制"，构建农村公路管理养护长效机制。在网络方面，要加快推进乡村数字基础设施提档升级，重点要对村庄通信网络实现扩容，稳步推进5G、千兆光纤在行政村布局和电信普遍服务补偿试点工作。其次，不断完善农村养老、教育、医疗、托育等公共服务体系。在农村养老方面，要打造高质量农村养老供给服务体系，重点是加快构建县、乡、村三级养老供给服务网络体系，打造专业化养老服务团队，提升人口密度较高的乡镇、行政村养老服务设施的利用率。在农村教育方面，要把握城镇化发展趋势，合理规划农村中小学布局结构，优先满足适龄儿童就近上学的基本需求，并在此基础上逐步推进农村地区标准化学校的建设工作。大力加强农村教师队伍建设，既要保障农村教师的待遇，又要加强培训提升农村教师队伍的专业素质。加快推进县域内义务教育学校校长教师交流轮岗制度落地实施，支持以县域为载体建设城乡学校共同体。拓展农村义务教育覆盖范围，在学前教育阶段，可通过建立普惠制幼儿园的方式，解决农村地区学龄前儿童的基础教育问题。在中等教育普通高中阶段，可在有条件的农村地区率先普及高中阶段的义务教育，免除农村地区学生在高中教育阶段的学杂费和书本费。在农村医疗方面，要加强县域紧密型医共体建设，不断提升乡镇卫生院、村卫生室的医疗服务水平，推动乡村医生向执业医师转变，定期组织县城医生赴乡村问诊，增加农村医疗床位数。积极探索乡村医生"县招、乡管、村用"等实践方案。在农村托育方面，要高度重视农村地区 3 岁以下婴幼儿托育服务的需求，不断提高农村地区托育服务质量。加强农村托育服务基础设施建设，在有条件的农村地区建设以政府为主导的公共托育机构和普惠性托育机构。完善农村 3 岁以下托育服务师资队伍体系建设。加快推动师范类院校开设 3 岁以下婴幼儿托育相关专业，完善课程培养体系，建立一批专业化的婴幼儿教师队伍。加强行业监管，确保农村 3 岁以下婴幼儿服务质量。加快实行农村托育服务的市场准入负面清单制，按照农村托育服务行业的规范标准，加强全方位监管。

三、大力培育高素质农民

一是把高素质现代农民培育纳入国家中长期人才发展规划，大规模开展乡村振兴带头人培育。地方各级政府要制订相应的对接规划，省级开展综合型、复合型、领军型高素质农民示范培育，市县级重点开展主体带头人培育和专项技术技能培训。紧密围绕产业需求和重点任务统筹培育体系。优先满足种业发展和耕地保护培训需求，重点支持粮食和重要农产品生产保供，巩固拓展脱贫攻坚成果同乡村振兴有效衔接等人才需求。补齐培育体系短板。建立健全农民教育培训机构的资质认定体系，探索建立高素质农民职业资格认定和晋升机制。在培训内容设计方面，由财政投入专门资金，研发对经营管理知识的指导内容，加强对高素质农民财税金融知识、司法程序等的实际训练，提升现代市场主体意识，强化社会公德、职业道德、家庭美德、个人品德建设。实施乡村振兴与教育培训互建互促。支持地方农业大学和涉农科研机构下沉到乡镇一级办学，立足当地产业特色、区位优势等，打造分产业、分专业、分类别的教育培训体系，充分利用"互联网＋"技术和业态，开发"云讲堂"等新型培训方式，培养县乡村高素质劳动力，输出乡村现代治理人才，倡导引领乡村文化生活新风尚。

二是强化高素质农民培育的规范性。要做到高素质农民培训程序、认定管理以及经费使用的规范性。立足实际，对不同类型的高素质农民，要科学制定培训内容，培训既要重视培训过程，又要重视培训结果，还要重视培训的适应性。通过调查研究重点摸清高素质农民培训中的短板，明确高素质农民培育的具体工作方案和考核指标体系，以实现精细化管理的目标。厘清农业从业相关企业和人员的基本情况，重点掌握主导产业发展、农业规模化组织化情况以及农业从业人员结构。把专业知识与产业、市场紧密结合，精准对接农民需求，多开设与实践联系较为紧密的智慧农业、电子商务、经营管理等模块化课程，避免出现重理论轻实践、培训方式重"高大上"轻"接地气"、培训资源不集中等问题。

三是多渠道强化宣传引领。探索宣传引领的有效形式。通过农民丰收节、县镇村主题实践活动等形式，大力宣传高素质农民培育的基本情况以及高素质农民在参与乡村振兴实践中的典型事迹，充分调动农民的积极性、主动性和创造性，营造乐活乡村氛围。传统与现代渠道相结合。充分利用广播电视、报纸杂志等传统纸媒，发挥政府网站、微信、微博、抖音、快手等新媒体的作用。在村庄层面可通过编排地方戏、舞台剧、微电影等形式，结合"送戏下乡"等活动加强宣传引领。宣传乡村振兴中涌现出的高素质农民的典型事迹。在中国政府网、学习强国平台等中央国家媒体开辟相应模块，整合先进典型的资料，加强宣传引导。开展全国农业行业职业技能大赛。

四是完善高素质农民人才队伍培育的体制机制。加大对高素质农民的扶持力度，鼓励支持高素质农民在乡创办领办新型农业经营主体和新型农业服务主体，在土地流转服务、设施农业用地、涉农项目和财政补贴等方面给予扶持。加快推进高素质农民参加城镇职工养老、医疗等社会保障工作，解决高素质农民长远发展的后顾之忧。在县域层面建立专业人才统筹使用制度，提高农村专业人才服务保障能力。加快建立由教育、农业、人社等部门共同支持的高素质农民培育平台，实现高素质农民培育信息的数字化。加快高素质农民信息数据库建设，做好培育工作的查询、追溯与跟踪服务，探索建立现代农民终身学习账号制度。

下 篇

发展趋势展望

第九章 "强、富、美"：你的未来不是梦[①]

2020年底，新时代脱贫攻坚目标任务如期完成，我国脱贫攻坚战取得了全面胜利，现行标准下9 899万农村贫困人口全部脱贫，832个贫困县全部摘帽，12.8万个贫困村全部出列，区域性整体贫困得到解决，完成了消除绝对贫困的艰巨任务。[②] 2021年，在中国共产党成立一百周年之际，我们不仅创造了人类减贫历史上的奇迹，农村改革向纵深推进，农村也实现了全面建成小康社会的目标。在实现第一个百年奋斗目标之后，我国正在乘势而上开启全面建设社会主义现代化国家新征程，向第二个百年奋斗目标进军，"三农"工作重心历史性转向全面推进乡村振兴。民族要复兴，乡村必振兴。全面建设社会主义现代化国家，实现中华民族伟大复兴，最艰巨最繁重的任务依然在农村，最广泛最深厚的基础依然在农村。根据党中央的部署，展望2035年，我国乡村全面振兴取得决定性进展，农业农村现代化基本实现。到21世纪中叶，在基本实现现代化的基础上，把我国建成富强民主文明和谐美丽的社会主义现代化强国，全体人民共同富裕目标基本实现。在这个波澜壮阔的历程中，农业变强、农民变富、农村变美的目标愿景不再一直是遥不可及的梦想，而是可以实实在在勾勒、谋划的蓝图。

第一节 农业强——稳固基础与提升效益

一个强大的农业一方面能够有能力实现粮食等重要农产品供给有效保障，另一方面，农业发展的质量、效益和竞争力能够稳步提升。对于前者，

---

① 执笔人：谢东东。
② 习近平：在全国脱贫攻坚总结表彰大会上的讲话. 中国政府网，2021-02-25.

粮食综合生产能力稳步提升，确保谷物基本自给、口粮绝对安全，其他重要农产品保持合理自给水平。对于后者，则也需要考虑到农业生产结构和区域布局明显优化，物质技术装备条件持续改善，实现规模化、集约化、标准化、数字化水平发展，推动产业链供应链优化升级，绿色优质农产品供给能力能够有效提升。因而，总的来看，未来就是要稳固农业的基础，并通过不断提升农业产业的综合效益与竞争力来实现农业现代化发展。

一、提升重要农产品供给保障水平

要想应对国内外各种风险挑战，基础支撑在"三农"，因为国家粮食安全战略和重要农产品保障战略关系到国家安全，所以，强大农业的关键和基础就是能够稳住农业基本盘。为此，不断提升技术和其他相关要素投入，强化生产、储备、流通供应链建设，构建科学合理、安全高效的重要农产品供给保障体系，是夯实农业农村现代化的物质基础的应有之义和必然要求。

（一）稳定粮食播种面积，严格落实政治责任

从当前政策安排来看，党中央不断强调压实粮食安全政治责任，落实粮食安全党政同责，以此保障粮食生产。当然，站在新的历史起点，展望未来，还需要不断健全粮食安全责任制，例如细化粮食主产区、产销平衡区、主销区考核指标，实施重要农产品区域布局和分品种生产供给方案。当然，目标初心不变，都是为了加强粮食生产能力建设，守住谷物基本自给、口粮绝对安全的底线。中国人的饭碗任何时候都要牢牢端在自己手中，饭碗主要装中国粮，确保粮食产量保持在1.3万亿斤以上。这是2022年中央一号文件对当年农业生产提出的明确目标，同时也是"十四五"时期我国重要农产品供给保障能力的主要目标。当然，从生产能力基础来看，这一目标是完全可以达成的。我国粮食产量从2012年的1.179 1万亿斤增加到2021年的1.365 7万亿斤，党的十八大以来我国粮食产量总体来看获得了很大提升。尤其是自2015年我国粮食产量达到1.321 2万亿斤开始，在整个"十三五"时期，粮食产量已经连续保持在1.3万亿

斤以上。^① 图 9 - 1 给出了 2015—2021 年我国粮食与谷物产量情况。

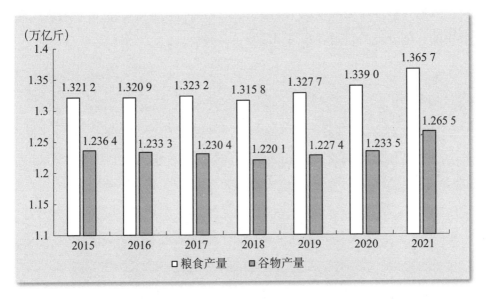

图 9 - 1 2015—2021 年我国粮食与谷物产量

资料来源：笔者根据国家统计局数据整理而得。

对于粮食产量来说，随着技术进步和其他生产要素的投入改进，单位面积粮食产量仍然有提升空间，我国粮食生产最大的威胁则是耕地数量的不断减少。图 9 - 2 给出了我国近年来粮食播种面积的数据。可以看出，2015 年我国粮食播种面积达到 17.844 4 亿亩，至 2019 年下降至 17.409 5 亿亩，粮食种植面积减少了 4 349 万亩，至 2021 年又回升至 17.644 5 亿亩。将时间维度放长来看，根据国家第三次全国国土调查主要数据，2009 年 12 月—2019 年 12 月，十年间全国耕地减少了 1.13 亿亩，截至 2019 年 12 月 31 日，我国耕地面积为 19.18 亿亩。^② 需要注意的是，多年来，我国不断加强土地规划管控和用途管制，探索建立土地用途转用许可制，其关键在于强化非农建设占用耕地的转用管控，在实施"占补平衡"的情况

① 国家统计局网站。需要注意的是，2015 年当年国家统计局公布粮食产量数据为 1.24 万亿斤，随着第三次农业普查数据的公布，国家统计局对之前的数据做了修正。

② 第三次全国国土调查主要数据成果新闻发布会. 中华人民共和国自然资源部官网，2021 - 08 - 26.

下，耕地地类减少的主要原因是农业结构调整和国土绿化。根据国土"三调"数据，耕地净流向林地 1.12 亿亩、净流向园地 0.63 亿亩。当然，这其中的一部分流失耕地存在可以复垦的条件。

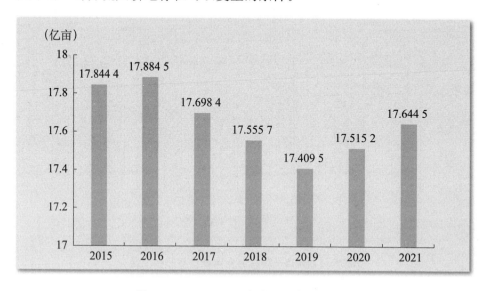

图 9 - 2 2015—2021 年我国粮食播种面积

资料来源：笔者根据国家统计局数据整理而得。

但是，坚守 18 亿亩耕地红线是关系我国国家安全的重要大事。为此，可以预见的是，在未来，耕地保护制度还将会不断被严格落实。一方面，在政策方面还会强化耕地用途管制，实行永久基本农田特殊保护。按照耕地和永久基本农田、生态保护红线、城镇开发边界的顺序，统筹划定落实三条控制线，把耕地保有量和永久基本农田保护目标任务足额逐级分解下达，由中央作为刚性指标对地方实行严格考核、一票否决、终身追责。另一方面，更要分类明确耕地用途，严格落实耕地利用优先顺序，耕地主要用于粮食和棉、油、糖、蔬菜等农产品及饲草饲料生产，严禁违规占用耕地和违背自然规律绿化造林、挖湖造景。

（二）优化食物品种结构，因地制宜发展生产

展望未来，在重视提升重要农产品保供能力的同时，应顺应食物需求发展，推动因地制宜多元化发展生产。之所以如此，源于随着经济发展，居民的食物消费结构会发生变化，存在着随着收入增加，人们对米面等淀粉类主食的消费会逐步减少，但是对营养丰富的肉类、蔬菜、水果的消费会大幅增加这样一条演变规律。我国从改革开放初期到现在，伴随着经济的发展和收入的增长，消费结构的整体变化也是符合这一规律的。根据《中国住户调查统计年鉴》的数据，1990—2010 年的 20 年间，我国城镇居民人均粮食消费量（如大米和面粉等商品粮）由 130.72 公斤下降至 81.53 公斤，农村居民人均粮食消费量（稻谷和小麦等原粮）由 262.08 公斤下降至 181.44 公斤，相关数据如图 9-3 所示。在粮食消费量下降的同时，在这一时期，城市居民家庭人均食用油消费量增长了 38%，家禽消费量增长了 199%，水产品消费量增长了 98%，鲜蛋消费量增长了 38%，而农村居民家

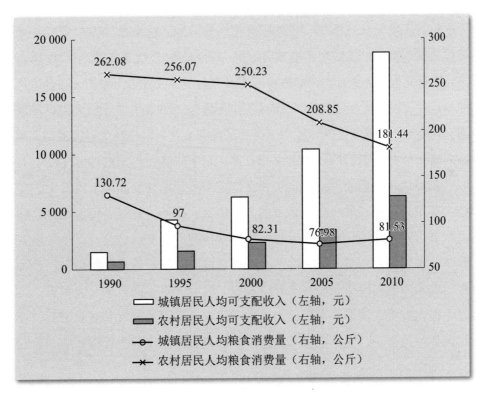

图 9-3 1990—2010 年我国城乡居民收入与粮食消费变动情况

资料来源：收入数据源自国家统计局官网，粮食消费数据源自《中国住户调查统计年鉴》。

庭人均食用油消费量增长了 56%，猪肉消费量增长了 37%，牛羊肉消费量增长了 79%，家禽消费量增长了 234%，奶制品消费量增长了 232%。

因此，在保障粮食安全的同时，应满足城乡居民多元化的食物消费需求。这也同样是关系国计民生的基本需求，不能出任何差错。尤其是今后，随着我国城乡居民收入的进一步提升和生活质量的改善，食物消费结构升级的趋势还会更加显著，尤其是对肉类、水产品等动物性食品和绿色果蔬的需求还将进一步上涨，所以更要树立大食物观，从更好满足人民美好生活需要出发，掌握人民群众食物结构变化的趋势。

为此，针对提升多元化食物供给能力，政策上需要重视提升重要农产品市场调控能力与优化食物品种结构并举。对于前者，一方面要稳定产能，防止生产大起大落。例如，为了满足城乡居民的肉食需求，应健全生猪产业平稳有序发展长效机制，推进标准化规模养殖。注重鼓励发展青贮玉米等优质饲草饲料，发展现代畜牧业。另一方面要注重优势农产品区域建设，例如以东北地区为重点、黄淮海地区为补充，提升大豆生产保护区综合生产能力，以长江流域为重点，扩大油菜生产保护区种植面积。积极发展黄淮海地区花生生产，稳定提升长江中下游地区油茶生产，推进西北地区油葵、芝麻、胡麻等油料作物发展，巩固提升广西、云南糖料蔗生产保护区产能。

积极优化食物品种结构也需要在稳定发展优质作物品种上面发力。实施大豆振兴计划，增加高油高蛋白大豆供给。此外，针对居民多元化食物消费需求中的其他元素，今后也要积极优化乳制品产品结构，稳步发展家禽业，加快渔业转型升级，推进水产绿色健康养殖，稳步发展稻渔综合种养、大水面生态渔业和盐碱水养殖等等。同时针对不同区域发展特点，可以积极促进果菜茶多样化发展，发展设施农业，因地制宜发展林果业、食用菌等特色产业，但是宗旨都是进一步满足城乡居民健康食物需求。

二、提升农业质量效益和竞争力

一个强大的农业不能仅仅只停留在保障供给上，更需要挖掘产业发展的质量效益，能够用质量效益和竞争力来进一步保障国家安全和提升从业者的收益。一方面，不断强化现代农业的科技支撑，推动创新驱动发展。另一方面，大力实施种业振兴，用科技保障国家安全和带动产业发展。通过推进农业科技创新来推动品种培优、品质提升、品牌打造和标准化生产，不断提高农业发展的竞争力。

（一）强化现代科技支撑，打造创新产业高地

一个强大的农业必然有强大的科技基础。需要强调的是，当前全球科技竞争空前激烈，在某种意义上，实现高水平农业科技自立自强成为大国的必然战略选择。当今世界百年未有之大变局加速演进，国际环境错综复杂，全球产业链供应链面临重塑，不稳定性不确定性明显增加。由此，科技创新成为国际战略博弈的主要战场，围绕生物技术和信息技术等前沿领域科技制高点的竞争空前激烈。

从当下我国的发展基础来看，根据农业农村部的统计，2020年农业科技进步贡献率突破60%，而2013年仅为55%，可以说党的十八大以来，正是农业科技转型发展的关键期。当下，农作物良种覆盖率稳定在96%以上，耕种收综合机械化率达到71%，支撑保障粮食产量连年稳定在1.3万亿斤以上。[①] 此外，我国也涌现出了一批农业科技标志性成果，整体研发水平与发达国家的差距逐步缩小。例如水稻、黄瓜、扇贝等基因组学研究及应用国际领先，超级稻亩产突破1 000公斤[②]，猪病毒性腹泻三联活疫苗和H7N9禽流感疫苗研发成功并大规模应用。农业资源保护利用得到加强，农业绿色发展加快推进。根据2021年统计数据，我国畜禽粪污综合利用率达到75%，秸秆综合利用率达到86%，农膜回收率达到80%。[③] 可以说，农业科技创新基础不断夯实，高水平人才和团队不断发展壮大。根据目前已经公开的近期规划，至2025年，我国明确要求秸秆综合利用率达到86%以上，农膜回收率达到85%，全国畜禽粪污综合利

---

① 农业农村部关于印发《"十四五"全国农业农村科技发展规划》的通知．农业农村部官网，2022-01-06．

② 袁隆平超级稻实现热带地区亩产超1 000公斤．中国科学院官网，2021-05-11．

③ "十三五"以来全国秸秆综合利用率达86%，畜禽粪污综合利用率达75%．中国政府网，2020-11-20．

用率达到 80% 以上①，农业科技进步贡献率达到 64%②。

展望 2035 年基本实现农业农村现代化，那时我国的农业科技贡献还会再上一个新台阶，但可以确定的是，既然要基本实现农业农村现代化，毫无疑问在那时我国要基本建设成为一个农业科技强国。总体方向上，一方面，科技进步不断保障粮食安全、农业生物安全和重要农副产品有效供给，在此基础上提升产业基础高级化和产业链现代化水平，对此，尤其迫切需要加快实现核心种源自主可控，攻克大型智能装备等关键核心装备技术短板。另一方面，科技进步要向农业节本增效、转型升级和绿色低碳发展，迫切需要加快解决农业减排降碳、农业面源污染防控、农业废弃物资源化利用等现实问题，加速农业绿色化智能化数字化发展和新材料应用。为此，我国将会在以下两个方面继续发力：

首先，积极完善各级各类农业创新主体、平台布局和功能定位，建设一批世界一流的国家农业科研机构、涉农高水平研究型大学，培育一批涉农科技领军企业，重点培养一批全国农业农村科研杰出人才，布局一批农业重大科技基础设施和平台。针对农机装备产品需求多样、机具作业环境复杂等因素造成的当前农机装备发展不平衡不充分等问题，特别是农机科技创新能力不强、部分农机装备有效供给不足、农机农艺结合不够紧密、农机作业基础设施建设滞后等问题亟待解决这一客观需要，瞄准农业机械化需求，加快推进农机装备创新，加强农机装备薄弱环节研发，尤其是能够满足适合国情、农民需要、先进适用的各类农机。既要发展适应多种形式适度规模经营的大中型农机，也要发展适应小农生产、丘陵山区作业的小型农机以及适应特色作物生产、特产养殖需要的高效专用农机。加强大中型、智能化、复合型农业机械研发应用，打造农机装备一流企业和知名品牌。推进粮食作物和战略性经济作物育、耕、种、管、收、运、贮等薄

---

① 生态环境部等部门关于印发"十四五"土壤、地下水和农村生态环境保护规划的通知. 中华人民共和国生态环境部官网，2021-12-31.

② 农业农村部关于印发《"十四五"全国农业农村科技发展规划》的通知. 农业农村部官网，2022-01-06.

弱环节先进农机装备研制。加快研发制造适合丘陵山区农业生产的高效专用农机。攻关突破制约整机综合性能提升的关键核心技术、关键材料和重要零部件。加强绿色智能畜牧水产养殖装备研发。为此，政策上也将积极加强顶层设计与动态评估，建立健全部门协调联动、覆盖关联产业的协同创新机制，增强科研院所原始创新能力，完善以企业为主体、市场为导向的农机装备创新体系，研究部署新一代智能农业装备科研项目，支持产学研推用深度融合，推进农机装备创新中心、产业技术创新联盟建设，协同开展基础前沿、关键共性技术研究，促进种养加、粮经饲全程全面机械化创新发展。

其次，积极发展产学研深度融合平台载体。从现有政策效果来看，在抢占现代农业科技制高点、引领带动现代农业发展方面，我国农业高新技术产业示范区建设发挥了重要作用。农业高新技术产业示范区以服务农业增效、农民增收、农村增绿为主攻方向，统筹示范区建设布局，充分发挥创新高地优势，集聚各类要素资源，着力打造农业创新驱动发展的先行区。综观南京、太谷、成都、广州、武汉、杨凌等国家现代农业产业科技创新中心，其运行日趋成熟，农业"硅谷"和区域经济增长极作用日益凸显，其背后的关键是能够有效挖掘高校科研力量，打通校地融合、产地融合的渠道，积极发挥上述区域中南京农大、华中农大、西北农林、华南农大等涉农高校研发力量。下一步可以预见的是继续深化研发模式和人才培养模式的改革，打通政产学研深度融合通道、市场化运作通道和人才成长通道，促进科研成果就地转化。同时积极健全新型农业科技服务体系，创新农技推广服务方式，探索研发与应用无缝对接的有效办法，支持科技成果在示范区内转化、应用和示范。一个强大的农业必然有强大的科技和创新力量，未来我们将继续布局建设一批国家农业高新技术产业示范区，打造具有国际影响力的现代农业创新高地、人才高地、产业高地，探索农业创新驱动发展路径，显著提高示范区土地产出率、劳动生产率和绿色发展水平。

（二）突破关键技术瓶颈，聚焦实施种业振兴

种业是农业的"芯片"，农业种质资源是保障国家粮食安全与重要农产品供给的战略性资源，是农业科技原始创新与现代种业发展的重要物质基础，实施种业振兴，是我国步入以国内大循环为主体，国内国际双循环相互促进的新发展格局下统筹发展和安全的必要举措。展望未来，应立足种业科技创新推动提升农业质量和效益、统筹发展和安全这一重要战略定位，努力解决"卡脖子"技术和发展难题，加大科研成果权益改革力度，加快理论创新、技术创新、品种创新、体制机制创新，加强市场监管与服务，优化创新创业营商环境，建设多元平台，推动创新成果在全国全面转化和广泛应用，为我国实施乡村振兴战略提供强有力支撑。

为此，要积极发挥和挖掘我国部分区域科技、人才、信息、市场、金融等富集优势，在人才和科技实力雄厚的地区聚焦种业重大基础研究与关键核心技术创新，推动自主创新与开放创新相结合、产学研相结合、公益性研究与商业化育种相结合，支持高校和企业开展育种创新攻关，围绕重点农作物和畜禽，启动实施农业种源关键核心技术攻关。在种业安全上高度重视，加快实施农业生物育种重大科技项目，有序推进生物育种产业化应用。

积极构建具有源头性领先优势的现代种业创新链，通过构建现代农业产业增长点，聚焦高价值、强带动、生态环保的种业发展优势，支持育繁推一体化企业发展，建立研发、展示、示范、推广、交易、服务一体化的产业发展模式，支撑我国现代农业发展。在这个过程中，政策方面注重深化种业"放管服"改革，强化事中事后监管能力，探索"宽进严管重罚"的种业监督新模式，为种业创新创业营造公平公正的发展环境。创新服务模式，推进现代种业"破壁垒、建平台、增活力"，在种业科技体制机制上打破不合理束缚。改善服务方式，加快推进种业管理信息化，提高服务质量，提升服务能力，保护创新成果及其权益，不断优化现代种业创新创业生态系统。构建高效支撑种业创新创业的制度体系。加大品种权保护力

度，开展品种权规范使用示范活动，培育品牌种子和品牌企业。保护创新成果及其权益，加大种子违法行为查处力度，严格市场监管，严厉打击违法使用品种权行为。

第二节 农民富——发展产业与带动增收

2017 年，党的十九大明确提出："中国特色社会主义进入新时代，我国社会主要矛盾已经转化为人民日益增长的美好生活需要和不平衡不充分的发展之间的矛盾。"[①] 根据马克思主义哲学基本原理，社会运动的矛盾是普遍存在的，也是社会进步的根本动力，所以这个判断至关重要，可谓事关全局，是中国特色社会主义进入新时代的重要标志。这是以习近平同志为核心的党中央，敏锐地洞悉当代社会主要矛盾出现的一些新情况、新问题，对社会主要矛盾作出的新的历史性重大判断，也是中央不断强调推动共同富裕的内在原因。站在全面建成小康社会的当下，在新的历史起点，我们仍然要清晰地认识到，我国农业农村发展不充分是最大的发展不充分，城乡发展不平衡是最大的发展不平衡。为此，积极推动农村居民收入稳步增长，拓宽农民增收渠道，努力实现农村居民人均可支配收入增长与国内生产总值增长基本同步，城乡居民收入差距持续缩小，才能让"农民富"从理想走进现实。

一、农村居民收入问题的现状与目标

虽然我国农村的减贫事业和成就举世瞩目，2020 年底新时代脱贫攻坚目标任务得以如期完成，全国各地 9 899 万农村贫困人口全部脱贫，谱写了人类发展历史上壮丽的反贫困篇章。但是现行标准是按照 2010 年农民年人均纯收入 2 300 元不变价格计算的，至 2020 年仅为 4 000 元，可以

---

① 习近平. 决胜全面建成小康社会 夺取新时代中国特色社会主义伟大胜利——在中国共产党第十九次全国代表大会上的报告. 北京：人民出版社，2017：11.

视为一种绝对贫困或者极端贫困（赤贫）的标准。换言之，已有脱贫攻坚的工作基础只是解决了极端贫困问题，并不意味着贫困问题在我国的终结。当乡村振兴战略得以全面推进，"强富美"的远景蓝图要想得以实现，农民收入必将要相对于国家整体收入水平处在一个合理的位置上。

2019 年我国人均国民总收入（GNI）已经突破 1 万美元，而世界银行当年对中等偏上收入国家的划分是人均 GNI 在 3 996 美元和 12 375 美元之间，因此我国已高于中等偏上收入国家 9 074 美元的平均水平，顺利迈入世界中高收入国家行列。值得注意的是，世界银行于 2017 年 10 月为低收入国家、中等偏下收入国家、中等偏上收入国家和高收入国家，按 2011 年不变价调整了不同的购买力平价收入标准，分别以每天 1.9 美元、3.2 美元、5.5 美元和 21.7 美元作为贫困线。按照世界银行对中等偏上收入国家的这一每天 5.5 美元购买力的贫困标准，参考前人研究当中的做法①，笔者计算得出这一标准至 2020 年应为 7 584 元人民币。② 然而，当年我国贫困地区农村居民人均可支配收入为 1.26 万元③，世界银行对中高收入国家的贫困标准仅为我国贫困地区农村居民人均收入的 60% 左右，2020 年我国农村居民人均可支配收入为 1.71 万元，世界银行贫困标准仅为这一数字的 43% 左右。考虑到我国农村居民收入分配不平等程度较高，当然这一点已经被大量研究所证实④，人均收入易受到高收入调节影响，所以本节也进而采取人均收入的中位数进行测算。2020 年我国农村居民人均可支配收入中位数为 1.52 万元，世界银行贫困标准约为这一数字的 50%。我国 2020 年的 4 000 元脱贫收入标准同理折算则为 2011 年购买力平价日收入 3 美元，略低于中等偏下收入国家 3.2 美元的贫困标准。此

---

① 汪晨，万广华，吴万宗 . 中国减贫战略转型及其面临的挑战 . 中国工业经济，2020（1）：5-23.

② 按照世界银行 2011 年美元购买力不变价得出我国 2011 年标准为 5 922 元，再利用 CPI 指数进行平减，得出世界银行的标准在我国 2020 年应为 7 584 元。

③ 新华社《〈人类减贫的中国实践〉白皮书》. 中国政府网，2021-04-06.

④ 李实 . 中国个人收入分配回顾与展望 . 经济学（季刊），2003，2（2）：379-404. 万广华，周章跃，陆迁 . 中国农村收入不平等：运用农户数据的回归分解 . 中国农村经济，2005（5）：4-11.

外，我们也要注意，富裕可能是一个相对概念，收入水平达到多少才能称之为富？固然世界银行根据人均收入水平划分中高收入国家和高收入国家等，但是在国家内部，农民的收入也必须与城市居民的收入统筹起来进行考虑。图 9-4 对近年来城乡收入差距情况进行了进一步分析，总的来看，农村居民人均可支配收入占全国居民人均可支配收入的比重仅为 53% 左右，占城镇居民人均可支配收入的比重仅为 38% 左右。

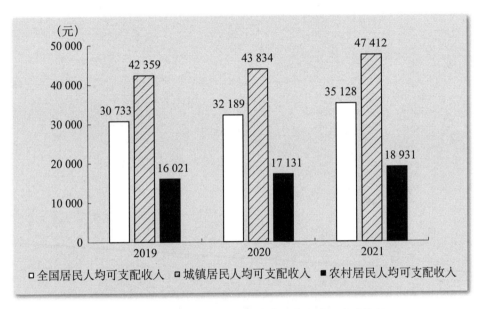

图 9-4 2019—2021 年我国城乡居民收入差距变动情况

资料来源：国家统计局官网.

近年来不论是农村居民收入占全国居民收入的比重还是占城镇居民收入的比重都呈现上升趋势。如图 9-5 所示，2013—2021 年，城乡居民收入比从 2.81 下降至 2.50，农村居民收入占全国居民收入的比重从 51.5% 上涨至 53.89%，占城镇居民收入的比重从 35.63% 上涨至 39.92%。同时，我们要注意到，农民富裕这个目标不仅仅是农业农村发展的重要目标，也是内嵌于共同富裕的发展目标之中的。国际上对相对贫困标准的制定则主要参考收入平均数或中位数的一定比例，例如欧洲国家普遍采取的是人均可支配收入平均数或中位数的 55% 左右。① 从这个角度来看，我国 2021 年人均可支配收入平均数是 35 128 元，计算得出的相对贫困标准是 19 320 元，我国 2021 年人均可支配收入中位数是 29 975 元，计算得出的相对贫困标准是 16 486 元，当年农村居民人均收入中位数仅为 16 902 元，也就是说，超过一半的农村居民收入都处于相对贫困的标准，实现农民富裕，任重道远。

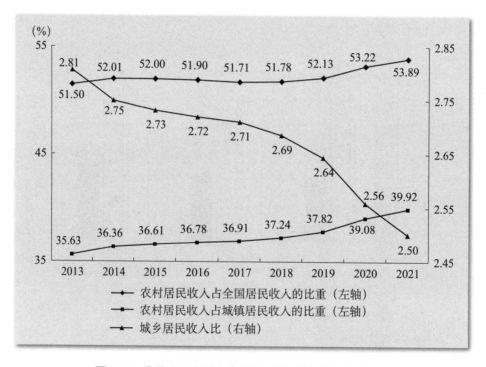

图 9-5 党的十八大以来我国城乡居民收入差距变动情况

资料来源：国家统计局官网.

二、提高农村居民收入的方向与路径

诚然，当前阶段发展是解决我国一切问题的基础和关键，推动农民收入提升必须有雄厚坚实的物质基础，必须有经济增长。但是否简单按照此逻辑，即可得出经济增长会自动带来"富裕"的结论？这恰如学界的"涓滴理论"（trickle-down theory）所提出的那样，在经济增长过程中先富裕起来的群体或者区域所积累的财富会通过消费、就业、借贷等多种途径"滴漏"到贫困区域及群体，即经济增长可以自动惠及穷人。[①] 但是世界多国的发展现实却与之相反，经济迅猛增长的同时却伴随着贫富差距的扩大，减贫实践未能如"涓滴理论"所宣称的那样神奇。[②] 可见经济增长并不总能带来"富裕"，甚至有研究发现，反而有可能因为经济增长的同时引起了收入分配的恶化，从而使得底层群体走到了"富裕"的反面，加剧了贫困现象。[③] 因此，以收入分配结构的调整为代表的政策对于经济发展而言，在改善农民收入方面也会发挥重要作用。下面将围绕今后缩小城乡收入差距、促进农民富裕的方向与路径进行讨论。

需要强调的是，在现代化转型的过程中，农民收入的相对下降是客观规律，为此促进农民收入增长不能完全依赖农业生产，需要在城乡产业融合的架构中加以推进。第一，由于农业产业的特性，农民收入的相对下降是现代化转型进程中不以人的意志为转移的客观规律。农业是人类社会最为古老同时也是最基本的物质生产部门，作为经济再生产与自然再生产的有机交织，农业生产部门与其他如工业、服务业部门等差异较大。农业具有季节性、周期性、地域性等特点，这决定了农业无法实现工业和服务业的广泛的社会化大分工，由于分工程度较低，自然劳动生产效率与工业和服务业不可同日而语，相形见绌。农产品具有特殊性，尤其是以粮食为代表的农产品不仅是维持人类生存的基本资料，更会直接影响国计民生，粮

① Aghion P，Bolton P. A Theory of Trickle-Down Growth and Development. Review of Economic Studies，1997，64（2）：151－172.

② World Bank. World Development Report 2000－2001：Attacking Poverty. Washington D. C.：World Bank，2000.

③ Son H H，Kakwani N. Global Estimates of Pro-poor Growth. World Development，2008，36（6）：1048－1066. Benjamin D，Brandt L，Giles J. Did Higher Inequality Impede Growth in Rural China?. Economic Journal，2011，121（557）：1281－1309.

食安全是国家安全的重要基础和保障。农业同时面临来自自然与社会经济的双重风险，尤其是农产品价格具有高度的波动性和周期性。在这些特点的基础上，当传统的农业社会向现代工商业社会转型时，由于现代化进程中经济资源由农业不断流向工业与服务业，带来了两个下降，也就是农业生产产值在国民经济中的比重不断下降，农业部门收入在国民收入中的比重不断下降。加之在这一进程中，农业生产活动的消费者也就是广大民众的恩格尔系数不断下降，并且现代经济活动中运输、加工、营销等流通部门分享的份额也在不断上升，农民能够得到的农业总收入份额在国民经济中必然占比很小。此外，农产品需求弹性较低，"谷贱伤农"、增产不增收现象广泛存在。

第二，农业难以成为经济增长的动力。农业生产具有地域性和分散性等特点，高度依赖土地，但由于这一最重要的生产要素存在规模报酬递减的重要经济特性，所以在工业化之前，人类社会经济增长较为缓慢。正如英国政治经济学家马尔萨斯所提出的那样，生存资料按照算术级数增长，而人口却按照几何级数增长，因此才有了农业社会的"马尔萨斯陷阱"。此外，农业生产作为经济再生产和自然再生产的有机交织，受自然环境和耕作方式的双重影响。农业生产率的高低是由土地质量、种子种苗、栽培技术、植保与田间管理特别是灌溉条件等多种要素共同表达的生产函数[①]，相较于工业和服务业，农业部门的产出效率不仅取决于技术进步，更取决于自然环境和生产措施。

第三，我们还需要注意到的是，小农户仍然是我国农业生产经营中的绝对主体，"大国小农"仍然是我国的基本国情农情。根据我国第三次农业普查的数据，截至 2016 年底，全国各类农业经营主体共有 20 743 万，而其中规模农业经营主体仅为 398 万，换言之，小农户占农业经营户的比

---

① 罗必良，李玉勤. 农业经营制度：制度底线、性质辨识与创新空间——基于"农村家庭经营制度研讨会"的思考. 农业经济问题，2014，35（1）：8-18.

重高达98%以上。① 此外，小农户从业人员占农业从业人员的90%，小农户经营耕地面积占总耕地面积的70%。全国共有2.3亿户农户，但是经营耕地10亩以下的农户有2.1亿户，经营规模格局仍然是小规模甚至可以说是超小规模②，可以说是"人均不过一亩三分地，户均不过十亩田"。毫无疑问，狭小的经营规模制约了农户收入增长，农村劳动力的转移与非农就业至关重要。此外，农业具有多功能性，除了提供人类社会赖以生存的基本生活资料这一经济功能之外，还具有社会功能、文化功能、政治功能、生态功能等诸多非经济功能，然而这些功能虽然长久以来未能在农产品的市场交换中体现出价值，但是这却能够为我们找到农民增收的一条有效路径，即发展以多功能性农业为基础的乡村经济新产业新业态，如乡村旅游、乡村康养、休闲农业、社区农业等等。基于此，更需要推动城乡融合发展，让农村对接城市居民的消费市场，推动现代化发展成果惠及广大农民。

因此，重要的战略路径方向就是推动城乡产业融合发展。从这个角度来说，未来可以预见的是，推动城乡产业融合发展的关键是把带动农民就业增收作为乡村产业发展的基本导向，加快农村一二三产业融合发展，把产业链主体留在县域，把就业机会和产业链增值收益留给农民。首先，需要大力健全乡村产业体系。以农业农村资源为依托，以农民为主体，培育壮大现代种养业、乡村特色产业、农产品加工流通业、乡村休闲旅游业、乡村新型服务业、乡村信息产业等，形成特色鲜明、类型丰富、协同发展的乡村产业体系。以拓展二三产业为重点，纵向延伸产业链条，横向拓展产业功能，多向提升乡村价值，优化乡村休闲旅游业，依托田园风光、绿水青山、村落建筑、乡土文化、民俗风情等资源优势，建设一批休闲农业重点县、休闲农业精品园区和乡村旅游重点村镇。推动农业与旅游、教

---

① 第三次全国农业普查主要数据公报（第一号）. 国家统计局官网，2017-12-14.
② 新闻办就《关于促进小农户和现代农业发展有机衔接的意见》情况举行发布会. 中国政府网，2019-03-01.

育、康养等产业融合，发展田园养生、研学科普、农耕体验、休闲垂钓、民宿康养等休闲农业新业态。提升农村产业融合发展水平，依托乡村特色优势资源，打造农业全产业链。鼓励发展农业产业化龙头企业牵头、家庭农场和农民合作社跟进、广大小农户参与的农业产业化联合体。鼓励农业产业化龙头企业建立大型农业企业集团，开展农产品精深加工，在部分区域如主产区和大中城市郊区布局中央厨房、主食加工、休闲食品、方便食品、净菜加工等业态，满足消费者多样化个性化需求。加快建设产地贮藏、预冷保鲜、分级包装、冷链物流、城市配送等设施，构建仓储保鲜冷链物流网络。

其次，积极推进县镇村联动发展。强化县域统筹，推动形成县城、中心镇（乡）、中心村功能衔接的乡村产业结构布局。推进县域、镇域产业集聚，支持农产品加工业向县域布局，引导农产品加工流通企业在有条件的镇（乡）所在地建设加工园区和物流节点。促进镇村联动发展，实现加工在乡镇、基地在村、增收在户。在具有区位优势的地方建设现代农业产业园区和农业现代化示范区。支持有条件的县（市、区）建设现代农业产业园，推动科技研发、加工物流、营销服务等市场主体向园区集中，资本、科技、人才等要素向园区集聚。加快"一村一品"示范村镇、农业产业强镇和优势特色产业集群建设。以县（市、区）为单位创建一批农业现代化示范区，围绕提高农业产业体系、生产体系、经营体系现代化水平，建立指标体系，加强资源整合和政策集成，示范引领农业现代化发展，探索建立农业现代化发展模式、政策体系、工作机制，形成梯次推进农业现代化的格局。

第三节　农村美——绿色生态与文明和谐

建设宜居宜业美丽乡村，是以习近平同志为核心的党中央从战略和全局高度作出的重大决策部署，是实施乡村振兴战略的重点任务，事关广大农民根本福祉，事关农民群众健康，事关美丽中国建设。农村人居环境整体得到提升，农业面源污染得到有效遏制，化肥、农药使用量持续减少，资源利用效率稳步提高，农村生产生活方式绿色低碳转型取得积极进展，这是农村美的直接含义，而健全乡村治理体系，建设充满活力、和谐有序的善治乡村更是农村美的应有之义和必然要求。近年来，尤其是党的十八大以来，党中央和国务院坚持把改善农村人居环境作为社会主义新农村建设的重要内容，大力推进农村基础设施建设，农村人居环境建设取得显著成效。但是，我国农村人居环境状况存在严重的发展不平衡问题，脏乱差问题在一些地区还比较突出，与全面推进乡村振兴的要求和农民群众期盼还有较大差距，是经济社会发展的突出短板，从这方面来看，农村美的目标甚至可以说更为艰巨。为此，更应把美丽乡村建设摆在社会主义现代化建设的重要位置，大力开展乡村建设行动，聚焦农村生态文明建设和健全乡村治理体系来实现环境美好，建设宜居宜业的农民新家园。

一、强化生态环境建设

以绿色生态发展引领乡村振兴，推进农村生产生活方式向绿色低碳转型，实现资源利用更加高效、产地环境更加清洁、生态系统更加稳定，促进人与自然和谐共生，这毫无疑问是建设美丽乡村的重要内容。但是，任务不可谓不艰巨。截至 2021 年，约三分之二的行政村未达到环境整治要求，已整治地区成效还不稳定。农村黑臭水体问题突出，约四分之三的行政村未完成生活污水治理，资源化利用水平不高，资金投入严重缺乏，长效机制不健全，治理成效不明显。[①] 畜禽养殖场粪污处理和资源化利用方式不规范，水产养殖方式仍然粗放，养殖生产布局需进一步优化。化肥农药使用量偏高，部分地区地膜残留量大等问题突出。农业源水污染物排放（流失）量仍处于高位。为此，应继续大力推进质量兴农和绿色兴农，提升

---

① 生态环境部等部门关于印发"十四五"土壤、地下水和农村生态环境保护规划的通知. 中国政府网，2022 - 01 - 04.

农业绿色发展能力，同时加强农业面源污染防治，修复农村生态系统。

推进绿色兴农，首先在于提升农业标准化水平。为此，一方面，下一步应积极健全农业高质量发展标准体系，修订粮食安全、种业发展、耕地保护、产地环境、农业投入品、农药兽药残留等标准，强化农产品营养品质评价和分等分级。开展农业标准化示范创建，加快现代农业全产业链标准化。加强绿色食品、有机农产品、地理标志农产品认证和管理，建立健全农业品牌监管机制。健全优化提质导向的绿色发展标准，积极对标农业绿色发展要求，以增加绿色优质农产品供给为目标，以绿色发展、提质增效为导向，完善耕地资源保护利用和监测、节水节地农业、农业生物多样性保护、渔业资源养护环境修复等资源保护类标准。另一方面，积极支持制定带动产业升级的优质标准。对标现代农业提档升级的要求，以提升农产品竞争力为目标，以品牌和品种为主线，提升产业全要素生产率和资源利用效率，加强现代种业、高标准农田建设、动植物疫病防控、全程质量控制、农业机械化信息化、产品精深加工、仓储保鲜、冷链物流等关键环节的标准协同配套，促进形成一批具有核心竞争力和自主知识产权的从田间地头到餐桌的优质标准。同时推动研发引领健康消费的营养标准。对标国民营养健康和消费升级需求，以推动农产品优质化、品牌化为目标，加强农产品营养品质指标体系研究，建立农产品营养品质评价技术规范，制定一批食用农产品营养品质分等分级标准。

其次在于强化农产品质量安全监管。近年来随着农产品质量安全保障工程的不断实施，农产品质量安全全程监管体系得到一定程度的完善。展望未来，应积极扩大农产品质量安全风险监测范围，强化基层监管和检验检测队伍建设，推行网格化监管和智慧监管。实施"治违禁 控药残 促提升"行动，基本解决禁限用农药兽药残留超标和非法添加等问题。加强农业投入品规范化管理，严格食用农产品种养殖、加工储运环节投入品监管。试行食用农产品达标合格证制度，健全追溯体系。同时积极鼓励新型农业经营主体发展绿色、有机、地理标志和良好农业规范农产品，根据绿色优质农产品认证要求,建立健全绿色生产和产品标准体系,推动标准化、绿色化、清洁化生产。通过产品认证和标准实施,推动农产品优质优价,提升主体创标用标的积极性。支持有条件的地方示范认定一批具有区域特色的绿色优质农产品。农业农村部门加强绿色优质农产品认证动态管理机制,加强证后监管,以高标准质量认证引领农产品优质化发展。随着标准化水平的提升,政策上在强化标准监督实施上面继续发力。例如深入实施相应的饲料兽药生鲜乳、水产品、蔬菜水果等主要农产品质量安全监测计划,完善强制性标准的实施信息反馈与分析报告制度,加强标准实施巡查检查,督促生产经营主体按标生产,落实禁限用和休药期间隔期等规定,严厉打击违规用药行为。加大对重点区域和产品质量安全风险监测和监督抽查力度,探索实施农产品质量安全"黑名单"制度,以最严格的监管倒逼安全达标,以此提升绿色发展能力。

最后在于继续加强农业面源污染防治,持续推进化肥农药减量增效。深入开展测土配方施肥,持续优化肥料投入品结构,增加有机肥使用,推广肥料高效施用技术。积极稳妥推进高毒高风险农药淘汰,加快推广低毒低残留农药和高效大中型植保机械,因地制宜集成应用病虫害绿色防控技术。推进兽用抗菌药使用减量化,规范饲料和饲料添加剂生产使用。鼓励循环利用农业废弃物。支持发展种养有机结合的绿色循环农业,持续开展畜禽粪污资源化利用,加强规模养殖场粪污治理设施建设,推进粪肥还田利用。

二、强化人居环境建设

自 2018 年国家实施农村人居环境整治三年行动以来,各地积极学习推广浙江"千村示范、万村整治"工程经验,以农村厕所革命、生活污水垃圾治理、村容村貌提升为重点,总体上来看,农村长期以来存在的脏乱差局面得以扭转。但是,当前我国农村人居环境总体质量水平不高,尤其是还存在区域发展不平衡、基本生活设施不完善、管护机制不健全等问题，与农业农村现代化要求和建设宜居宜业美丽乡村还有一定差距。立足当下，农村人居环境整治三年行动成果有待巩固拓展，农村人居环境质量有待提升。

展望未来，农村人居环境改造还会继续深入推进，但是会在精细化方向突出重点，坚持因地制宜的原则，农村人居环境应与区域气候条件和地形地貌相匹配，同地方经济社会发展能力和水平相适应，同当地文化和风土人情相协调。为此，应加强分类指导，合理确定村庄分类，科学划定整治范围，统筹考虑主导产业、人居环境、生态保护等村庄发展。尤其是针对"空心村"、已经明确的搬迁撤并类村庄应重在保持干净整洁，保障现有农村人居环境基础设施稳定运行，避免过度投资。改造工作务必坚持实事求是、自下而上、分类确定治理标准和目标任务，坚持数量服从质量。与此同时，更应坚持立足农村，突出乡土特色。遵循乡村发展规律，体现乡村特点，保留乡村风貌，留住田园乡愁。从这个角度来看，遵循乡村发展规律的过程就是满足农民实际需求的过程，突出农民主体。充分体现乡村建设为农民而建，尊重村民意愿，激发内生动力，保障村民知情权、参与权、表达权、监督权。坚持地方为主，强化地方党委和政府责任，鼓励社会力量积极参与，构建政府、市场主体、村集体、村民等多方共建共管格局，在具体举措上，会围绕以下几方面展开。

首先，继续扎实推进农村厕所革命，关键在于提高改厕质量。科学选择改厕技术模式，宜水则水、宜旱则旱，技术模式务必经受周期试点试验，成熟后再逐步推广，严格执行标准，把标准贯穿于农村改厕全过程。同时加强厕所粪污无害化处理与资源化利用。加强农村厕所革命与生活污水治理有机衔接，因地制宜推进厕所粪污分散处理、集中处理与纳入污水管网统一处理，鼓励联户、联村、村镇一体化处理。鼓励有条件的地区积极推动卫生厕所改造与生活污水治理一体化建设，暂时无法同步建设的应为后期建设预留空间。积极推进农村厕所粪污资源化利用，统筹使用畜禽粪污资源化利用设施设备，逐步推动厕所粪污就地就农消纳、综合利用。

其次，加快推进农村生活污水治理。农村生活污水治理涉及面广，投入要求高，从这个角度来看，坚持分区分类推进治理切实可行。优先治理京津冀、长江经济带、粤港澳大湾区、黄河流域及水质需改善控制单元等区域，重点整治水源保护区和城乡接合部、乡镇政府驻地、中心村、旅游风景区等人口居住集中区域农村生活污水。开展平原、山地、丘陵、缺水、高寒和生态环境敏感等典型地区农村生活污水治理试点，以资源化利用、可持续治理为导向，选择符合农村实际的生活污水治理技术，优先推广运行费用低、管护简便的治理技术，鼓励居住分散地区探索采用人工湿地、土壤渗滤等生态处理技术，积极推进农村生活污水资源化利用。加强农村黑臭水体治理。摸清全国农村黑臭水体底数，建立治理台账，明确治理优先序。开展农村黑臭水体治理试点，以房前屋后河塘沟渠和群众反映强烈的黑臭水体为重点，采取控源截污、清淤疏浚、生态修复、水体净化等措施综合治理，基本消除较大面积黑臭水体，形成一批可复制可推广的治理模式。鼓励河长制湖长制体系向村级延伸，建立健全促进水质改善的长效运行维护机制。

最后，全面提升农村生活垃圾治理水平。健全生活垃圾收运处置体系，从当地实际出发开展处置建设投资，完善农村生活垃圾收集、转运、处置设施和模式，因地制宜采用小型化、分散化的无害化处理方式，降低收集、转运、处置设施建设和运行成本，构建稳定运行的长效机制，加强日常监督，不断提高运行管理水平。同时推进农村生活垃圾分类减量与利用。加快推进农村生活垃圾源头分类减量，积极探索符合农村特点和农民习惯、简便易行的分类处理模式，减少垃圾出村处理量，有条件的地区基本实现农村可回收垃圾资源化利用、易腐烂垃圾和煤渣灰土就地就近消纳、有毒有害垃圾单独收集贮存和处置、其他垃圾无害化处理。有序开展农村生活垃圾分类与资源化利用示范县创建。协同推进农村有机生活垃圾、厕所粪污、农业生产有机废弃物资源化处理利用，以乡镇或行政村为单位建设一批区域农村有机废弃物综合处置利用设施，探索就地就近就农处理和资源化利用的路径。扩大供销合作社等农村再生资源回收利用网络服务覆盖面，积极推动再生资源回收利用网络与环卫清运网络合作融合。协同推进废旧农膜、农药肥料包装废弃物回收处理。积极探索农村建筑垃圾等就地就近消纳方式，鼓励用于村内道路、入户路、景观等建设。

三、健全乡村治理体系

美丽乡村不仅仅是要求生态环境美丽，更要在人文社会环境实现和谐美丽，为此，健全乡村治理体系至关重要。展望未来，坚持以保障和改善农村民生为优先方向，突出组织引领、社会服务和民主参与，加快构建党组织领导的自治法治德治相结合的乡村治理体系，建设充满活力、和谐有序的善治乡村，也将会成为建设美丽乡村的重要内容。

为此，首先要加强农村基层组织建设。办好中国的事情，关键在党，同样，健全乡村治理体系，发挥基层党组织的作用至关重要。继续实施村党组织带头人整体优化提升行动，持续整顿软弱涣散村党组织，全面落实村"两委"换届候选人县级联审机制，坚决防止和查处以贿选等不正当手段影响、控制村"两委"换届选举的行为，严厉打击干扰破坏村"两委"换届选举的黑恶势力、宗族势力。建立健全以基层党组织为领导、村民自治组织和村务监督组织为基础、集体经济组织和农民合作组织为纽带、其他经济社会组织为补充的村级组织体系。选优配强乡镇、村领导班子，持续向重点乡村选派驻村第一书记和工作队，发展农村年轻党员。完善村民（代表）会议制度和村级民主协商、议事决策机制，拓展村民参与村级公共事务平台。加强村务监督委员会建设，强化基层纪检监察组织与村务监督委员会的沟通协作、有效衔接，推行村级小微权力清单制度。厘清各个基层组织的关系和运作机制，坚持村党组织全面领导村民委员会及村务监督委员会、村集体经济组织和其他经济社会组织。村民委员会要履行基层群众性自治组织功能，增强村民自我管理、自我教育、自我服务能力。村务监督委员会要发挥在村务决策和公开、财产管理、工程项目建设、惠农政策措施落实等事项上的监督作用。集体经济组织要发挥在管理集体资产、合理开发集体资源、服务集体成员等方面的作用。健全村级重要事项、重大问题由村党组织研究讨论机制，全面落实"四议两公开"。

其次，丰富村民议事协商机制，强化基层组织自治能力。对于如我国这样的国家来说，推动治理重心下移，更加适应人口多、地域广、基层治理差异较大等现实问题。通过强化自治组织建设，可以让基层群众通过直接民主的方式，围绕涉及自身利益的实际问题提出意见建议，进行广泛协商，依法管理基层公共事务和公益事业，有助于极大提升治理效能。为此，应积极完善村民（代表）会议制度，推进民主选举、民主协商、民主决策、民主管理、民主监督实践。进一步加强自治组织规范化建设，拓展村民参与村级公共事务平台，发展壮大治保会等群防群治力量，充分发挥村民委员会、群防群治力量在公共事务和公益事业办理、民间纠纷调解、治安维护协助、社情民意通达等方面的作用。健全村级议事协商制度，形成民事民议、民事民办的基层协商格局，同时创新协商议事形式和活动载体，依托村民会议、村民代表会议、村民议事会、村民理事会、村民监事会等，鼓励农村开展村民说事等各类协商活动，着力推进基层直接民主制度化、规范化、程序化，夯实人民群众在基层群众自治中的主体地位。

最后，深入推进农村移风易俗活动。毋庸讳言，当下中国农村高价彩礼、人情攀比、厚葬薄养、铺张浪费等陈规陋习问题比较严重，可以说是"脱贫不易，小康更难；喜结良缘，毁于一旦"。为此，应大力革除传统陋习，用新的价值观来树立良好风尚。习近平总书记强调："一种价值观要真正发挥作用，必须融入社会生活，让人们在实践中感知它、领悟它。"① 加强农村家庭、家教、家风建设，倡导敬老孝亲、健康卫生、勤俭节约等文明风尚。加快在农村普及科学知识，反对迷信活动。弘扬崇德向善、扶危济困等传统美德，培育淳朴民风。开展家风建设，传承传播优良家训。

---

① 中共中央政治局进行第十三次集体学习 习近平主持. 中国政府网，2014-02-25.

与此同时，也要积极树立制度，建立规矩，用法治的手段树立社会文明新风尚、保护优秀传统文化。鼓励各地村庄通过对村规民约的修订和执行，在全面推行移风易俗、整治农村婚丧不良习俗方面定规矩、立良俗、破陋习、扶正气，以规立德培育和弘扬文明新风。依靠群众因地制宜制定村规民约，提倡把弘扬孝道、尊老爱幼、和谐敦睦等内容纳入村规民约。当然，这个过程要以法律法规为依据，规范完善村规民约，确保制定过程、条文内容合法合规，防止一部分人侵害另一部分人的权益。

参考文献

[1] Aghion P, Bolton P. A Theory of Trickle-Down Growth and Development. Review of Economic Studies，1997，64（2）：151－172.

[2] Benjamin D, Brandt L, Giles J. Did Higher Inequality Impede Growth in Rural China？. Economic Journal，2011，121（557）：1281－1309.

[3] Son H H, Kakwani N. Global Estimates of Pro-poor Growth. World Development，2008，36（6）：1048－1066.

[4] World Bank. World Development Report 2000－2001：Attacking Poverty. Washington D. C. ：World Bank，2000.

[5] 李实．中国个人收入分配研究回顾与展望．经济学（季刊），2003，2（2）：379－404.

[6] 罗必良，李玉勤．农业经营制度：制度底线、性质辨识与创新空间——基于"农村家庭经营制度研讨会"的思考．农业经济问题，2014，35（01）：8－18.

[7] 万广华，周章跃，陆迁．中国农村收入不平等：运用农户数据的回归分解．中国农村经济，2005（5）：4－11.

[8] 汪晨，万广华，吴万宗．中国减贫战略转型及其面临的挑战．中国工业经济，2020（1）：5－23.

后 记

2017年10月，党的十九大第一次明确提出"城乡融合发展"的愿景，即："要坚持农业农村优先发展，按照产业兴旺、生态宜居、乡风文明、治理有效、生活富裕的总要求，建立健全城乡融合发展体制机制和政策体系，加快推进农业农村现代化。"①按照2018年9月21日习近平在十九届中央政治局第八次集体学习时的讲话，农业农村现代化是实施乡村振兴战略的总目标，坚持农业农村优先发展是总方针，产业兴旺、生态宜居、乡风文明、治理有效、生活富裕是总要求，建立健全城乡融合发展体制机制和政策体系是制度保障。

进入21世纪以后，党中央从农村税费改革入手调整工农城乡关系。2002年11月8日，党的十六大报告提出："统筹城乡经济社会发展，建设现代农业，发展农村经济，增加农民收入，是全面建设小康社会的重大任务。"第一次提出城市和乡村要统筹发展。2004年9月召开的中共十六届四中全会提出了"两个趋向"的重要论断，即：纵观一些工业化国家发展的历程，在工业化初始阶段，农业支持工业、为工业提供积累是带有普遍性的趋向；但在工业化达到相当程度以后，工业反哺农业、城市支持农村，实现工业与农业、城市与农村协调发展，也是带有普遍性的趋向。在2004年底召开的中央经济工作会议又明确提出：中国现在总体上已到了以工促农、以城带乡的发展阶段。2005年10月，中共十六届五中全会通过的《中共中央关于制定国民经济和社会发展第十一个五年规划的建议》提出："建设社会主义新农村是我国现代化进程中的重大历史任务。要按

---

① 习近平. 决胜全面建成小康社会 夺取新时代中国特色社会主义伟大胜利——在中国共产党第十九次全国代表大会上的报告. 北京：人民出版社，2017：32.

照生产发展、生活宽裕、乡风文明、村容整洁、管理民主的要求，坚持从各地实际出发，尊重农民意愿，扎实稳步推进新农村建设。坚持'多予少取放活'，加大各级政府对农业和农村增加投入的力度，扩大公共财政覆盖农村的范围，强化政府对农村的公共服务，建立以工促农、以城带乡的长效机制。"2007 年召开的党的十七大提出："要加强农业基础地位，走中国特色农业现代化道路，建立以工促农、以城带乡长效机制，形成城乡经济社会发展一体化新格局。"2013 年召开的中共十八届三中全会提出"健全城乡发展一体化体制机制"，认为"必须健全体制机制，形成以工促农、以城带乡、工农互惠、城乡一体的新型工农城乡关系，让广大农民平等参与现代化进程、共同分享现代化成果"。上述要求使我国的工农城乡关系发展到了一个新的阶段，为党的十九大提出城乡融合发展奠定了坚实的基础。以我个人的看法，城乡统筹、城乡一体化、城乡融合是递进的关系，反映了执政理念的转变，更反映了国家财政水平的提升。党的十八大以来的十年间，尤其是党的十九大提出乡村振兴战略以来，城乡差距的缩小是有目共睹的。

为此，我们在中国人民大学出版社和中国人民大学习近平新时代中国特色社会主义思想研究院的支持下，组织校内外专家编写了这本书，旨在总结党的十八大以来我国在城乡一体化到城乡融合进程中的政策进展和历史成就，并尽可能总结这些政策对新时代中国特色社会主义理论体系的贡献。由于水平有限，总结肯定有不到位甚至错误之处，希望能够得到大方之家的指正。

本书也是 2022 年度中央农办、农业农村部乡村振兴专家咨询委员会软科学课题"党的'三农'理论创新对马克思主义政治经济学发展的原创性贡献研究（rkx20220103)"的阶段性研究成果。

孔祥智

2022 年 7 月 7 日，时值小暑节气